（筆記版）
法國革命史的

喬治·勒費弗爾

撼動歐洲的革命理想！
啟蒙思想與新興國家秩序的碰撞

（Georges Lefebvre）
喬治·勒費弗爾 著
伊莉莎 編譯

法國大革命的風暴如何顛覆歐洲的傳統秩序？
貴族墮落、民眾憤怒，革命的烈焰要如何改寫人類命運？
進入法國革命的核心，見證革命浪潮背後的思想與政治賽局！

從巴士底監獄到拿破崙帝國，重塑歷史的偉大篇章
血腥動盪與新秩序誕生，見證一場改變世界的巨變

目錄

- 前言 009
- 法國革命的序曲：世界格局的變遷 011
- 18 世紀末的動盪與革命 016
- 法國大革命與現代歷史的開端 019
- 資本階級的性質與命運 033
- 田野的命運 —— 18 世紀歐洲農村景象 034
- 英國獨特的社會面貌 035
- 浪漫主義的覺醒：十八世紀歐洲藝術文化的變革 042
- 18 世紀歐洲的思想潮流 044
- 開明專制的幻象 045
- 18 世紀東西歐的政治變革與社會動盪 046
- 法國王權與貴族權力的糾葛 051
- 新的革命時代 053
- 改變的序曲 056
- 革命前夕的法國財政困境 058

- 新時代來臨 —— 法國革命前夕的政治角力　　　　　　　059
- 革命的分水嶺 —— 國王路易十六的妥協與失誤　　　　062
- 巴黎攻城戰的開始　　　　　　　　　　　　　　　　067
- 新時期：拉法葉在革命漩渦中的政治權力之路　　　　073
- 法國的政治動盪與反革命陰謀　　　　　　　　　　　075
- 革命的浪濤席捲下，拉法葉的理想破碎　　　　　　　077
- 自然權與新社會秩序　　　　　　　　　　　　　　　078
- 新的地方自治體系：法國革命的理想與現實　　　　　081
- 革命與反革命：18 世紀末的歐洲激盪　　　　　　　　093
- 革命前夕的危機與外交連結　　　　　　　　　　　　094
- 國王與王后的外交困境　　　　　　　　　　　　　　095
- 英國的陰謀與挫敗　　　　　　　　　　　　　　　　097
- 重塑命運的艱難時刻　　　　　　　　　　　　　　　101
- 戰爭與革命的勝利之路　　　　　　　　　　　　　　104
- 新生共和國　　　　　　　　　　　　　　　　　　　112
- 丹東的政治崛起與革命的曲折　　　　　　　　　　　113
- 1793 年法國大革命時期政教衝突及社會變革　　　　　115
- 激烈的大國角力與波蘭的命運　　　　　　　　　　　116

- 法國共和國的不確定開端　　　　　　　　　　123
- 新政府的妥協與調和　　　　　　　　　　　　124
- 反法聯盟內部的矛盾與分歧　　　　　　　　　134
- 波蘭的命運：第二次瓜分與柯斯丘什科起義　　135
- 法國革命前夕的海上角力　　　　　　　　　　140
- 英國封鎖令的經濟影響　　　　　　　　　　　142
- 一戰前夕：聯盟國面臨的徵兵與財政困境　　　144
- 法國革命的陰霾——黑暗中的希望　　　　　　154
- 革命階段的信仰危機　　　　　　　　　　　　159
- 法蘭西共和國的內戰艱難征程　　　　　　　　162
- 革命漩渦中的權力角力　　　　　　　　　　　164
- 新的出路：革命運動的下一步　　　　　　　　165
- 中央集權與地方鎮壓下的革命政府　　　　　　168
- 偉大革命的迷思　　　　　　　　　　　　　　169
- 革命下的糧食供給管理　　　　　　　　　　　173
- 新的神意：大革命中羅伯斯庇爾的宗教路徑　　175
- 民族主義興起下的大恐怖時期　　　　　　　　179
- 革命的陰晴禍福　　　　　　　　　　　　　　182

- 新的萊茵河戰線　　　　　　　　　　　　　195
- 1795 年歐洲大陸的政治角力　　　　　　　199
- 法國革命後的亂局　　　　　　　　　　　　202
- 拿破崙在義大利的戰爭勝利　　　　　　　　211
- 革命的迷途？拿破崙崛起的關鍵時刻　　　　215
- 法國流亡者的命運　　　　　　　　　　　　217
- 一個新時代的曙光　　　　　　　　　　　　222
- 英法戰爭中的英國反革命行動　　　　　　　225
- 共和國面臨新挑戰　　　　　　　　　　　　235
- 徵兵法與共和國的防衛準備　　　　　　　　237
- 拿破崙的奪權之路　　　　　　　　　　　　247
- 革命前夕：政治動盪中的巴黎　　　　　　　248
- 革命的遺產與拿破崙的崛起　　　　　　　　250
- 新時代的到來　　　　　　　　　　　　　　252
- 明智之選：面對危機的勇氣與擔當　　　　　257
- 重塑稅務：大革命後的法國財政改革之路　　265
- 法國革命與新興文藝潮流　　　　　　　　　276
- 法國革命後的階層重塑　　　　　　　　　　277

- 革命變革下的法國農村轉型　　　　　　　　　　278
- 法國革命與資本主義興起　　　　　　　　　　　280
- 重塑共產主義理想 —— 巴貝夫與邦納羅蒂的嶄新嘗試　282
- 革命之浪潮：法國大革命的擴散與阻滯　　　　　287
- 新貴族的抵抗　　　　　　　　　　　　　　　　291
- 自由思想的代價 —— 德意志哲學家的艱難抉擇　　295
- 宗教情懷的復甦：十八世紀末期的歐洲　　　　　299
- 戰局紛亂，財政危機難解　　　　　　　　　　　302
- 英國戰後經濟的飛躍　　　　　　　　　　　　　307
- 革命的終章與新曙光　　　　　　　　　　　　　314

目錄

前言

　　法國革命的震撼波動，不僅震驚了當時的歐洲大陸，也在全球掀起了一股劇烈的變革之風。這場重要的歷史事件，其影響程度遠遠超乎當時人們的預期。

　　18世紀末的歐洲，正處於一個轉型期。新航海的探索和發現，將世界的視野徹底打開；殖民帝國的擴張，也在全球格局中重塑了新的秩序。與此同時，經濟的發展、社會階層的劇變，以及思想潮流的激盪，都為法國革命的爆發埋下了伏筆。

　　法國的社會矛盾日益激化，貴族階層的特權和腐敗，引發了平民階層的不滿和憤怒。1789年爆發的巴士底監獄事件，成為法國革命的導火線。隨後發生的連串事件，包括國民議會的成立、君主制度的推翻，再到激進份子的掌權，都使得這場革命不斷升級，成為震撼世界的重大歷史轉折。

　　這場革命不僅推翻了法國的君主制度，也衝擊了整個歐洲乃至全球的政治秩序。在它的影響下，與傳統政治文化格局的撕裂，為現代國家體系的形成奠定了基礎。與此同時，革命思想的蔓延也催生了各種新的意識形態，成為推動世界史進程的重要動力。

　　儘管法國革命的結果並非理想化的，也飽受內外交困的困擾，但是它為後來的民主革命運動提供了典範，成為人類社會進步史上劃時代的重要里程碑。未來學者將繼續探討這段歷史，努力去解開其中的錯綜複雜的因果關係，從而更好地理解這場震驚世界的偉大革命。

透過深入探究法國革命在歷史進程中的重要影響，本書力圖全面展現這場席捲整個歐洲大陸的巨變。從革命前夕的歐洲格局，到革命中的政治激烈衝突，再到其後續的深遠影響，我們將見證這場革命如何打破了傳統的社會秩序，重塑了政治格局，並在全球激起了持續的震盪。

在探討經濟層面的變革中，本書將追溯法國革命如何加速了資本主義的興起，以及這個轉型對社會各階層所造成的深刻影響。革命浪潮也牽動了歐洲思想文化界的劇變，從理性主義到浪漫主義，再到民族主義的興起，我們將看到思想的蛻變如何反過來推動了社會的進化。

這場偉大的革命，不僅在法國境內掀起了一番腥風血雨，其國際影響力也波及到歐洲乃至更廣泛的世界版圖。本書將探討法國革命如何激發了其他地區的革命運動，並揭示這一連串動盪如何造成了歐洲的整體重塑。同時，我們也將關注當時大國政治博弈的微妙角力，以及革命與保守之間的激烈較量。

透過這一系列深入的歷史考察，本書力求勾勒出一幅波瀾壯闊的法國革命全景圖，從而幫助讀者全面理解這場改變世界的偉大事件，並從中領悟人類社會追求自由、平等與正義的永恆真理。

法國革命的序曲：世界格局的變遷

　　在 18 世紀末的歐洲和新大陸，正處於劇烈變動的邊緣。這是一個充滿希望與動盪的時代，各種力量在這片古老的大陸上激烈碰撞。法國革命即將揭開序幕，而這場革命不僅改變了法國，也深刻影響了整個世界的歷史。

　　首先，人們對地球的認識已經有了顯著的進步。大航海時代的探險家們用他們的勇氣和智慧，打破了舊世界的疆界，揭開了新大陸的神祕面紗。哥倫布的航行為歐洲人開啟了通往美洲的大門，而麥哲倫的環球航行則證明了地球的圓形地貌。這些偉大的探險不僅擴展了人們的地理知識，也為後來的殖民擴張奠定了基礎。隨著新大陸的發現，歐洲列強開始了一場激烈的競賽，爭奪這片豐饒土地的控制權。

　　西班牙和葡萄牙憑藉教皇托德西利亞斯條約，最先瓜分了南美洲的大部分地區。而英國、法國和荷蘭則在北美洲展開了激烈的爭奪戰。英國最終在這場競賽中勝出，成為北美洲的主要殖民者。然而，這些殖民帝國的擴張也帶來了無數的衝突和戰爭，為後來的革命埋下了伏筆。

　　在 18 世紀，歐洲的殖民帝國達到了前所未有的繁榮。西班牙、葡萄牙、英國、法國和荷蘭在全球建立了龐大的殖民網路。這些帝國透過對殖民地的掠奪和壓榨，累積了巨大的財富，並推動了本國經濟的發展。然而，殖民地人民的苦難和反抗也隨之而來，最終導致了殖民帝國的衰落。

　　18 世紀末，殖民帝國面臨著內憂外患的雙重壓力。美國革命的爆發，揭開了殖民地反抗母國統治的序幕。1776 年，美國宣佈獨立，並在隨後的

戰爭中擊敗了英國，成為世界上第一個脫離殖民統治的國家。美國革命不僅改變了北美洲的政治格局，也為後來的法國革命提供了範本和靈感。

在這樣的歷史背景之下，法國革命即將登場，預示著整個歐洲和世界格局的巨大變遷。這場革命不僅改變了法國的命運，也深刻影響了全球的政治、經濟和社會格局，為未來的發展奠定了新的基礎。

在這個充滿變革的時代，世界各文明都在經歷著重大的蛻變。

在中國，清朝逐漸顯露出內部腐敗與外部威脅的隱憂。一個曾經輝煌的王朝，正逐步走向衰落。而在印度，英國東印度公司的統治下，這片古老文明正逐漸失去獨立性。同時，強大的鄂圖曼帝國也面臨著內部改革的壓力和外部挑戰。這些文明的變遷，與歐洲發展的互相影響，共同塑造了18世紀末的世界格局。

在歐洲，經濟發展正經歷著劇烈的變革。傳統的農業經濟逐漸被工業經濟所取代，英國工業革命掀起了這場巨變的序幕。蒸汽機的出現大幅提高了生產效率，推動了經濟的飛速發展。而在歐洲大陸，雖然相對落後，但變革的跡象也越來越明顯。這些經濟轉型不僅改變了社會結構，更為後來的革命提供了物質基礎。

在18世紀的歐洲社會，教士、貴族、資產階級和農民構成了主要階層。傳統勢力依舊掌握著大量權力和財富，但資產階級的崛起正在挑戰他們的地位。尤其是在英國，工業革命催生了大量新興經濟力量，工廠主和商人成為了社會新貴。而農民雖然仍是社會基石，卻未能得到根本改善。無產階級的出現，則預示著社會矛盾的進一步加劇。

思想變革是這個時代的另一個重要特徵。古老的觀念正在被經驗理性主義、泛神論和自然權利等新思潮所取代。英國和德國的思想家們為啟蒙

運動奠定了基礎，而在法國，這些思想更是深入人心，成為推動革命的重要動力。文學和藝術的繁榮，也反映了這個時期思想的多元和創造力。

總之，18世紀是一個萬象更新的時代。世界各文明正在經歷著深刻的變遷，思想和社會也在悄然洗牌。這些變革，注定將對人類歷史產生深遠的影響。

法國革命的多重面向

在18世紀末的歐洲，各國之間日益尖銳的矛盾，以及內部的社會衝突，日益加劇。雖然開明專制的改革在一定程度上推動了社會進步，但同時也引發了貴族和資產階級的激烈反抗。與大陸國家動盪的局勢形成鮮明對比的，是英國相對的政治穩定。而美國革命的成功，更是激發了歐洲人民的革命熱情。

作為這一時期的焦點，法國內部的社會矛盾和對外的軍事挑戰，最終導致了革命的爆發。這本書不僅描繪了法國革命前夕的世界格局，更深入探討了資產階級在法國的崛起，以及他們如何推動了革命的進程。

書中詳細闡述了貴族階層的變革，分析了資產階級的勝利及其在政治和社會中的影響力。我們可以看到，這場革命並非一蹴而就，而是經歷了一系列複雜的政治鬥爭和社會運動。從三級會議的召開、代表名額的爭議，到軍隊的調動，每一個關鍵事件都被作者細膩地描述。

特別值得一提的是，本書強調了平民在革命中的重要角色。經濟危機、貴族陰謀以及革命情緒的交織，使得巴黎和其他市鎮的平民起義成為

推動革命的不可忽視的力量。農民的起義與「巨大蕭條」相互呼應，進一步推動了革命的進程。這些細節的描述，不僅讓讀者了解當時的歷史背景，也展現了革命的多層次性和複雜性。

隨著拉法葉的崛起，革命進入了新的階段。書中對拉法葉和愛國黨的活動進行了生動的描述，揭示了貴族陰謀和軍隊解體對革命的深遠影響。雖然革命的進展經歷了多次波折，但最終在制憲會議的努力下，取得了一系列重要成果。本書對1789年制憲會議的成就進行了全面分析，包括政府組織、行政改革、財政狀況以及土地和教會改革等方面的內容，讓讀者全面了解這場變革性的歷史事件。

總之，這本書不僅展現了法國革命的複雜性，更深入探討了資產階級在這場革命中的關鍵角色。它不僅描述了貴族階層的變革，還分析了革命中平民的重要地位。通過對關鍵事件和人物的細緻描述，本書使讀者得以全面理解這場震驚世界的革命。

在18世紀末的動盪時期，法國革命不僅改變了法國，也深刻影響了整個世界的歷史軌跡。從地理探索到經濟變革，從社會階層到思想潮流，每一個細節都彰顯了這場革命的重要性。

大航海時代的探險家們，以勇氣和智慧打破了舊世界的疆界，揭開了新大陸的神祕面紗。哥倫布和麥哲倫的航行，擴展了人們的地理知識，為後來的殖民擴張奠定了基礎。在爭奪殖民地控制權的激烈競爭中，殖民帝國的擴張也帶來了無數的衝突和戰爭，最終導致了帝國的衰落。美國革命的爆發，更是揭開了殖民地反抗母國統治的序幕，為後來的法國革命提供了範本。

與此同時，18世紀的歐洲也經歷了重大的經濟變革。工業革命的浪潮

席捲整個大陸，推動了生產力的飛速發展。這些經濟變遷，不僅改變了社會結構，也為後來的革命提供了物質基礎。

在思想領域，古老的心靈觀念正受到新思維的衝擊。啟蒙思想在各國蓬勃興起，成為推動革命的重要力量。文學和藝術的繁榮，也反映了這一時期思想的多樣性和創造力。

通過詳細的歷史記錄和深刻的分析，這本書為讀者提供了一個全面了解 18 世紀末世界的視窗。從地理探索到經濟變革，從社會階層到思想潮流，每一個細節都被細緻描繪，使得讀者能夠更容易理解這段歷史的複雜性和重要性。讓我們一起來探索法國革命及其對世界的深遠影響。

18 世紀末的動盪與革命

　　在 18 世紀末的歐洲，這個時代正處於劇烈的變革之中。從對地球的認識到經濟社會結構的變遷，再到思想觀念的解放，整個世界都在經歷著翻天覆地的變動。

　　這一切的變革，最終都匯聚成一股強大的力量，推動著法國大革命的爆發，並深刻影響了整個世界的歷史進程。

　　首先，地理大發現使歐洲國家對地球有了更深入的認識，各國紛紛在全球擴張殖民版圖，但這也導致了各帝國內外部的危機。以美國革命為代表的事件，已經開始動搖着傳統的殖民體系。

　　在經濟領域，傳統經濟模式正在向工業化的道路邁進。以英國為首的工業革命，使其成為最富裕的國家，而歐洲大陸其他地區則相對落後。社會階層的變遷也為法國大革命埋下伏筆，無產階級的興起成為一個重要現象。

　　在思想領域，傳統理念正在與新興的理性主義、泛神論等思潮激烈碰撞。文學藝術上，世界主義和民族問題成為重要話題。而在政治上，開明專制和貴族階級的矛盾日益尖銳。

　　無疑，這個時代的變革是全方位的。美國革命的成功又進一步激發了歐洲人民的革命熱情。在這樣一個充滿不確定性的時代，法國大革命的爆發似乎是歷史的必然。它不僅改變了法國，更深刻影響了整個世界的未來進程。

　　1792 年是法國大革命的關鍵時期。這一年，法國政治形勢異常動盪，

內外交困。迪穆裏埃政權面臨着內部吉倫特派和山嶽派的激烈對抗，以及來自外部的巨大壓力。

1792 年 6 月至 8 月，內部矛盾不斷激化。吉倫特派主張溫和改革，保留君主制，而山嶽派則要求徹底推翻君主制，建立共和體制。兩派在國民公會中展開了激烈的權力鬥爭。這場政治對立，使迪穆裏埃政權難以有效施政。

1792 年 8 月 10 日，一場重大的革命爆發在巴黎。市民攻佔杜樂麗宮，國王路易十六被逮捕。這個事件代表著君主制的終結，共和體制的開始。同時，它也推翻了迪穆裏埃政權，讓吉倫特派失去了主導地位。

隨著革命的深入，恐怖統治的陰影開始籠罩法國。9 月在巴黎監獄發生了大規模的屠殺事件，數千名被認為是反革命份子的人被處決。暴力和血腥逐漸成為革命的常態。

與此同時，法國也面臨著巨大的外部壓力。1792 年 9 月，瓦爾密戰役爆發，法國軍隊成功抵擋了普魯士和奧地利聯軍的進攻，大大鼓舞了人民的士氣。此後的熱馬普戰役中，法國軍隊再次凱旋，為共和國的確立奠定了基礎。

1792 年可以說是法國大革命的關鍵節點。在這一年，法國經歷了政治權力的激烈角逐、暴力與血腥的革命狂潮，同時也取得了關鍵的軍事勝利。這代表著共和制的誕生，以及法國正式進入一個全新的時代。

從吉倫特派到拿破崙統治 —— 法國大革命後期的政治動盪

在經歷了 1792 年夏季的劇變與動盪之後，法國革命的高潮並未結束。相反，這些事件只是鋪墊了更大波瀾的序章。1793 年初，吉倫特派領袖被逮捕，代表著這一政治力量的徹底失敗。然而，山嶽派的崛起並未為法國帶來持久的穩定。相反，一系列的政治動盪和經濟困難持續不斷地挑戰著法蘭西共和國的統治。

1797 年 9 月 4 日，督政府在面臨內憂外患的沉重壓力下，決定採取果斷行動。這次被稱為「果月十八日政變」的事件，成功讓督政府暫時穩定了局勢，並為後來的坎波福爾米奧條約締結奠定了基礎。該條約無疑是法國在外交領域的一大勝利，鞏固了其在歐洲的地位。

然而，這次政變並未徹底解決法蘭西共和國的根本矛盾。反而暴露了督政府內部的深層次分歧，同時也顯示了法國社會對於政治穩定的迫切需求。這些問題最終催生了拿破崙・波拿巴的崛起。

1799 年 11 月 9 日與 10 日的「霧月十八日政變」，成為拿破崙掌權的起點。他的登場徹底改變了法國的政治格局，結束了督政府的統治，為法國開啟了一段輝煌的歷史新篇章。

果月十八日政變固然是法國大革命過程中的一個關鍵事件，但其背後所揭示的政治動盪和權力鬥爭，卻是這個動盪年代的縮影。這不僅提醒我們歷史發展的複雜性與變數，也為我們理解法國歷史走向提供了重要視角。

法國大革命與現代歷史的開端

　　1789年爆發的法國大革命絕非突如其來。它深植於法國及歐洲的民族歷史淵源之中，代表了一個時代的終結與新時代的開始。正如夏多布里昂所指出，這場動亂源於「貴族」的反抗，代表著以往王朝時代的落幕，資產階級躍升至權力之巔。

　　法國大革命代表著資產階級的崛起，這一過程並非法國獨有。事實上，整個歐洲的國家建立普遍以削弱貴族權益為基礎，進而提升了資產階級的地位，只是速度存在差異。值得注意的是，法國大革命並非資產階級崛起的首場革命，早在此之前，英國和美國的革命已為這一階段的崛起鋪平了道路。

　　在文明發展中，大革命的影響顯得尤其深遠。1789年，資產階級確保了科學家的研究自由和生產者的經營自由，並嘗試對政治和社會架構進行合理調整。因此，它代表著決定西方命運的關鍵時期。在其勢力膨脹過程中，資產階級本有機會在不與貴族決裂的情況下奪取政權。然而，法國的情形卻截然不同，貴族不但企圖制約國王，還試圖對第三等級施加控制。資產階級提倡平等權利，勇敢起義，最終推翻了舊有體制。

　　法國大革命不僅加速了歷史進程，也在國界之外激發了熱烈期望。然而，它同時引發了感受到威脅的各國君主和貴族的強烈反彈。因此，從1789年至1815年，歐洲文化圈的國家歷程在很大程度上都圍繞這一重大事件而轉折。大革命對於當代及後世人類社會產生了深遠影響，將世界推向了真正的統一，代表著世界歷史編纂的開啟。

新時代的曙光 —— 大革命後的歐洲變革

隨著十七世紀革命的落幕，歐洲大陸各國面臨著轉型時期。在英國和美國，資產階級成功與貴族陣營分享統治權力；而在歐洲大陸，王室則試圖主持局勢，適度妥協。然而，法國卻出現了不同的情況——貴族階層企圖對第三等級施加控制，激發了資產階級的正義起義。在民眾的參與下，舊有體制迅速崩解。雖然貴族階層失去特權與財富，但當農民和勞工投身革命時，他們又開始反對資產階級的統治。大革命促使了政治民主的興起，並初步形成了社會民主，激勵了國外的熱切期望，卻也引發了君主與貴族的強烈反應。

從 1789 年至 1815 年，歐洲各國歷程都深受大革命的影響。儘管對當時的普通人而言，這一重大事件的真正意義尚不十分清楚，但對今日而言，大革命無疑是人類社會發展史上的重要里程碑。之前，地球上許多地區的文明思想，尚未為歐洲人所掌握。而隨著新大陸的發現，歐洲的海外主權分裂，國家之間的矛盾日益增加。隨著各大政治勢力的崛起，統一的歐洲已然不復存在。新大陸的分割利益了臨近大西洋的沿海國家，鞏固了西方的地位，而內陸國家則發展緩慢。而地中海沿岸地區，部分陷入伊斯蘭教勢力的控制，自然資源匱乏，貿易路線侷限於局部區域。雖然開明君主曾努力改革，但東歐仍長期陷於貧困。

大革命的洗禮，為這個時代劃下了一道深刻的分水嶺。曾經遙不可及的新大陸，如今成為改寫歐洲命運的關鍵因素；先前被邊緣化的文明思想，也即將挺身而出，與西方世界展開一場文化大交融。這場變革的餘波正在席捲全球，引領人類社會邁向真正的統一。

在十六世紀到十八世紀期間，歐洲諸國在全球展開了一場激烈的疆土爭奪戰。這場衝突不僅改寫了世界版圖，也深刻影響了殖民宗主國內部的權力平衡。

　　儘管歐洲列強的統治力量未受動搖，但殖民者之間的紛爭卻成為了擴張的絆腳石，阻礙了歐洲對世界絕大部分地區的全面統治。葡萄牙和荷蘭雖然本土實力有限，卻仍保持了在海外的重要地位。西班牙則通過對墨西哥灣和加勒比海沿岸的控制，大幅擴張了勢力範圍。而英國和法國在北美、印度及小安地列斯群島的角逐中，最終法國失利，只能保留部分殖民地。

　　這些殖民霸權之間的爭奪，其實源於對商業利益的貪婪。各殖民宗主國都致力於從其殖民地中驕取所需資源，並將自產商品壟斷銷售當地市場。這種「法國專賣貿易」的模式，不僅確保了穩定的客戶群，還獲取了促進經濟增長的黃金和熱帶農產品。

　　隨著農牧業技術的提高，拉美地區的畜牧和熱帶作物出口蓬勃發展。但是，殖民者對當地原住民的剝削和壓榨絲毫未減。無論是被強迫的印第安奴工，還是大量被迫充當勞工的非洲黑奴，他們都承受著殘酷的剝削，成為了殖民利益的犧牲品。

　　與美洲地區不同，歐洲人在亞洲主要採取商業手段，直到十八世紀才逐步增加對當地的殖民控制。但即便如此，他們在東印度公司的貿易中仍面臨赤字問題，這表明了殖民帝國內部的矛盾與脆弱。

　　總而言之，這一時期見證了全球版圖的重新劃分，殖民霸權的爭奪也在不同程度上影響了整個世界的命運。殖民主義雖然推動了經濟的發展，但同時也造就了慘痛的人權悲劇。這一矛盾的景象，預示著殖民時代即將走向終結。

殖民時代的荊棘之路

歷史自有它曲折的一面。隨著歐洲列強的競相擴張，他們不僅在美洲收穫了巨大的財富，在亞洲的貿易也同樣豐碩。然而，這一切背後卻隱含著一些令人不安的事實。

在中國的貿易中，歐洲人面臨著嚴重的逆差問題。中國只對少量鴉片感興趣，卻大量購買茶葉、瓷器和漆器等貨品。即便歐洲人在美洲賺取了巨額財富，但在亞洲的貿易卻虧損連連。不過，各企業的股東依然透過將商品轉售給本國同胞而獲得了豐厚利潤。

為了擺脫這種困境，荷蘭和英國紛紛採取了創新策略，直接對當地原住民實施統治，免除了運輸非洲奴隸的需求。荷蘭人迫使馬來人開墾地勞作，英國則壟斷了食鹽、鴉片和硝石貿易，並與紡織品商簽訂高利潤合約。儘管亞洲沒有「奴隸販子」，但這些做法仍讓人聯想到西班牙在拉丁美洲的殘暴手段。

歐洲人在熱帶亞洲和非洲定居一直存在困難，主要是因為當地的氣候和疾病環境對他們極其不利。然而，在拉美地區和馬斯克林群島，情況卻大不相同。除了政府官員和軍事人員，還有大量種植園主、商業人士和其他「低階白種人」共同生活，並在當地生根發芽。據估計，到十八世紀末期，當地出生的白人人口已經遠遠超過了從殖民宗主國遷移而來的人數。

但是，少量的奴隸主與壓倒性數量的奴隸長期共存，終究孕育出了危機。奴隸群體偶爾會起身反抗，發動叛亂，如 1781 年圖帕克·阿馬魯在祕魯的起義，以及 1792 年提拉唐代斯在巴西的遭遇。種植莊園的主人對此感到極度畏懼。

歐洲各國將其治國手段——無論是君主絕對主義、官僚主義集中，還是軍警主導的管治——都遷至其海外殖民地。唯有英國實踐了君主立憲制度，並向其駐美國民賦予了有限的自治權。而在拉丁美洲，則保留了教士特殊地位、貴族傲慢行事等社會特徵。

在非洲及亞洲的遼闊土地上，僅有寥寥數位勇敢的白人暫居者，他們唯有迅速累積私富的願望驅使著自己，對於挑戰大型企業的壟斷地位毫無興趣。而在殖民地出生的白人後裔，則深感不公於那些影響自己切身利益的重要決策，竟由政府官僚所做出，因而心生不滿，渴望獨立自主

這個動盪的時代揭開了一扇新的大門。啟蒙運動的思想指引著人們追求自由和平等，但不同地區的實現卻有着截然不同的困境與路徑。

對於剛剛獨立的美洲國家來說，這是一個充滿機遇與挑戰的時刻。一方面，白人後裔擁有自己的教育體系，書籍思想且敢於挑戰宗教禁令，這些都反映了他們對平等、自由的渴望。但另一方面，新興的國家卻只有白人主導，並無其他種族的參與。相比於南美多元混雜的殖民地，北美的社會以純粹的白人群體為主，這使得他們可以肆無忌憚地拓展領土，開拓機會，也避免了與原住民或其他種族的衝突。

與此同時，南美洲的各國卻面臨着更大的挑戰。他們剛剛擺脫了西班牙與葡萄牙的統治，但內部也存在著白人後裔與原住民之間的矛盾。美國的獨立無疑為他們樹立了一個共和制的楷模，但卻也讓他們擔憂會出現同樣的分裂危機。幸運的是，在列強競爭的漩渦中，這些新興國家得以暫時擺脫外部勢力的干涉，尋求自己的發展道路。

無論南北美，這個啟蒙時代的浪潮都以其特有的方式沖刷着當地的社會結構。理想主義與殖民主義、個人主義與傳統等矛盾，正在各地激烈地

碰撞和交織。新時代的到來，既帶來了自由的曙光，也給人們帶來了現實的艱難抉擇。這個新興國家的旅程，正在向我們展現着理想與現實的交織。

亞歐新世界格局
——蘇丹馬來亞伊斯蘭逐鹿，鄂圖曼帝國轉守為攻

時逢世局轉折之際，伊斯蘭教在東西兩線都展開了進攻與防衛的角力。

在非洲大陸，伊斯蘭教在蘇丹和馬來亞地區持續吸納信眾，增強其勢力。然而在歐洲，這一宗教信仰卻不得不轉入防禦狀態。隨著亞歐之間的貿易路徑逐漸繞開伊斯蘭世界，這一地區的經濟開始陷入停滯，其思想與藝術的生機也逐步消逝。

與此同時，鄂圖曼皇帝開始朝著整合伊斯蘭世界的目標邁進，但最終未能如願。摩洛哥選擇置之不理；波斯的什葉派則挺身而出反抗；柏柏爾人也不再臣服於其統治之下。在阿拉伯半島中心地帶，阿卜杜勒·瓦哈卜更是主張伊斯蘭教應回歸其創教之初的苦行生活，並由此導致薩烏德宣佈準備聖戰。雖然鄂圖曼帝國表面上仍保持雄偉，但其衰敗跡像早已明顯可見。土耳其的騎士正適應定居生活，為自己的子孫謀求官職；此後，鄂圖曼所建立的獨特行政與軍事架構開始動搖。地方上的帕夏們也逐步邁向獨立，阿里·泰布蘭佔領亞尼納，埃及的馬穆魯克騎兵變得更加專橫。鄂圖曼並未強迫基督徒改宗，反而讓他們在自己的神職人員和官員統治之下安居樂業。希臘人和亞美尼亞人在港貿易和銀行業發跡，與享有特惠條款保

護的歐洲商人進行交易，逐步形成了資產階級。同時，帝國少數的希臘商船也能在地中海自由航行。

總而言之，當亞歐之間的貿易重心開始轉移、鄂圖曼帝國內部動盪不安之時，伊斯蘭世界正面臨著內憂外患的嚴峻挑戰。

在德川家治的統治時代，日本的武士階層逐漸衰落，因為將軍及幕府高官過著奢侈浪費的生活方式。1786 年，年僅未成年的德川家齊繼任大將軍，但其事務由兄一橋暫時代理。1788 年，德川家族推翻一橋，由新的攝政官松平定信恢復傳統秩序。松平定信透過限制奢侈消費、削減債務和穩定貨幣價值等措施整頓了財政。然而，由於與京都的不和以及前任的阻力，松平定信在 1793 年被迫退位，恰逢德川家齊成年。

從更廣泛的角度來看，亞洲地區的技術落後使中國和日本面臨著外來侵略的風險。在航海時代，遠東地區由於距離遙遠而獲得了一定的保護，但是隨著世界強國採取商業至上的策略並開始探索新大陸，歐洲經濟在中世紀末期開始呈現出增長的趨勢。特別是英國，在 18 世紀經歷了革命性的快速進步，開啟了以機械和蒸汽為核心的新時代。當法國大革命即將爆發之際，英國已經遙遙領先於其他國家，這一地位為其後續與其他國家的長期衝突埋下了深遠的影響。

儘管如此，即便在英國，所謂的工業革命也是經過一段時間才逐漸獲得成功。從歷史的角度來看，當時它不過是全球轉型的初步徵兆。在古老的生產手段之下，農業仍然受制於天氣的多變，而工業面臨了原料短缺及動力供應不足的挑戰。這種農工業生產的侷限性也體現在貿易模式上，各地區大多實現了自給自足，交通的重大障礙迫使居民堅守當地產的糧食，出口稀少，進口也面臨諸多不便。這樣的局勢在當時相當普遍，只有在有

必要時人們才會建立起物資交換的關係。前路漫長,世界各國仍在摸索著進步的道路。

歐洲航運與貿易的興盛

在歐洲,海上貿易對於各國經濟發展至關重要。北海、英吉利海峽和大西洋沿岸的重要港口碼頭及航運業為英國、荷蘭、漢薩聯盟和斯堪地那維亞等國的商人帶來了極大利益。地中海沿岸的馬賽、熱那亞和利佛諾等重要港口也扮演了關鍵角色。特別值得一提的是波羅的海貿易的蓬勃發展,這使得控制松德海峽的丹麥受益良多。該海峽已成為英國海運的命脈,它的航道經過歐洲海岸,涵蓋了普魯士、波蘭、斯堪地那維亞和俄羅斯等地。

相比之下,國內銷售市場則相對較小。在這方面,英國領先於法國。雖然內河運輸成本較低,但由於河道缺乏維護和運河運力稀缺的問題,而陸路運輸的成本則高出許多。在英國、法國和荷蘭,道路正逐步改善;然而,在其他國家,只見有些粗略鋪設的石子小路,到了冬季則無法通行。即使在道路較發達的國家,主要道路與鄉村小徑之間也難以通行,運輸主要依賴牲畜承載。向東歐和南歐深入,這種困難愈演愈烈。因此,儘管市集貿易在西部地區正逐步消亡,但在南方地區依然佔有重要地位。

在這種情況下,除英國外,各國的統治者和領主開始設立關稅並徵稅,這不僅無法使國內市場破碎,也阻礙了任何國家形成真正的國民市場。重商主義策略的普遍實施,保障了國內新興產業,尤其是奢華品和紡

織業，避免了外來競爭，促進了資本的累積。不過，批發商和製造商對貿易自由懷有極大期望，但他們並未準備好接受外界競爭，堅決維護關稅制度。十八世紀，在貴族大規模奢華消費的刺激下，奢侈品行業蓬勃發展。此外，政府為增強軍事力量而大量採購，也推動了冶金、造船、紡織、製革等產業的發展。新世界的拓展再次激發了十六世紀的輝煌勢力，貴金屬產量的攀升也對整個歐洲經濟產生了深遠影響。

在 18 世紀的西歐，金融家們正逐漸掌握了財富的主導權。雖然他們偏好向負債累累的政府貸款，但也有一些投資於生產領域。其中，阿姆斯特丹的金融家表現尤其突出 —— 即使曾因對印度公司和市政機構的貸款遭受重創，他們仍能提供大量資金予外國。據估計，阿姆斯特丹的金融家每年能提供高達 1400 萬荷蘭盾的貸款，總投資額達 10 億荷蘭盾。而倫敦和巴黎的金融家則更加側重對外貸款，與之保持著緊密的聯繫，逐步建立起跨國界的國際金融網路。

隨著貨幣鑄造量的增加、英國信用貨幣和歐洲大陸紙幣的推出，以及銀行信用與商業票據的流通，物資成本逐漸上升，物價也從此波動不已。物價的上揚為生產活動帶來了利潤空間，激發了創業熱情。人口的增加，從擴大消費需求和補充勞動力兩方面給創業活動帶來了助力。此外，西歐與新世界之間的頻繁交往也促進了貿易的顯著增長。

在商業資本主義興起的早期階段，傳統手工業開始受到控制，同時農村地區低成本且不受行會限制的工業發展蓬勃興起。棉花的引入為這一趨勢奠定了基礎。不過，批發商在此過程中的地位並不平等 —— 有些人僅限於購買商品，而更多人專注於改良生產組織，提供原材料和工具，標準化產品，並完成產品的上漿和印染。他們利用額外薪資吸引農民參與勞動，對其進行培訓，延長工作時間。在工廠制度出現之前，婦女和兒童已

成為勞動力的一部分。

與此同時，傳統手工業的衰退也讓重要工業，如採礦、冶金、玻璃、陶瓷、造紙、絲綢等日益依賴企業主的直接監督。儘管商業活動蓬勃發展，但農業生產在經濟中依然舉足輕重。政治領袖們深知，人口增長與農耕發展密切相關，直接影響稅收和兵力。不過，重商主義的原料出口禁令卻迫使農業為工業的發展作出巨大犧牲。面對經濟學家和貴族地主的強烈訴求，政府對撤銷對商工業的限制仍猶豫不決，因為糧食貿易自由化可能會引發飢民的不滿和暴動。

英國農工業革命新時代的曙光

隨著十八世紀末期一系列重要事件的發生，英國正迎來一個全新的經濟發展時代。銀行體系的完善、新工藝技術的採用、新機器和動力的湧現，都推動了生產方式的根本轉變。工業資本主義取代了商業資本主義，成為經濟發展的主要驅動力，同時近代農業的雛形也逐漸成型。

此時的英國，經濟蓬勃發展，工農業領域飛速進步。船舶建造和對外貿易均有大幅增長，國內銷售市場也有長足發展，煤炭使用更加普及。商人們不再滿足於對城市手工業的控制，積極拓展至鄉村工業領域，流動資本也有了巨大增長。英國的金本位制基本完成轉型，倫敦銀行的發展更為企業提供了便利的短期融資管道。

與此同時，英國的農業生產也經歷了革命性變革。傳統的自由放牧地區被整合，公共土地被分割，集約化農業逐漸普及。新型農場主透過牧草

種植、畜牧增加等措施不斷提升畜牧業水平，圈地運動的推進也加快了農業機械化的步伐。雖然部分傳統手工業生產方式依然佔據主導地位，但機械化生產在紡織等行業已有初步發展。

總而言之，十八世紀末期英國正迎來一個全新的經濟時代，工農業革命的曙光已經顯現。金融體系的完善、生產技術的進步、工商業及農業的變革，都代表著英國即將進入工業化的快車道，引領著整個歐洲的經濟發展方向。

18世紀的歐洲，工業發展呈現明顯的差異。一方面，英國的工業革命掀起了經濟飛越，在工業化和金融體系建設方面遙遙領先。但另一方面，歐洲大陸諸國經濟卻步履蹣跚，發展極其緩慢。

以法國為例，雖然在歐洲大陸上居於領先地位，但隨著向東部地區擴張，經濟停滯的狀況愈加嚴重。法國的金融體系相較英國相對落後，私人銀行罕見，商業貸款困難，利率居高不下。企業主多依靠自有資金或親友投資，甚至以不動產作抵押。法國的貿易量在大革命前夕達到新高，但面臨貿易逆差，且國內運輸系統落後，省際糧食貿易仍滯後。

工業發展亦不均衡，傳統紡織業增長緩慢，而煤礦、冶金等新興工業則迅速崛起。法國雖有一些先進技術，如漂白技術改良和熱氣球發明，但在棉紡機等核心技術上仍遠遠落後英國，僅擁有900台，英國卻有2萬台。蒸汽機在法國也僅限於少數煤礦和工廠使用，冶金工業依舊使用木材作為燃料。

可以看出，即使在歐洲強國中，經濟發展的水平差距巨大。英國憑藉工業革命的率先開啟，在技術創新、金融貨幣和交通運輸等方面遙遙領先，而法國等大陸國家則仍陷於經濟停滯和發展不均的困境之中。這深刻反映了當時不同國家在工業化進程中面臨的差異化挑戰。

歐洲十八世紀經濟轉型的曙光

　　整體而言，18世紀的歐洲大陸在經濟發展上落後於英國，但仍呈現出蓬勃的潛力。法國的創新和工業化進程預示著未來的經濟轉機，而一些鄰國也在逐步追趕英國的步伐。

　　儘管農業生產仍然延續傳統作坊的緩慢節奏，但某些地區也出現了新變化。玉米的引入和葡萄種植業的擴張為西南地區帶來轉機，政府也在改善畜牧業條件。然而，這些進步大多有限，傳統方式依舊佔據主導地位。一些貴族試圖向英國學習，但當局態度評價。法國的經濟變革面臨挑戰，第三等級內部矛盾加劇，中央經濟調控力度也受限。

　　與法國類似，鄰國經濟進程也參差不齊。西班牙有所進步，尤其是加泰羅尼亞；中歐與東歐地區則相對落後，但部分地區也出現了手工業的崛起。即便如此，政治干預和貴族壟斷等問題普遍存在，阻礙了更大規模的變革。

　　在這一變遷時期，歐洲正面臨著前景的不確定。一方面，英國工業革命的影響正在逐步滲透；另一方面，資源耗竭和純商業金融資本主義帶來的風險也日益凸顯。但只要維持和平，歐洲經濟仍有希望破繭而出，煤和鐵料的廣泛應用，以及蒸汽動力和機械化的進步，都為未來的發展注入了新的動力。這需要各國政府積極實施新的經濟政策，引導歐洲大陸走向更加繁榮的未來。

　　在十八世紀的歐洲大陸，社會結構正經歷著深遠的變革。農村工業的興起，特別是棉布產業的發展，推動了瑞士、列支敦斯登、薩克森和義大利北部等地區的經濟進步。然而，機械化生產仍然是一個孤立的現象。雖

然部分開明君主試圖效仿西歐柯爾貝主義的政策，但成效遠不如預期。西利西亞和烏拉爾地區的採礦和冶金業蓬勃發展，但某些地區的批發商卻對手工業者施加了掌控。

農業改革進度緩慢，少數先驅者提出了學習英國農業方法的呼籲，但並未引起廣泛迴響。與此同時，波羅的海貿易的興盛，帶動了附近地區糧食生產的增加，但也引發了貴族對農民土地的侵吞。政府的反應各不相同，有些採取了一定程度的限制措施。

隨著木材日益稀缺，工業生產受到一定制約。能否妥善管理殖民擴張，是歐洲需要面對的挑戰。煤炭和鐵料的應用，以及蒸汽動力和各式機械的出現，為經濟轉型注入了新動力。但這需要歐洲各國實施新的經濟政策。

社會結構方面，貴族階層仍佔據主導地位，而教會則在精神領域發揮著重要影響。但在一些成功開展宗教改革的地區，教會的特權正逐步削減。隨著動產階級和資產階級的力量日益增強，平民階層逐步獲得自由，生產勞動、創新思維和科學知識的重要性也日益突顯。這些社會變革正在顛覆著傳統的社會格局。

歐洲教會與貴族在 17 — 18 世紀的轉變

在 17 和 18 世紀的歐洲，教會和貴族的權力結構正經歷著重大變革。教會內部的解構方式尤其引人注目，各地主教都在不同程度上努力保持對教廷的自主性。英格蘭國教的分裂最為顯著，德國的九十五條論綱也取得

了重大進展。義大利的皮斯托亞教區在李奇主教的帶領下，也步入了類似的道路，引起了堅持教皇至上主義者的強烈反對。同時，全球神職人員在總人口中的比例正在下降，以法國為例，約有 13 萬名神職人員，其中世俗和宗教職務各佔一半。

從社會學的角度來看，財富對天主教會的影響力和團結造成了削弱。當教皇與國王發生衝突時，教會可能會失去當地的財產。貴族則把他們的後代安排在教會的高級職位，低階神職人員和信眾們紛紛指責教會資金被挪作他用。

與此同時，歐洲的貴族階層也在經歷著重大變遷。各國的貴族階層形成了一個有序的社會等級，但法國的情況卻有所不同。法國的貴族家族被記錄在貴族名錄中，享受著特定的特權，並嚴禁貶低其身份。封建制度依然盛行，但隨著經濟的快速發展，貴族不再能從戰爭中獲取戰利品和賠償，財產逐漸縮水。貴族之間的財產和生活條件出現了極端的不均衡。為增強國庫，君主將行政、司法、財政以及軍事的部分職能賦予他人，使得貴族得以承擔關鍵職位。在法國，捐獻以換取官職成為一種普遍現象，衍生出了一批既可能擁有行政與市政職務，又或者只是名義上的長袍貴族。

中、東歐國家的貴族普遍對君王的權威懷有強烈的嫉妒，而在法國，貴族不僅與君王對立，也與日益崛起的資產階級處於敵對狀態。貴族的數量雖然有限，但對於其準確數目的猜想，學界的看法大相逕庭。

總而言之，歐洲的社會結構經歷了深刻的變遷，從貴族統治到資產階級崛起，再到教會影響的變化，這些轉變均反映出歷史背景和地理位置對社會發展的深遠影響。

資本階級的性質與命運

　　資本階級在各國中並非單一的集團，而是由那些在經濟與社會上最具財富和影響力的人組成的複雜階層。這些資本家大多源自社會底層，通過自身的勞動、儲蓄和商業投機實現了財富積累，多數人致富後享受著貴族式的生活方式。

　　資本階級內部存在著不同派系。官僚階層是最緊密和堅固的集團，他們主宰著法律、稅務和財政領域，憑藉金錢購買官職而獲得相對獨立性。另一派是法律界人士，他們也通過購買職位進入行列，形成了一個中間階層。自由職業者中名聲顯赫的少數人也得以加入資本階級。而一批金融和商業大咖組成的集團，雖然地位略遜於貴族，但財富更為豐厚，包括為國家提供各種財務服務的人。相比之下，造船業主、批發商和製造商則影響力較小，但依靠商會和同業公會維護自身利益。

　　這些互不相同的群體在未來命運上也存在差異。官僚和自由職業人士在大革命中因其思想和管理經驗而得以扮演領導角色，但財富方面卻不如金融家和商人。後者憑借其對創業、投機和風險的熱衷，擴張了影響力。整體上看，雖然門第、血統及職業是定義社會地位的要素，但財富的豐厚無疑成為關鍵的決定因素。這一西方文明特徵在中東歐地區則變得趨於模糊。

田野的命運 —— 18 世紀歐洲農村景象

歐洲廣大的農村地區在 18 世紀仍普遍存在著傳統的農奴制度。在西部地區，雖然農民仍具有一定程度的自由，但他們長期受到貴族、教會和國王的剝削，背負沉重的稅賦和勞役義務。相比之下，東歐和中歐的情況則更加嚴峻，農民淪為真正的農奴，受主人的完全控制。

在西歐，法國等地的農民可以向國王求助，以維護自身權益。自耕農擁有部分土地所有權，可以自由經營和傳承，地位較高。但即便如此，他們仍需交納土地租稅、年金等各種費用，加之教會和國王的稅收，生活負擔沉重。

更糟糕的是，在卡斯提亞、安達盧西亞和義大利南部，大片莊園被貴族任其荒廢，農民只能勉強維生，遭受凋敝。他們普遍被城市居民視為無知的「鄉巴佬」，理所當然地承擔著資產階級和貴族的剝削。

東歐地區的情況更加慘淡。在波蘭、匈牙利和俄羅斯，農民淪為名副其實的農奴，完全受主人擺佈，甚至可能遭遺棄或流放。三十年戰爭後，這些地區的農村境況也更加惡化。

整體上看，隨著資產階級的崛起和社會分化加劇，歐洲農村地區陷入了嚴重的不平等。一些地方的農民仍擁有一定程度的自由，但大部分地區的農民都飽受剝削和壓迫，生活極度艱難。這一矛盾的現實構成了 18 世紀歐洲農村的縮影。

英國獨特的社會面貌

從歐洲大陸的視角觀察英國社會，可以發現其在許多方面都展現出獨特的特色。數個世紀以來，英國社會形成了一種獨有的社會結構和社會動態，這一特質在經濟的增長和創新中得以進一步放大。

在法律層面上，英國推行了平等原則，無論是稅務義務還是官職晉升，都不再基於家世背景。貴族與富裕階層的界限逐漸模糊，階級的劃分也日趨微弱。封建的從屬關係和特權漸漸消失，地方紳士與貴族在政治參與中地位趨於平等。此外，貴族參與商業活動也無所限制，社會地位主要取決於財富。

在經濟領域，英國社會出現了一批創業精神旺盛的資本家階層，他們特別重視企業創辦和投資。相對於大陸其他國家，英國的獲封爵位和獲得土地所有權的吸引力相對較小。同時，農民階層也逐步擺脫了封建領地的束縛，逐漸向工業城市遷移。

然而，英國社會中仍存在著一些傳統的不平等現象。土地所有權高度集中，地方貴族和鄉紳在郡區擁有絕對的權力。且在婚姻聯盟和社交圈中，貴族階層表現出強烈的排外性。

總而言之，英國社會呈現出既傳統又現代的特點。它在法律上推行了平等，在經濟上表現出創新活力，社會階層流動性也較高，形成了一個獨特而富有活力的社會面貌。這種獨特性不僅體現在法律和經濟領域，更深入到社會的各個角落，展現出英國社會的多樣性和豐富性。

重建秩序與追求革新：資產階級的興起

在動盪的社會背景中，資產階級的心態與生活方式始終保持著一致性。與貴族和教士的舊有思維方式形成了分歧。隨著商業、金融和製造業的持續發展，以及對中世紀經濟社會結構的顛覆，資本家的野心與傳統觀念發生了徹底的衝突。

經驗主義理性的崛起，不僅奠定了現代科學的基礎，還試圖在十八世紀將其統治範疇擴展至人類生活的各個方面，為資產階級提供了一套嶄新的哲學思想，激發了他們的階級自覺和改革勇氣。大革命前夕，啟蒙思想家的理念以極其豐富的形式儲存下來，成為後人的精神財富。但保守份子亦在捍衛既有秩序，因此社會思想呈現出一種混亂和多樣化的狀態。

在古老的經濟體系中，勞動者的生活環境十分艱辛，饑荒、疾病、戰亂和剝削使他們苦不堪言。為尋求相互的援助與庇護，他們只能侷限在家庭、鄰里、同業及教會等狹窄的圈子內。他們依賴傳統習俗來保證生活安定，對未來缺乏期望，故不追求進步。而資本家卻開始理解了交換價值和投機行為，企盼以新的社會秩序取代封建制度和君主專制。

這一新舊觀念的碰撞，既是社會進步的動力，也反映了當時社會的深刻矛盾。平民的自卑感和順從態度與教士們堅守的傳統理念形成鮮明對比。但時代在變遷，異端宗派的擴散和科技的進步，都暗示著一個新的秩序正逐步建立。資產階級的崛起，既是社會革新的推動力，也是這一轉型過程的焦點所在。

這段時期，歐洲正經歷著巨大的社會轉變。宗教與傳統勢力正逐漸失去影響力，取而代之的是新的理性主義思潮與興盛的資本主義經濟。

在宗教方面，雖然根深蒂固的迷信與對神明的崇拜仍在農村地區存在，但一種新的風潮正在興起。擁護者眾多的玫瑰十字會與共濟會分會等神祕學說，正吸引著愈來愈多人的目光。卡格里奧斯特羅和梅斯梅爾等人物的興起也影響了大眾，使他們對各種神祕力量保持信仰。

隨著城市化的加速和人口流動性的增加，社會傳統規範正逐步瓦解。家庭結構開始崩解，個人開始為自己的權益而戰。外籍人士和猶太難民成為改革的重要力量。資本主義的興起則進一步加速了這一社會轉型，騎士精神被融入資本主義之中，創業投機和激烈競爭成為新的價值追求。資本主義建立在金錢之上的權力，也引發了人們對其短暫性的質疑。

與此同時，理性主義思潮也掀起了一股新的文化浪潮。從笛卡爾到牛頓、洛克，理性主義徹底清除了迷信與幻想，將自然界視為受精神法則支配的客觀世界。科學的發展迅速，從物理學、化學到生物學，無一不透過觀察、實驗和數學公式進行探索。這一革新不僅影響了教育與研究，也開始為實際生活帶來實用性的改革，例如富蘭克林的避雷針等。

總而言之，這個時期的歐洲正面臨著宗教、社會、思想等諸多領域的巨大變革，傳統秩序正在被新興力量所取代，這將為未來的歐洲文明留下濫觴。

十八世紀：理性主義的觀察與實踐

十八世紀的哲學思想家們揚棄了笛卡爾堅持理性本源的偏狹立場，將理性主義的理念延伸到各個學科領域，為人文科學的奠基做出了重要貢獻。

洛克醫生摒棄了才能天賦論，而是運用感官印象來解釋心靈的運作，其理論經由伏爾泰和孔狄亞克的推廣，最終促成了經驗心理學的建立。愛爾維修、霍爾巴哈和邊沁等人則勇敢地將道德問題世俗化，將之視為基於個體利益與社會公益的「習俗科學」。

在歷史學方面，學者們不斷鞏固可靠數據，推動文獻評議與考證方法的確立，而伏爾泰的著作更是將歷史學與資產階級立場相結合，關注社會轉型與文明進步。同時，英國君主立憲制度以及傳教士和旅行家的異國遊記也為日後的比較研究奠定了基礎。此外，經濟管理者逐漸意識到統計數據的重要性，重農學派和亞當・斯密則提倡以實際觀察來建立經濟學科。

總而言之，十八世紀的理性主義思潮融合了經驗主義和功利主義的視角，將人類的精神領域及其諸多活動納入研究範疇，逐步走向實證主義哲學，開啟了人文科學的嶄新篇章。然而，這一轉變在當時尚未被大眾所完全認同。

在十八世紀的歐洲，理性主義與經驗主義之間的思想交鋒絕不僅止於學術層面。這場辯論不僅反映了當時社會的劇烈變遷，更為我們理解人類知識的多樣性提供了寶貴視角。

英國向來重視經驗研究，自羅吉爾・培根和奧卡姆學派開始，就開始了對經驗論的探討。法蘭西斯・培根更在笛卡爾之前，系統闡釋了經驗論。但英國學者對於建立統一科學理論的熱情並不高，更傾向於將科學發現視為工具，而非絕對價值。大衛・休謨的經驗理性主義，認為日常經驗所傳遞的理性原則僅支持基本和暫時的推論，與純粹理性主義形成對比。

相比之下，德國思想家如維科和赫爾德等，提出了歷史哲學觀點，強調人類歷史是循環往復的過程。維科認為歷史遵循神祕旨意，赫爾德則強

調自然是社會的締造者，個人並非憑藉自身意志作出改變。

兩種思想流派在知識追求上有著鮮明差異。英國更注重實證研究和經驗累積，德國則更多從形而上學和歷史哲學的角度探討人類社會發展。

整體而言，十八世紀歐洲思想界的理性與經驗對話，成為推動知識進步的重要力量。無論英國經驗主義還是德國歷史哲學，都為後世思想發展奠定了堅實基礎。這場辯論反映了社會變革，也為我們理解知識多樣性提供珍貴視角。

啟蒙時代的德國思想

在普魯士，腓特烈二世甚至允許了哲學思辨活動的自由發展。理性主義者雖不直接攻擊啟示宗教，但其對《聖經》的批判卻令後者更為恐懼，這在德國比在英國更為普遍。同時，新教牧師勇於對教義進行理性化解釋。在科學研究、技術創新和經濟發展等領域，德國未能與英國匹敵。

德國的理性主義中，推理和形而上學的成分遠大於經驗。以普魯士為據點的啟蒙思想家，專注於強調理性主義的實用性，開明的君主和行政官員對此表示高度興趣和支持。因而，啟蒙理念進一步影響了巴伐利亞和奧地利等天主教地區，並獲得了部分教士的同情。

然而，啟蒙運動的宣傳仍僅觸及少數官僚和知識份子；虔誠的神祕主義在社會上仍擁有堅實的基礎；盧梭的哲學影響顯著；文學界的風暴運動展現了早期浪漫主義的無政府特質；而康德之後的哲學迅速轉向了先驗論與唯心主義的道路。

德國與英國之間的根本區別乃源自於王公的專權統治與封建體制的鞏固，而資本階級的無力又讓德國與法國形成鮮明對比。德意志的啟蒙思想家們對於特權問題總是隱晦帶緩地發聲，對於農奴制的批判則更是寥寥無幾。他們將改革的希望寄託於那些開明的統治者，堅持認為社會進步依賴於個體的自我完善，而非制度的改良，並以此作為自己行事謹慎、力不從心的辯護。

總而言之，這一系列的觀察揭示了英德兩國在啟蒙思想上的分歧與共通點，並讓我們更全面地理解了歐洲思想史上的這段重要時期。

在 18 世紀的法國，思想界正掀起一場熱烈的辯論。這場論爭不僅涉及宗教和哲學，更波及到政治與經濟的核心問題。偉大的思想家們紛紛發聲，影響深遠。

盧梭以其獨特的感性表達，為泛神論中的功利主義理念注入了溫暖和人情味。他認為「行善」本是內心的滿足，而非外在約束。盧梭的思想甚至影響了天主教，激發了人們對宗教的廣泛熱情。以夏多布里昂聲名鵲起的羅蘭夫人就是這種宗教氣息的代表。

然而，在大革命後，宗教的影響力大大減弱。社會形態並未發生劇變，貴族和富裕階層的奢華生活仍在延續。理性思維在學校裡對古希臘作家的教學中得到強化，難以被功利主義和感性思維所取代。

在這樣的背景下，哲學家們對封建特權和君主統治展開了前所未有的批判。他們一致呼籲保衛自然權利，主張人們有依據理性進行改革的權利。孟德斯鳩在《法的精神》中強調，存在著一種根本的理性，智慧的生物能夠創設自身的法則。

這些哲學思潮對第三等級的權益產生了深遠影響，尤其是中產階級的

利益遭到捍衛。中產階級攀升至國家治理的高位，將金融秩序融入國家管理，並追求政治向經濟的屈服。他們追求經濟自由，認為加快財產流動是滿足人們對財富的渴望和激發勞動精神的關鍵。

雖然不公平的負擔削弱了大眾的消費和儲蓄能力，宗教迫害也阻礙了科學研究，但真正影響輿論的力量來自於相對獨立、有一定閒暇時間的官員和法律界人士。他們堅持用法治取代暴力和專制。

與此同時，資本家階級將希望寄託於國王，而代表他們的哲學家則對開明君主持有肯定和信任的態度。盧梭被視為民主和共和體制的先驅，但他所提出的「普遍意志」理念只能在理想的「君子國」中得以實現。另一方面，馬布利的名望主要在 1789 年後才開始崛起，他被視為提倡烏托邦理想。

貴族和資產階級在追求自由議題上合作無間，但在平等權利問題上存在根本分歧。孟德斯鳩提出的分權治理卻給予了特殊與中介集團以裨益，使得貴族在政治自由和經濟自由的追求中找到了共同立足點。

總之，18 世紀法國思想界的變革殊為引人矚目。哲學家們的批判聲音，中產階級的崛起，以及宗教與理性的嬗變，都共同構建了這場精神覺醒的歷史畫卷。

浪漫主義的覺醒：
十八世紀歐洲藝術文化的變革

十八世紀的歐洲，文學與藝術界迎來了一場前所未有的變革。社會經濟的轉型催生了新的藝術理念，深深影響了這個時代的文化景觀。

首先，富含哲思的故事和戲劇改革了文學界。古典主義所忽視的流行小說和市民劇場逐漸興起，開啟了新的文學形式。詩歌創作技巧也在沙龍中的社交活動中得到發展。建築師們則在追求功能性的同時，減少了繁複的裝飾。

繪畫界也掀起了新的風潮。畫家和裝飾家開始描繪色情、肉慾與異國風情，以迎合大眾的口味。版畫與粉彩畫的技巧也日趨精細。現實主義在肖像畫、風景畫與動物畫中屹立不搖，英國的油畫創作也不再受學院派的束縛，風景畫的現代風貌正在悄然形成。

理性主義的挑戰預示著更深層次的轉型。古典主義的末代代表強森出現，而楊格、理查遜和斯特恩的作品則象徵著感傷主義的再度興起。在德國，歌德和席勒對「狂飆突進」運動貢獻良多，這一運動與法國的傳統截然不同。

盧梭的浪漫主義情懷普遍傳播，人們開始批評理性主義和古典藝術的缺乏想像力與過分功利。新的審美趣味崛起，如英式庭園的自然美景、名勝古蹟的遊歷、日出和夜空下的沉思等，打破了日常生活的乏味。

歐洲的日耳曼作者汲取了中世紀、但丁和莎士比亞作品、聖經、波斯

和印度文學的靈感，使浪漫主義在德國廣為流傳，並深深影響了法國。英國和德國的文學作品被引入法國，莎士比亞作品的譯本以及仿古抒情詩的興起讓貝爾納丹‧德‧聖皮埃爾名聲大噪。

雖然古典主義在藝術界地位尊崇，但其活力卻逐漸消逝。劇作家如阿爾菲耶里依然創作古典悲劇，但難以激起大眾熱情。相比之下，形式自由的喜劇更易贏得觀眾青睞。

總而言之，這個時期的文藝生活可謂多姿多彩，個人主義在社會中不斷拓展，年輕一代渴望打破君主專制政體所強加的藝術束縛，推動著浪漫主義在歐洲的覺醒。

18 世紀歐洲的思想潮流

　　18 世紀的歐洲步入一個新的思想時代。在英法之外，德國也成為一股新興的哲學力量。英國的哲學影響逐漸式微，因其與貴族階級利益更為一致。而法國則憑藉其創新思維和路易十四時代的輝煌聲名，在啟蒙運動中佔據主導地位。法國文化和法文在歐洲小國中備受推崇。

　　雖然政治上仍存有對立，但國際法的發展也逐步緩解了歐洲的分裂。戰爭也變得更加人性化，不再以征服地的資源供養為依歸。哲學家們對民族主義的自私自利產生反感，主張世界主義。然而，這種所謂的世界主義不過是上層階級和知識份子的理想而已，普通大眾仍然關注於本國政策。只有少數金融家和冒險家，才能真正預見到國界將成為經濟發展的阻礙。

　　即將到來的是一個從王朝國家向民族國家的根本轉變。這種轉變在英格蘭和部分西歐國家已有明顯進展，為法國大革命的爆發奠定了思想基礎。在德意大利，文藝復興的自主發展也為政治統一運動鋪平了道路。匈牙利、波蘭以及鄂圖曼帝國內部也出現了民族主義的清醒。然而，這一轉變的最大障礙在於王朝體系和中世紀架構的存續。法國大革命的爆發，動搖並清除了這些阻礙，但全球主義的影響反而在此後逐漸消減。

開明專制的幻象

在理論上，君權神授的理念賦予國王無上的統治力。然而，現實中，無論是貴族階層的特許權利，還是省級議會與市級政府的部分自治能力，都對皇權形成了制衡。交通不便和行政架構的繁雜，也使得中央集權體制遠遠無法完善。

在西歐，經濟與文化的進步促進了社會風尚的轉型，專制統治趨向溫和。十七世紀初，法國以都鐸王朝為典範，實施了一系列重商政策。在路易十四的默許下，柯爾貝得以全力貫徹其政策，展現出資產階級特徵並逐漸形成開明專制的架構。然而，這種開明專制的本質最終也只是一種幻象。

十八世紀，雖然部分高級官員和公僕受到新思潮的啟發，宗教壓迫有所減輕，但社會矛盾仍未根本解決。人們對普魯士和俄羅斯的開明君主盲目讚揚，卻沒有意識到，這兩國的統治者只是為了建立新的國家而採取包容政策，並從西歐吸取經驗。他們雖然建立了集中化的官僚制度，實施重商政策，但這不過是為了增強國力，而非真正的改革。

總而言之，即使一些開明君主實施了一些改革，但它們仍然脆弱而不徹底。革命的目的也僅僅是為了增加出口，而不是真正提升廣大居民的生活。在普魯士和俄羅斯，貴族仍然壟斷土地所有權，農民的奴役更是明顯地反映了王室與貴族之間的勾結。開明專制的美好願景，最終只是一場幻想。

18 世紀東西歐的政治變革與社會動盪

　　在 18 世紀的歐洲，鄰近國家的政治動態深刻影響了普魯士和俄羅斯的統治策略。丹麥、瑞典和波蘭的政治事件迫使這些國家的君主在處理貴族問題時更加謹慎。丹麥的君權專制導致了農民的反彈，而伯恩斯托夫試圖仿效英國的地主和農場主模式，實施土地合法蘭西共和國的內戰艱難征程來鞏固統治。瑞典國王古斯塔夫三世與貴族的鬥爭引發政變，最終加強了王權。波蘭則陷入了貴族無政府狀態，最終導致國家解體。

　　在這一背景下，一些保守的君主對改革派採取了嚴厲措施，試圖遏制來自宗教、資產階級和貴族的傳統信念的動搖。韋肖普特創立的光明會在德國南部及維也納獲得了廣泛支持，卻遭到當局的打壓。與此同時，玫瑰十字會在普魯士的勢力也不斷擴大。

　　相比之下，約瑟夫二世的改革路線更為激進。他下令廢除農奴制，賦予農民向法庭提起訴訟的權利，並實施了土地稅改革。然而，這些政策引發了匈牙利貴族的強烈反彈，也導致了哈布斯堡王朝的衰敗。

　　在義大利和西班牙，則保持了相對穩定的局面，但廢除特權仍是遙不可及的目標。東西歐君主的改革之路都表明，在犧牲下層階級或與保守貴族勢力達成妥協的情況下，他們才可能取得一定程度的成功。整個 18 世紀，政治和社會矛盾在東西歐國家間持續交織，開始預示著即將到來的動盪時代。

英國的議會制度與貴族階層的妥協之路

在經歷了一系列的政治動盪之後,英國最終建立了一套獨特的議會制度。與大陸的啟蒙君主不同,英國的進程並非一帆風順。

在默罕麥二世和梅利王后時期,英國陷入了宗教裂痕和政治動盪。但這反而加速了憲政主義的發展。威廉三世和瑪麗二世的「光榮革命」奠定了統治合法性,並確立了議會在政治決策中的核心地位。

此後,英國開始走向一種貴族階層與資產階級之間的妥協之路。貴族階層在政府和國會中擔任職務,通過圈地法和穀物法等手段鞏固自身特權。而新興的資產階級則積極支持關稅保護、航運法等有利自身利益的政策。

雖然在一定程度上實現了法律面前人人平等,但實際上仍是上層階級主導政治。國王不得不接受議會的制衡,而能夠代表並隨議會多數變化的內閣成為了實際掌權者。

1784年,皮特成功協助喬治三世重掌國政,並鞏固了議會制度。在這一時期,英國社會和諧相處,貴族和資產階級攜手維護既有利益。

相比之下,歐洲大陸的啟蒙統治者往往要面臨與貴族階級的激烈衝突,很難取得成功。英國的經驗顯示,在犧牲下層階級的利益,並與貴族階層達成妥協的情況下,議會制度才能得以順利建立。這突出了英國歷史發展的獨特性。

在英國的金權腐敗中,財富已成為萬能鑰匙,許多人爭相進入國會只為擴張自身的財務版圖。貴族主導的行政系統陷入了貪污受賄、濫用職權及安插私人關係的泥淖。非國教新教徒和天主教徒仍受特殊法律約束,寡

頭的墮落生活引發了清教徒的憤怒。民眾渴望淨化公共生活，提出了對社會福利、教育和監獄等方面的改革要求。

愛爾蘭的局勢也令人關切，天主教徒因繳納教區稅而感到憤怒，窮苦農民拒繳租金引發地方混亂，開始向美國移民。在美國獨立戰爭期間，愛爾蘭人組成志願軍抵禦法國，這可能帶來嚴重後果。

在歐洲的格局中，英國的獨特性在於其貴族階層從屬地位，大資產階級獨攬大權，新晉資本家被排斥於政治核心之外。這種獨特的權力結構使英國在歐洲佔據特殊地位。

相比之下，荷蘭的權力結構日益腐敗。十世紀以來，貴族影響力逐漸衰微，大資產階級實際掌控國家，但創新乏力，資本流向海外投資。官職因私人關係集中於少數家族，大資產階級淪為壟斷和腐敗的集團。

改革派呼籲政治改革，企圖參與政權，但遭到當局阻撓。他們對無產階級的恐懼，與無產階級對資產階級的反對，形成了鮮明的對立。在此背景下，英國的妥協精神遠超越其革命勇氣，在歐洲引起了震驚。

歐洲中世紀小國的政治與社會

眾所周知，在中世紀的歐洲，諸多小國並未能形成統一的國家體系，而是由一群為了共同防禦的目的而結合的獨立州組成聯邦。即便如此，這些小國之間仍然存在著各自的特徵與異同。

首先，從政治結構來看，即便存在貴族階層，但大部分的稅收已經轉移到了實行新教的政府手中。各州的實權大多掌握在顯赫的資產階級家族

手中，尤其是伯恩、蘇黎世和巴塞爾的大資產階級最為富裕。但同時，也有一些被排斥在政治體系之外的資產階級家庭，通過跨國貿易、鄉村工業和對外國貸款等活動獲取利潤，他們希望推動民族統一和政治改革。

在德意志領土上，許多受皇帝直接管治的共和式城邦中，貴族階層佔據統治地位。而在義大利，威尼斯和熱那亞等地實行寡頭共和制，隨著時間的推移，依賴貿易和金融活動而致富的家族逐漸自封為貴族。在威尼斯，被記錄在「金冊」上的富有家族甚至形成了一個世襲特殊階層，他們享有著威名遠播的警察專制制度。

這些小國之間存在一些共性。其一，由於地理位置限制或人口稀少而難以擴張，自然資源缺乏也阻礙了它們跨越商業資本主義的門檻。其二，封建僵化的少數統治延續下來，因為被排斥在政治範圍外的資產階級既力量薄弱，又缺乏軍事貴族的典範和盟友。同時，他們對平民階層也存有不信任。

總而言之，中世紀歐洲的小國雖然政治和社會結構各有特點，但都面臨著類似的困境和挑戰，反映了當時欠缺統一的政治格局。對於這些小國來說，尋求突破封建框架，實現國家統一和政治改革，無疑是一條艱難但必須走的道路。

美國革命是一個劃時代的事件，它不僅帶來了北美殖民地的獨立，更引發了跨越重洋的思想震盪。這場革命為人類自由、平等權利提供了新的思想基石，並最終促成了共和政體的建立。然而，在建立新國家的過程中，革命者們也不可避免地面臨著各種矛盾與挑戰。

革命的思想基礎奠定於自然法則和「人權宣言」，宣示了人類生而平等，擁有不可剝奪的自由和權利。這股思想洪流不僅席捲了北美，也波及

到了歐洲各地，激發了愛爾蘭、英國乃至法國的反抗運動。革命的勝利顛覆了舊有的政治秩序，為現代民主共和國的建立奠定了基礎。

然而，革命事業的推進並非一帆風順。革命領袖們在解決階級矛盾和權力分配等現實問題時，不可避免地出現了或多或少的妥協和偏頗。他們一方面致力於防止共和國走向民主化，另一方面又試圖滿足自身及其階級集團的利益訴求。更令人遺憾的是，革命所宣揚的自由平等理念並未真正惠及全體人民，奴隸制度仍然持續，黑人的權利被有意忽視。

這些矛盾和挑戰，成為美國革命遺產的一部分，一直影響著這個國家的後續發展。革命思想的啟蒙性和侷限性並存，催生了一系列後續的社會運動，追求進一步的自由和平等。這也是美國歷史進程中的永恆主題，見證了民主事業永不停歇的腳步。

法國王權與貴族權力的糾葛

　　法國的君主制定位於英國的憲政體制與歐陸的絕對主義之間。在路易十四統治時期，君主權力達到頂峰，但貴族對抗情緒貫穿整個18世紀。他們採取挑戰宮廷權威和呼籲公眾輿論的手段來抵制國王的統治。

　　佩劍貴族率先崛起，並與司法和行政官僚結盟，因為國王派出的巡察官試圖削弱他們的地方政務控制權。世襲貴族和主教共同控制地方的三級會議，試圖在消失的地區復興該組織。

　　路易十四對世襲貴族的猜忌，被後來的統治者所淡忘。重要職位又重新交給世襲貴族。但行政架構的改良幾乎未見成效，路易十六在選擇大臣及徵詢諮詢方面，與路易十四相比幾無二致。

　　國內稅收檢查站和不統一的稅制妨礙了全國市場的形成。行政、司法、財政和宗教的分割極其不均衡且相互制衡，導致全面的混亂。擁有特權的省份固執地維護地方主義，阻礙君主集權。

　　即使形勢似乎為行政統一鋪平了道路，但逐漸衰落的君主權力也會遭遇更加自信且大膽的貴族挑戰。資產階級很可能對這種反叛表示支持。貴族將呼籲透過法律來限制君主的權力，捍衛個體自由。

　　地主貴族和資本家均支持經濟自由主義，紳士階層很可能會團結起來，迫使國王接受憲政君主制。但法國貴族拒絕與資產階級和解，努力成為封閉的特權階層。法國的資產階級必須強調權利平等，以保護自己的利益，這定義了1789年革命在世界歷史上的獨特地位。

　　與英國的順暢過渡不同，法國的貴族階級拒絕與資產階級和解。許多

貴族無法適應日益崛起的資本主義新秩序，固步自封，陷入了極端的排外性中。他們竭力壟斷官職和特權，將貴族階層變成一個封閉的特權階層，企圖阻止平民進入他們的行列。

然而，這種強化特權的努力並未得逞。隨著資產階級力量的不斷增強，貴族所有的通道都被封鎖了，他們別無他法，只能採取強硬手段來捍衛自己的地位。與此同時，為了保護自身利益，法國的資產階級不得不大聲疾呼權利平等，這就定義了 1789 年法國大革命在世界歷史上的重要性和特殊性。

法國貴族的頑強抵抗，表明他們與英國貴族的根本不同。英國貴族能夠在一定程度上與資產階級合作，而法國貴族卻固步自封，拒絕任何退讓和妥協，最終將自身推入了深淵。這一對比生動地展現了西歐兩大國家在政治和社會轉型道路上的差異，為後世留下了極具啟示性的歷史教訓。

新的革命時代

在這動盪時刻，歐洲各國政治局勢急劇變化，戰爭與財政危機接踵而來。俄羅斯、普魯士和奧地利三國正密謀重新劃分鄂圖曼與波蘭的版圖，而英國首相皮特則擔心俄羅斯可能控制通往印度的重要航道。這些東方問題不斷升溫，隨時可能引發全面戰爭。

同時，哈布斯堡帝國內部也面臨著嚴峻的挑戰。約瑟夫二世實施的急進改革，可能使這個強大帝國在戰敗時分崩離析。內憂外患，歐洲正處於前所未有的動盪之中。

另一方面，法國也陷入前所未有的財政危機。為支持美國獨立戰爭，法國政府不斷舉債，最終導致財政赤字嚴重。尼克和卡龍嘗試各種措施，但仍無法解決根本問題。預算報告顯示，開支高達六億二千九百萬，而收益只有五億零三百萬，赤字高達一億二千六百萬，佔總收支的二成。

儘管皇室有所節儉，但國債已成為最大的支出項，難以再降低。人們普遍認為，皇室奢侈浪費和金融家的投機行為才是問題的根源。但想要通過調高稅率來彌補，卻又會加重人民的負擔。這樣的兩難困局，將法國推向了深淵。

在政治和經濟的雙重危機中，一股革命的風潮正在蠢蠢欲動。此前在英國和美國，貴族階層主導的革命已經取得成功。如今，法國也勢必步其後塵，引發動盪變革。整個歐洲都陷入了前所未有的紛亂局面，誰能在這新時代掌控局勢，仍未可知。

在法國的財政危機中，改革家卡龍提出了一系列嘗試性的稅收方案，

希望能夠解決長期以來困擾法國政府的財政困境。他提出了全面徵收鹽稅、推行菸草專賣制度，並建議對所有地產所有者實施「土地附加稅」以取代人頭稅和什一稅的做法。同時，他還擬議全面開放糧食貿易的自由化，廢止國內過境稅，並降低某些間接稅，目的是激勵經濟的繁榮，從而增加國家的整體稅收。此外，他計劃將稅務分配的職權轉交給由產業主選出的省級議會，並希望通過賣出領主權利來解決僧侶的債務問題。這些改革措施無疑會增強國王的權力，但卡龍並未對高等法院的反對持有幻想。

在卡龍的眾多對手中，土魯斯大主教洛梅尼·德·布里耶納格外突出。為了獲得貴族的支持，布里耶納公開了財政帳目，承諾在省級議會中維持階級劃分，且不侵犯教士的封建特權。然而，他再次推動增收土地稅和提高印花稅的方案。貴族會議藉口自己無權批准新稅，暗示應由三級會議來決定。卡龍的間接手法遭到失敗，布里耶納不得不直接與上訴法院展開談判。雖然部分改革提案獲得高等法院的批准，但關於增設印花稅和土地附加稅的議案仍遭到否決，必須提交給三級會議討論。

在與高等法院的對峙中，布里耶納不得不做出讓步，承諾如果能夠在五年內成功借入一億二千萬，則將於1792年召開三級會議。然而，他對於能否在會議中佔多數並不確信，因此急於讓國王在11月8日的御前會議上頒布諭旨。但這次的御前會議並未遵循傳統慣例，最終被高等法院宣判無效。奧爾良公爵的異議以及兩位高等法院參議員的放逐，顯示了改革與特權階級之間的激烈對抗。

法國革命前夕的牢不可破的貴族權力

　　法國大革命的序曲正逐漸升溫，作為一個以絕對君主制為統治基礎的國家，法國的政治和社會矛盾日益尖銳。國王路易十六雖然實施了一些改革措施，但卻遭到了強大的貴族階層的頑強抵抗。

　　高等法院勇敢地站出來為百姓發聲，譴責國王濫用祕密逮捕令，要求保障臣民的人身自由。1788年5月3日，高等法院發布了法蘭西王國的根本法宣告，確立了諸如國王世襲統治、徵稅須經三級會議同意、不能任意逮捕或監禁等原則。這無疑引起了國王的不滿，他決定削弱高等法院的影響力，進行司法改革。

　　但這一舉動只是引發了貴族階層更為廣泛和激烈的反叛行動。全國各地的高級和基層法院都表達了強烈的不滿情緒，教會議會也對國王的改革舉措提出了激烈批評。巴黎及其他地區爆發了數次動亂，格勒諾布林市更發生了著名的「瓦片投擲事件」。

　　面對經濟困境，國王不得不同意召開三級會議。儘管高等法院曾努力爭取三級會議的公平性，但最終還是被貴族和教士所主導。貴族階層積極進行宣傳和組織反抗，並透過威脅或利誘各省的巡按官和軍事領袖，甚至煽動佃農和僕人起來騷亂。

　　可以看出，即使面臨革命的前夕，貴族階層依然能夠牢牢控制局面，他們堅持自身的特權，反對任何改革，這為即將到來的大革命埋下了導火線。這段歷史告訴我們，當一個國家的政治和社會矛盾積累到一定程度時，即使再強大的特權階層也難以再阻擋民眾的革命浪潮。

改變的序曲

　　在18世紀末的法國，社會底層的法律從業者率先感受到了變革的衝擊。他們對貴族的抗爭表達同情，反對大臣；而像羅蘭夫婦這樣的平民，則選擇了中立的態度。直到1788年夏季，仍未見資產階級明確介入這場衝突。然而，三級會議的召開，震撼了資產階級。國王允許他們捍衛自己的利益，這無疑是一個巨大的轉折點。

　　起初，資產階級與貴族之間達成妥協的可能性並未被完全排除。在多菲內省，貴族在人頭稅和稅務平等問題上對第三等級做出了讓步，激發了資產階級的熱情。但形勢在1788年9月23日高等法院的決定後，劇烈轉變。法官們一夜之間失去了民心，國內充斥著不滿的聲音。到了1789年1月，馬萊和杜潘承認：「公眾的討論焦點已經轉變。從此，國王、專制和立憲的討論被置於次要位置，第三等級與其他兩等級之間的角力成為了討論的核心。」

　　隨著愛國黨的形成，自由主義的高門大族與資本家階級結盟，形成了俗稱「國民」或「愛國」的政黨。這些人中包括拉羅施夫柯－良庫爾公爵、拉法葉侯爵、孔多塞侯爵與德塔列朗主教等重要人物，他們與擁有遼闊土地、龐大財富及強大影響力的奧爾良公爵保持密切溝通。在巴黎及省外，私人往來和團體之間的連結日益增多，共濟會法國分會的領袖奧爾良公爵被視為關鍵人物。

　　愛國黨的主張曾受到對手的質疑，但政府並未對其宣傳活動設下阻礙。當國王向臣民開放就三級會議提出意見的機會時，愛國黨便積極地發

行小冊子，自由表達他們的訴求。他們的宣傳手段既巧妙又謹慎，參考了省議會和多菲內省三級會議的例子，請求將第三等級代表的席位數量提升至與教士和貴族相等。事實上，愛國黨對尼克抱有期望，希冀他能帶來更大的改革。這段變革的序幕正在徐徐展開。

革命前夕的法國財政困境

　　法國財政部長尼克面臨著眼前迫切的危機，不得不採取一系列權宜之計。他促使國庫提供援助，並動員金融大亨為國家提供融資和承包稅收，希望能暫時緩解財政危機。然而，尼克明白這些措施只能拖延時間，真正的解決之道在於即將召開的三級會議。

　　在會議上，尼克計畫廢除稅務特殊權益，但他擔心貴族階層若佔據主導地位，政府將陷入他們的控制之中。因此，尼克傾向於支持第三等級，但並未全然站在他們一側。他提出增加第三等級代表人數，並限制以人頭計票的方式，只針對財政議題進行投票，希望能化解各方的矛盾，實現稅務的公平性。同時，他也期望通過建立貴族院，允許所有人無論出身均可擔任公職，來安撫貴族，滿足資產階級的需求。

　　然而，作為外籍人士和新教徒的尼克，一直遭受到貴族、皇室和君主的懷疑和不信任。11月6日，他再次召開了縉紳會議，希望說服貴族們支持增加第三等級代表人數的提案，但這次會議令他失望。12月12日，親王們向路易十六提交了一份激烈的奏摺，強烈反對政府的政策。尼克選擇對此視而不見，在部分高級官員的支持下，最終在12月27日的內閣會議上，批准了將第三等級代表人數加倍的提案。

　　儘管如此，貴族階層仍然堅決反對這一決定，在各地引發了激烈的抗議。布列塔尼的階級對立甚至演變為內戰局面，預示著一場不可避免的革命風暴正在逼近。尼克的兩難抉擇，折射出當時法國社會的深層矛盾，他在各方壓力下艱難地尋求平衡，但最終未能阻止革命的到來。

新時代來臨
── 法國革命前夕的政治角力

　　法國正值革命前夕，各階層矛盾迭起。作為國王代理的財政部長尼克，有機會透過調和各界訴求來彰顯統治力，扭轉局勢。然而，他權衡再三，最終只能謹慎維持現狀，避免更激烈的衝突。

　　此時，自由已成為國民的共同願景，但各階層的利益訴求並未完全達成共識。貴族和資產階級在稅收、投票方式等問題上爭論不休，而第三等級則堅持權利平等。儘管國王依然擁有至高無上的統治權，但若能在三級會議框架內靈活應對，化解矛盾，以包容和解的態度對待各方，或可成為一代賢君。

　　尼克深諳此道，然而其出身與地位的侷限性，造成他畏首畏尾，缺乏果敢的領導。國家此刻亟待一位真正的開明君主與賢能宰相，引領法國乘風破浪、邁向新時代。否則，愈演愈烈的階級矛盾，恐怕將導致動盪局面的到來。

法國面臨的改革與動盪

　　在這個關鍵時刻，法國面臨著深刻的政治、社會和經濟變革。貴族與資產階級表現出一些共同訴求，但也存在著明顯的分歧和對抗。他們一方

面向國王表達忠誠，另一方面卻希望以法治取代君主專制，維護人身自由和權利。

貴族和資產階級呼籲改革，要求保障新聞出版自由，並要求對政府機構進行改革。在追求民族統一的過程中，他們呼籲地方和城市自治，以終結大臣的專制行為。他們支持實施宗教寬容政策，但並未主張完全世俗化，仍保留天主教的公開儀式。這引起了一些僧侶的不滿。

在稅收問題上，貴族雖願意作出少量讓步，但仍抱持諸多保留態度。他們普遍反對按人頭計算的三級會議投票方式，堅持必須維持階級制度和貴族特權。相比之下，第三等級則堅信權利平等和自由是密不可分的。

儘管面臨重重阻力，但若國王路易十六和大臣尼克能夠採取積極的和解之道，歷史可能會賦予他們不同的評價。然而，這需要他們能夠克服身份和地位的侷限，以為國家謀求更好的未來。

這個關鍵時期，法國社會呼喚改革，貴族與資產階級的矛盾依然存在，爭議和對峙尚未休止。國王和政府如何回應這一時代的呼聲，未來發展又將如何，仍然是一個未知數。這是法國社會百年變遷中一個轉折點，值得密切關注。

法國歷史上，資產階級的興起與革命運動是密切相關的。從1789年三級會議的召開開始，宮廷和資產階級之間的矛盾更加激烈，最終導致了一系列重大的政治變革。

當時，皇室拒絕與資產階級和解，還計劃摒棄財政大臣尼克，這一舉動引發了輿論風波。代表們在會議資格審核問題上意見分歧，最終路易十六支持了尼克，導致會議延期，宮廷革命夭折。由於國王和王后的偏好，會議地點選在了凡爾賽，這讓本應遠離權力中心的會議蒙上了陰影。

在聖靈節儀式上，第三等級代表受到了刻意的侮辱性安排，這進一步加劇了矛盾。

在隨後的會議過程中，第三等級更加堅定地捍衛自己的地位和尊嚴。他們拒絕服從諸如脫帽行禮等貴族禮儀，並設法提升自身的影響力。然而，尼克的拖延策略和貴族對歷史慣例的堅持，又一次將會議推向了僵局。

雖然暫時未能取得突破性進展，但這一連串的爭議和行動都預示著革命的暗湧正在積聚。第三等級代表正在逐步找到擺脫困境的道路，為即將爆發的政治風暴做好了準備。資產階級的革命意識正在逐步成熟，隨之而來的將是一場劇烈的社會變革。

革命的分水嶺
—— 國王路易十六的妥協與失誤

　　6月10日，第三等級發出會議邀請，強調不參加將被視為缺席。在接下來的兩天，部分教士參與了點名，但貴族則未見蹤影。6月17日，第三等級正式宣佈自己為「國民議會」，並禁止未經其批准的徵稅行為。國王路易十六表明，這些革命性措施需要得到國王的認可，但他遲遲未有批准的意思。

　　隨著王儲突然駕崩，國王被困於凡爾賽宮，鮮少露面。王后與親王則向他灌輸不實言論，企圖讓國王要求第三等級屈服。在大臣的勸說下，國王最終準備於6月22日親臨三級會議。他決定在某些方面讓步，如同意所有人擔任公職、稅收平等，並允許三級會議透過人頭投票決定未來架構。但國王仍堅持三級會議分為兩院，以及國王保留所有行政和立法的批准權。

　　然而，當第三等級代表於6月20日發現會議廳大門緊閉時，立刻借用網球場繼續會議，並有人提議遷移至巴黎以尋求民眾庇護。在此關鍵時刻，國王宣佈解除改革派的尼克職務，顯然是要阻止改革的進程。

　　最終，在6月23日，國王雖然宣佈了一些讓步，如需要三級會議批准增稅和借債等，但卻仍拒絕提交有關三級會議組織架構、領主權力和貴族特權等關鍵議題，堅持維護既有的社會等級。顯而易見，革命的焦點將集中於爭取平等權利。國王的妥協和失誤，殷鑑不遠，正推動著法國邁向全面的革命。

法國大革命的早期階段，第三等級展現了無比的鎮靜，試圖以和平方式推動變革。當路易十六下令各界離間，甚至威脅以解散議會的手段時，貴族和絕大多數僧侶隨後跟隨，然而第三等級成員卻選擇坐定不動。巴依和西哀士的辯駁既合乎情理又符合道德，他們堅稱代表民意的議會不受旨意左右，並宣稱議會成員享有不可侵犯的人身安全。

　　這場和平革命在法律層面上取得突破性進展。在7月7日，國民議會指派了憲法委員會，緊接著在9日，穆尼耶提交了委員會的首份報告。到了11日，拉法葉提出了人權與公民權宣言的初稿。儘管存在一些貴族不願放棄既有權力的阻力，但大多數僧侶和自由派貴族，以及部分第三等級代表都表達了贊同。

　　這種溫和的多數派局面並未持續太久。國王路易十六祕密籌劃政變，召喚布洛利元帥與布勒特依男爵，企圖排除尼克及其黨羽。7月11日，尼克被迅速解職並驅逐出法國，中央重要職位由布勒特依及其團隊接替。雖然未發生任何流血事件，但國民議會做出了最壞的預測，資產階級的革命似乎面臨挫敗。

　　然而，平民階層的力量將成為挽救國民議會和資產階級革命的關鍵。在接下來的動亂中，法國大革命必將展現出更加劇烈的變革面貌。

革命前的經濟危機與動亂

　　在法國革命爆發前的數十年間，法國經濟陷入了嚴重困境。戰爭、自然災害和政府政策的失誤造成了嚴重的經濟下滑，無數普通民眾沉浸在貧

困和飢餓之中。

七年戰爭之後，法國曾經歷過一段短暫的經濟繁榮，被稱為「路易十五的黃金時代」。然而，從1778年開始，法國逐步走向了衰退。傳統經濟週期的動盪，加上農業生產的不穩定，導致了所謂的「路易十六時期的衰退」。葡萄酒價格下跌、嚴重旱災等因素令農村陷入困境，工業產量也開始持續下滑。

物價的長期上漲令大地主和商人的利潤持續增加，但工資卻未能相應上漲。加上高昂的稅收，普通民眾的生活日益艱難。政府採取的一些措施，比如尼克禁止糧食出口、恢復市場交易等，也只是杯水車薪。

1788年，嚴重的歉收令民眾陷入飢餓，糧倉空虛。1789年，即使政府虧損大量進口糧食，巴黎麵包價格仍暴漲至四倍。窮人日常所需的麵包成本難以承擔，引發了強烈的民憤。

在普通民眾看來，這一切災難的根源都在於政府及統治階層。不僅是高額的稅收，還有什一稅、糧食囤積等行為，都引發了百姓的強烈反對。地方政權也無法有效應對，反而在暴民面前表現出寬容與弱勢。在經濟危機和動亂的雙重打擊下，舊有的社會秩序瀕臨崩潰。這正是法國革命爆發的前奏。

這是法國大革命前夕動亂的真實寫照。在重稅與壓榨之下，農民的不滿情緒日漸高漲，自七月十四日巴士底獄攻擊案後，各地反抗的火苗不斷蔓延。貧困百姓的生活陷入絕境，乞丐如瘟疫般擴散，流離失所的人湧入城市，濫取財物，令官府束手無策。這場社會動亂不僅體現了人民對現有秩序的不滿，也喚起了他們對未來的期望和夢想。

三級會議的召開成為革命的重要契機。資產階級抱有推動社會改革的

期望，將其融入革命理想主義，而貧民們則期待從中找到解脫苦難的出路。然而，當三級會議代表被選出後，貴族階級卻紛紛表態反對，勢必要捍衛其特殊地位。這加劇了人們對貴族階級的不信任，同時也引發了對盜賊和外國勢力干預的恐慌，社會動盪愈演愈烈。

這場動亂凸顯了法國社會矛盾的激化，既有經濟危機的根源，也有階級矛盾的根源。人民的訴求與統治階層的利益衝突，必將導致一場浩大的革命運動的到來。革命的種子已經在民間生根發芽，只待一觸即發。

浮沉之間的覺醒

在這個動盪的時代，第三等級深知貴族階級正策劃著諸多陰謀。他們並未將危機歸咎於自然環境或深究經濟因素，而是將責任歸咎於統治階層。這種觀點雖可能缺乏全面性，但並非完全錯誤。無疑，自由化糧食貿易政策確實有利於投機商人。總而言之，貴族的陰謀以及盜賊橫行的現象讓普通民眾深感恐懼。但也有一些堅韌不拔的人士，仍勇敢地面對這種風險。

革命的氛圍喚起了民眾的自衛意識，企圖戰勝恐慌。第三等級通過與其代表的通訊，了解了局勢的變化，並通過大量回信激勵他們的代表。資產階級渴望事態的進一步發展，企圖從僅有的一些司法和行政官員手中掌控城鎮。

他們可以感受到這股變革的動力正在醞釀。這股力量給予他們勇氣和信念，使他們堅定地向著光明的未來前行。他們深知，只有通過自己的努

力，才能擺脫現有的不公和壓榨，重塑一個更加公平正義的社會。儘管前路充滿艱難險阻，但他們誓要挺身而出，成為這場變革的主角。未來的道路或許崎嶇，但他們決不退縮，因為他們相信，只有通過自己的奮鬥，他們才能夠締造一個更加光明的明天。

巴黎攻城戰的開始

　　1789年7月12日，尼克被解職的消息如同在火藥庫中點燃了一根導火線，燃起了巴黎民眾的憤怒。當天，一個晴朗的星期日，羅亞爾宮前聚集了眾多遊客，其中卡米耶‧德穆蘭成為臨時演說家，引領人群進入街頭示威。隨後，聖奧諾蘭街的騎兵與市民發生衝突，但遭到了法蘭西國民衛隊的強硬回擊。巴黎市民深信自身安危堪憂，擔心會遭受蒙馬特爾高地與巴士底獄的猛烈炮擊與搶劫。

　　城內瀰漫著恐慌，無人治理的首都籠罩在未知的恐懼之中。警察失蹤，民眾焚燒稅務機構，釋放囚犯。人們迅速在街道上搭建防禦工事，洗劫武器店。選民選出永久委員會，組織起民兵力量。7月14日清晨，數萬支槍械從軍醫院調集，民眾湧向巴士底獄，要求交出武器。在激烈的衝突中，巴士底獄的指揮官德洛內最終下令撤離前院，人群隨即佔領了堡壘。

　　這場所謂「攻克巴士底獄」的戰鬥中，各階層人民均有參與，但大多數是來自聖安東尼區的勞工。就在混亂中，法蘭西衛隊和國民衛隊趕至現場，架設大炮瞄準正門。德洛內投降，但部分士兵堅決不肯，在槍炮聲中，人群終於佔領了堡壘。這場衝突成為大革命的轉捩點，代表著皇室反抗意志的崩潰。國王最終被迫妥協，召回尼克，並前往巴黎接受三色旗的榮耀。巴黎攻城戰的序幕已然拉開，革命的浪潮即將席捲整個法蘭西。

動盪時期的革命政府建構

儘管革命浪潮席捲而來，但貴族階層並未完全接受挫敗。流言蜚語不斷傳出，令人不安。亞多瓦王子等眾多貴族紛紛流亡海外，甚至有傳聞稱英軍正在布雷斯特港外徘徊。為了捕捉盜賊，常設委員會下令在巴黎郊區展開搜查，卻僅發現幾名流浪者。郊區居民對強盜的恐懼再次高漲，未見平息。幾名貴族更遭到逮捕，並在格雷夫廣場遭到絞刑處死。

在此動盪局勢下，如何說服人們停止隨意殺戮？7月23日，黎塞留街的一名公證人呼籲成立平民法庭，以求平息暴力。至7月30日，巴依再次提出此一提議，但議會仍對此充耳不聞，直到10月才決定追究叛國罪，將案件移交給巴黎沙特萊初級法庭審理。

與此同時，制憲議會在7月成立了一個「追查委員會」，為未來的公安委員會奠定基礎；巴黎市政府也設立了另一委員會，成為最初的革命委員會。各政治派別的議員，從古依・達爾西侯爵到羅伯斯庇爾，均認為戰時與革命時期的公民權實踐範圍需因應形勢而變。由此，革命政府的理論框架逐步形成。

儘管面臨重重挑戰，但革命政府仍在不斷鞏固基礎，為未來的發展奠定基礎。動盪的時代需要革命精神的指引，只有在此基礎上，新的政治秩序才能建立。

自尼克遭解職一事在全國引起強烈迴響後，民眾行動也漸趨激進。人們不再只是遞交請願書，而是開始強奪軍火物資，並組織起民兵力量，在各地城鎮呼籲周邊鄉鄉村村伸出援手。擠下駐軍指揮官，限制貴族和神職人員出行，已成為最初幾起針對疑犯的拘禁行動。

在雷恩市,居民成功勸退軍隊指揮官,引發了新的起義浪潮。這股波瀾在各地蔓延,隨著巴士底獄陷落和君王遷往巴黎的消息傳開,民眾欣喜若狂,資產階級紛紛奪取起政權控制。大多數案例中,這種所謂「城鎮革命」都能和平完成,要不就是把一部分士紳吸納進來,要不就是選舉產生新的地方政權。不過,這些常設委員會也慢慢開始自行掌控行政職責。

此外,平民與資產階級聯手示威,要求降低麵包價格,當訴求未獲回應時,就會爆發動亂,暴民攻擊官員和囤積居奇者,解散舊有市政機構。各地市鎮革命的表現各有不同,有的雖然未完全推翻,但舊政權的影響力已大不如前。在某些地區,甚至出現資本階級政治訴求與平民社會要求無法完全匹配的狀況。

總而言之,革命活動在法國北部和擁有自治傳統的南部地區相對較為溫和。但無論如何,人民都不再遵從國民議會的指令,國王的權威也已蕩然無存。中央政府的力量日益衰弱,各城市不但在本地擁有至高無上的決策權,還開始與周邊地區建立互助協定,使法國蛻變成一個由市鎮組成的聯邦。這種自治格局,為一些果斷的少數人士提供了便利,讓他們無需等待巴黎的指令,就可以自行採取被視為不可或缺的行動,成為革命的核心推動力量。

法庭外的革命 —— 平民起義與人權宣言的角力

在法國大革命的熱潮下,制憲議會面臨著一項艱難的抉擇 —— 是否應該立即頒布人權宣言,還是等到憲法制定完成後再發布,以確保兩者的

協調一致。議員們在辯論中小心翼翼，迴避了分歧的根源——人權宣言勢必對當時的社會等級制度及特權提出挑戰。貴族階層希望延後宣言以保護他們的特殊權益，而急進的愛國者則譴責貴族的阻撓。在這場泥沼般的爭論中，制憲議會無法做出明智的決定。

然而，民眾起義終須有一個妥善的結局。儘管這場起義救了制憲大會，但大會不得不肯定這場起義，並迫切需要恢復秩序，以便民眾能安心等待改革的實施。在城市中，資產階級擁有控制民眾的能力，而農民則自發廢除了領主制度，視議會於無物。面對這一棘手局面，議會有兩種選擇：依靠軍隊和司法介入可能引起民眾不滿，使議會陷入王室和貴族的夾縫；或滿足農民的訴求，卻又遭到為第三等級獲勝而努力的神父和自由派貴族的強烈反對。

在這個關鍵時刻，一百多名議員密謀於「布列塔尼俱樂部」的咖啡館，商議決議文案的用詞和通過策略。在激烈的討論中，他們決心以「不可思議的力量」推動整個制憲議會前進。在 8 月 4 日的夜晚，議會一致通過了一系列改革，包括法律面前人人平等、無償廢除人身依附制、以贖買方式廢除其他封建特權等。這場看似不可能的「魔法」竟真的奏效了。

在 1789 年的秋季，法國革命蔓延至最高層級。民眾不再單單抗議食物短缺，而是直接挺身而出，要求政治改革。

10 月 5 日，一群來自巴黎聖安東尼區和哈勒區的婦女發起了遊行，前往凡爾賽宮要求國王確保糧食供應。她們由參與攻佔巴士底獄的「英雄」馬雅爾帶領，人數眾多。到了中午，國民衛隊也加入了遊行隊伍，拉法葉率領他們一同前往凡爾賽。

當民眾抵達凡爾賽宮時，立法機構中的熱烈支持者立即要求路易十六

批准 8 月份通過的法案。馬雅爾的要求則相對簡單，只是希望確保巴黎的糧食供應，以及撤回駐紮在附近的佛蘭德部隊。

面對越來越激進的百姓，立法機構迅速派遣主席穆尼耶前往接見國王。到底會發生什麼？國王會否屈服於民意？十月事變的高潮即將到來。

法國國王漂泊之旅

當時正值外出打獵的路易十六應召回宮，他友好地會見了前來的婦女，承諾滿足巴黎的緊迫需求。不過，皇宮誤以為危機已經平息，卻遭對方以更強烈的要求。僅僅數小時後，拉法葉與公社代表夜訪國王，要求他立即遷徙至巴黎。面對這一決定性的要求，素來優柔寡斷的路易十六難得表現出猶豫。

10 月 6 日凌晨，百姓洶湧而至，衝入皇宮內部，引發了激烈的衝突。在兩人傷亡之後，國民衛隊終究驅散了宮中其他人員。拉法葉隨即介入調停，並與國王一家在陽台上向百姓展示。在「國王前往巴黎」的呼聲中，路易十六無奈屈從於民意，決定隨議會遷往巴黎。

午後，這支由各路人馬組成的巍巍隊伍緩緩啟程。國民衛隊士兵衛護前行，平民則三三兩兩騎坐於炮筒上。拉法葉駕馬緊隨國王身側，議會代表則緊跟其後。雨水綿綿，隊伍在泥濘中艱難前行，卻依然保持著平和與信心，一路歡騰慶祝。

終於，在晚間，這支「麵包店的主人一家」抵達巴黎。市長恭迎國王入宮，而憲法制定議會亦自凡爾賽啟程，暫居大主教府，直至 11 月遷往

杜依勒里宮。這一次事件代表著資產階級革命者轉變為君主立憲支持者，而身為調停者的拉法葉也自認策略得逞。然而，這不過是革命風暴中的一個片段，未來動盪仍在醞釀。這個曲折而戲劇性的國王歸程，預示了一個新時代的到來。

新時期：
拉法葉在革命漩渦中的政治權力之路

　　拉法葉的政治地位在 1790 年秋季經歷了巨大變化。作為革命的推動者，他自視為拯救國王和王后的英雄，但卻遭到他們的深深厭惡。隨著法夫拉斯陰謀的曝光，路易十六被迫向國民議會妥協和宣誓效忠憲法。此時，拉法葉以義勇豪情贏得了資產階級的狂熱支持，成為了秩序的象徵。

　　他夢想成為法國的華盛頓，不僅希望贏得君主和貴族對革命的支持，還渴望議會同意建立一個強大的政府。然而，在政治鋼索上行走的拉法葉面臨重重挑戰。美國代表傑佛遜對他的未來捏了一把冷汗，而新任美國代表戈文諾‧莫里斯也積極參與影響輿論。

　　雖然拉法葉建立了「1789 年社」，成為議員、學者、貴族及金融家自由交流的平台，但他的政治策略並不總是順利。當民主派力量崛起時，他不惜金錢收買助手，試圖遏止議會內的分裂。他希望緩和內部矛盾，加速辯論過程，並將各派領袖納入一個穩固的政府團隊，但遭遇重重困難。

　　誠如拉法葉所願，1790 年 2 月和 9 月，軍隊內部的晉升制度和少尉職位的改革，代表著法國社會階級觀念的逐步消除，人人平等的理念正在落實。然而，拉法葉政治權力的崩塌正在逼近。他面臨議會內部分歧加劇，政府財政岌岌可危的嚴峻局面，能否在革命洪流中屹立不倒，值得我們拭目以待。

法國革命的曲折歷程

　　社會動盪與反覆變革的時期正在持續。雖然1789年的大革命為法國帶來了諸多積極的變革，但仍然存在許多問題和挑戰。

　　地方政府重組工作於1790年夏季完成，州和縣級政府機構正式就職。教士法的頒布確立了僧侶的新地位，司法體系改革也相繼完成。愛國黨積極鞏固組織架構，各地紛紛成立支持革命的俱樂部和社團。這些組織主要由支持拉法葉的自由派貴族和富有的資本家組成。

　　然而，保守派人士對此並不滿意，他們對國民議會的溫和政策表示不滿。各種革命宣傳材料如雨後春筍般湧現，其中包括路斯塔洛的《巴黎革命》、卡米爾・德穆蘭的《法蘭西和布拉邦特的革命》等，反映了愛國黨在全國範圍內的顯著成就。「聯盟」運動也證明了他們獲得了全國性的支持。

　　然而，革命的過程並非一帆風順。許多原本支持革命的人，在革命帶來的努力要求面前顯得熱情缺失。公民參與度低下，國民衛隊士兵對服役感到疲憊。小資產階級對某些民主派堅持普選權的做法不甚關心，卻對選舉保證金制度感到憤怒。巴黎各區與當局屢有衝突，個人生命財產也未得到充分保障。

　　拉法葉希望推進的妥協方案正在逐步成為幻想。雖然革命帶來了諸多變革，但社會動盪和不安定依舊，法國的前景仍充滿挑戰。革命的曲折歷程正在繼續。

法國的政治動盪與反革命陰謀

　　1789 年到 1790 年之間，法國正處於劇烈的變革之中，各種政治勢力紛紛角逐，試圖影響國家的未來走向。在這段動盪的時期，貴族的陰謀與革命的激進勢力相互對峙，形成了錯綜複雜的政治局勢。

　　貴族們成立了名為「黑黨」的反革命團體，堅決反對革命的進程。他們透過報紙如《國王之友》猛烈抨擊革命，倡導保留舊有制度，並對革命活動進行全面否定。著名的報人蘇錄在《使徒行傳報》和《小高蒂埃報》中毫不客氣地辱罵愛國派，稱他們為「國家的敗家子」。1789 年 10 月和 11 月，「黑黨」試圖藉助多菲內和康布雷西的高等法院及省級三級會議之力，要求重新選舉。然而，這些努力全都未能得逞。

　　第二年春季，第三等級對國王派出的官僚組織當地選舉表達了強烈的譴責。4 月 13 日，本篤會教士熱勒建議制憲議會確認天主教為國家宗教，但此提議遭到議會的拒絕，導致議會主席維裡厄伯爵辭職。貴族們還試圖破壞國家債券的信譽，阻撓國有財產的銷售，向窮人宣稱貴族的破產將導致他們喪失勞動和救濟的機會。在這期間，反革命的「和平之友」社團在各地興起，許多不滿革命的人選擇流亡海外，有些人尋求寧靜的避世之地，另一些人則積極籌備武裝，期待外國的干預。

　　亞多瓦伯爵在都靈密謀與各方建立聯繫，並企圖在法國南部煽動內戰，這被稱為「朗格多克計劃」。其合作者包括前里昂市長安貝爾–科洛美和孔塔地區的莫尼埃・德・拉卡累等人。然而，這場密謀最終導致了 5 月 10 日蒙託邦和 6 月 13 日尼姆的血腥衝突。隨後，里昂也爆發了騷動，國防

大臣拉都爾・杜班不得不派出軍隊進行鎮壓。

雖然貴族們組織了多個小組，準備共同向里昂出發，並期望國王能至里昂支持他們，但在革命黨的高度警戒下，這些陰謀最終被揭露，密謀者接連被捕。亞多瓦伯爵於 1791 年 5 月逃亡海外，貴族們的計畫徹底破滅。

在這段動盪時期，革命派與反革命派的衝突持續升溫。民眾的不安釋放出新一波恐慌情緒，流言稱奧地利軍隊即將入侵法國。面對這樣的威脅，馬拉號召民眾採取先發制人的策略，進一步激化了社會矛盾。最終，貴族的陰謀在革命

革命的浪濤席捲下，拉法葉的理想破碎

　　1790 年，拉法葉的理想陷入了政治與軍事的雙重危機。隨著革命浪潮的席捲，軍隊內部的矛盾也愈加尖銳。部分貴族選擇支持革命，但大多數軍官則對革命持懷疑態度，尤其當制憲議會的改革觸及其利益時，他們毫不掩飾地轉向敵對。

　　這種分裂不僅限於士兵，部分軍官在俱樂部裡質疑上級的能力，甚至士兵、軍官和彈藥庫工作人員也顯現出不穩定的跡象。愛國黨對貴族出身的軍官深感不信任，導致越來越多的貴族軍官選擇流亡海外。愛國黨或攻擊這些貴族軍官，或與那些背叛上級的士兵結盟。然而，面對歐洲各國的威脅，制憲議會對羅伯斯庇爾提出的清洗貴族軍官的建議持謹慎態度。

　　議會相信，透過提高薪資、改革行政及紀律，便可有效解決當前的困境。然而，軍事叛變在海軍基地及駐地屢見不鮮。作為一名專業軍官，拉法葉對於紀律問題毫不妥協。1790 年 8 月，駐紮在南錫的軍隊發生叛變，拉法葉協助表兄布葉侯爵以武力平定，卻在此過程中遭受重創。愛國黨立即提出異議，議會大多數成員開始懷疑這次行動的正當性。

　　在這一年中，拉法葉的夢想與現實之間的鴻溝愈加明顯。軍隊的分裂與動盪，政局的不穩定，以及革命內外的壓力，使得他的理想在現實面前顯得愈加脆弱。這段時期的動盪，不僅改變了拉法葉的命運，也為即將來臨的激烈革命提供了背景。

自然權與新社會秩序

　　自然權的概念蘊含深沉的哲學洞見和超越物質的崇高價值，因此被賦予了博大的涵義。美國革命者在論及自然權時，採取了廣闊的表述方式，這使得一些批評者認為他們陷入了抽象概念的迷失。然而，《人權宣言》的「歷史」性質卻是顯而易見的。憲法制定者及其時代同僚心中的切身痛苦，清晰地映照在宣言的每一個條款之中。

　　例如，禁止未經司法命令的逮捕和拘留，實際上是禁止濫用祕密逮捕令。公民在法律面前的絕對平等，意味著特權制度的終結。反抗壓迫被視為合法的行為，為7月14日的起義提供了正當性基礎。宣言代表著舊有體系的終結，雖然在陳述時未必遵循嚴格的邏輯順序，但對各項原則的強調程度卻各不相同：個人自由涉及三項核心原則，而宗教寬容則只是含蓄地提及。

　　《人權宣言》的不足之處也很明顯。它沒有對財產及其繼承作出清晰的說明和規範。直至1791年，制憲議會才宣佈了資產階級最渴望的經濟自由，並批准了建立公共教育和公共救助體系。這些條款超越了過去，而是面向未來，為新體制奠定基調。

　　在譴責的語境下，對原則的詮釋沒有任何爭議。但當轉向討論如何應用於新秩序時，原則的解釋便變得模糊，引發分歧。有人主張應待憲法確立後，再撰寫《人權宣言》，以避免兩者間的矛盾。還有人提出應對《人權宣言》進行補充，如西哀士主張在財產問題上不應存在平等，格雷古瓦教士則希望列舉公民義務。但制憲議會的大多數成員都視而不見，再次凸顯

了《人權宣言》的本質。

對起草者而言，其內涵是清晰而無可置疑的。這是資產階級在勝利的樂觀情緒中創作的篇章，他們深信由自己按照自然法和神聖旨意所設計的新秩序，將永遠維護人類福祉。總之，資本主義階級對自由和平等權利的宣揚，不僅符合其自身利益，也成功地為革命贏得了廣泛的支持。

1789年法國大革命：自由與侷限

法國大革命爆發後，一部分資本家懷著理想，希望透過社會等級制度的消失，階級界限也將逐漸瓦解，資本家的大門將對每個人敞開。然而，他們並未忘記現實，也未忽視資本階級至高無上的統治地位。在對抗舊有秩序的同時，資本階級聲稱人權是天賦且永恆不變的。但究竟這是否意味著人權是確認給予每一個人、處於社會之上且不可侵犯的國民主權？這個問題一直爭議不休，卻始終未得到全面且令人滿意的答復。

在實際操作中，原則的實施常常受到具體情況的影響，經常會將人權置於公共利益之後，限制其普及性。《人權宣言》指出，權利受法律的限制，使得看似絕對的權利實際上是相對的。權利的闡述並未形成完整的法典，而只是反映了一種理念或意圖，其價值不可避免地需要根據具體情境及統治階級的利益而調整。制憲議會認為，他們可以根據不同情況以不同方式執行其原則，甚至可以推遲或反對這些原則的實施。

在追求個人自由的議程中，制憲議會透過刑事訴訟改革的實施，展現了對《人權宣言》的忠誠，其中尤以逮捕行動的規範為顯著成就之一。然

而，在宗教容忍方面卻顯得落後，直到 1789 年 12 月才授予新教徒公民身份，而東部猶太人直到 1791 年 9 月才獲此權利。個人主義對結社行為持懷疑態度，導致行會制度被廢，多數教會內的修會也遭解散。但在反革命威脅持續的背景下，政治性團體得以興起並自由集會、集體上訴。

經濟自由的實現終結了行會制度，但資產階級仍然明顯反對禁止「同盟」的立法，這針對的是勞工團體與罷工行動。在奴隸制度和選舉制度的討論中，《人權宣言》所受的曲解尤為突出。制憲立法者不僅透過立法來限制自由，他們還強調，在德性或公民精神的引導下，人們應當基於理性行使自由權。在他們看來，許多人還未達到完全行使權利的成熟階段，為了考慮新秩序和資產階級的利益，這些「未成熟」的人被剝奪了享有權利的機會。

最終，制憲議會將有色人種的政治地位問題委託給殖民統治者決定。《人權宣言》聲明所有公民都有權「親自或透過代表」參與法律制定，但「親自」這一措辭令人質疑。制憲議會建立的是一套完全的代議制度，在選舉期間，國民才能行使主權，一旦代表被選出，便不再受到任何形式的監督。甚至沒有將 1791 年憲法提交給公民批准，更不用說修改憲法受到諸多限制，遠遠超出了《人權宣言》聲明的範圍。

新的地方自治體系：
法國革命的理想與現實

在 1789 年至 1791 年間，法國的行政組織經歷了根本性的變革。制憲會議不僅推翻了國王集中的權力結構，也積極響應了全國人民對自我治理的渴望。各省份和教區普遍厭惡曾經統治他們的專制巡察使，希望能擺脫中央政府的控制。

為此，1789 年 12 月 14 日的法令賦予了市鎮廣泛的權力，從稅款分配到維護公共秩序，甚至有權呼籲軍隊介入和宣佈戒嚴。然而，市鎮和中央政府之間缺乏一個有效的中介層級，地方議會成員因此提出建立省級三級會議的要求。法國被劃分為八十三個省，每個省又細分為縣和區，新的行政架構旨在清晰界定行政區劃，確保各個村落能夠圍繞一個設有市場的市鎮聚集。

1789 年 12 月 22 日的法令明確規定，各州須建立州議會、州政府及任命州檢察官，各縣亦應設定相應機構。這些檢察官的主要職責是確保法律得到有效執行，扮演類似於祕書長的角色。地方行政官位由選舉人互選產生，使得地方行政架構完全落入地方士紳之手。在市鎮層面，民主精神的展現超過了國民議會，市（鎮）長及市鎮官員也由當地積極份子選舉產生。然而，貧民發現自己被排除在選舉之外，這一發現讓他們感到震驚。

新的行政體系為不同級別的法院明確了其職權範圍。民眾對訴訟有著濃厚的興趣，希望能在鄰近地區接觸到法官。在司法方面，市鎮政府處理違規行為，治安法官審理輕微罪行，州法院審理重大罪行。這代表著一項

關鍵性的變革,即司法系統與行政體系的劃分。

儘管地方自治的推動在初期激起了熱烈的熱情,但其實施過程卻充滿了困難。選舉會議常常耗費大量時間,且頻繁得令人厭倦。當選者也開始對於官職的時間與精力投入感到猶豫。這些問題顯示,理想的地方自治在現實操作中面臨了諸多挑戰。最終,分權及其所推動的聯邦主義理念,在危機加劇的背景下,威脅到了國家的存續。

財政困境下的法國立憲會議

在 1789 年 10 月,法國的國庫岌岌可危,財政危機陷入絕境。財政部長尼克試圖依賴金庫的支持,但情況依然嚴峻,金庫發行的流通票據已達 1 億 4 百萬里弗,其中 900 萬已轉交國家,財政資源枯竭,迫使政府必須尋找新的資金來源。

制憲議會最終決定採取了兩項根本措施:出售教會財產和發行「指券」。議會宣告教會不再是集體實體,其資產歸國家所有,並承諾會承擔教會的教育及救濟貧困工作。11 月 2 日,教會財產正式納入國家管轄。對於財產所有權的爭議,僧侶們意見不一,但議會承諾給予僧侶合理的薪酬,大部分議員投票透過了該法案。

為解決財政危機,議會成立了「專項金庫」,以教會及王室財產作為擔保,發行年息 5% 的「憑證」。然而,憑證的銷售並不順利,人們不確定哪些土地將最終歸還給債權人。1790 年 2 月 13 日,議會取消了除了教育和濟貧機構之外的所有修道院,並剝奪了僧侶的財產管理權。議會制定了憑

證出售的具體程序，自此，制憲議會得以強制債權人接受國家以憑證方式還債。

儘管指券的發行注定失敗，但在當時它卻成功了。貨幣的跌價似乎已成定局，貴族們四處宣揚，一旦他們回歸權位，將拒絕承認革命期間的貨幣。而硬幣則被人私藏。為應對這一局面，國家介入購買貨幣，以此支付給軍隊的薪餉。

總而言之，在這一艱難時期，制憲議會以出售教會財產、發行「指券」等一系列措施，設法應對嚴峻的財政危機。然而，新的財政體系的建立並非一蹴而就，仍面臨諸多困難，如區域間財政平衡、稅收改革等。如何在推動地方自治的同時確保財政體系的穩定與有效運作，成為議會面臨的核心問題。

這段書籍草稿生動地描述了制憲會議在經濟領域所面臨的重重挑戰。雖然他們力圖推動各項改革，如發行低面值紙幣、取消貿易壟斷、推動土地改革等，但卻遭到了各界的激烈反對，最終未能順利實施。

首先，針對紙幣發行，各方面都存在著矛盾和分歧。一方面，會議成員擔心通過紙幣支付薪資會引發通貨膨脹；另一方面，私營銀行卻大量發行信貸券以填補缺口。可見當時的貨幣政策充滿了矛盾和不確定性。此外，硬幣和紙幣之間的兩套價格體系，也加劇了經濟動盪，導致糧食等必需品暴漲，並引發了嚴重的民眾騷亂。

在土地改革方面，儘管制憲會議試圖推動經濟自由化，取消各種壟斷和約束，允許自由借貸和貿易，但卻遭到了無產階級、手工業者、農民等各界的激烈反對。他們擔心這些改革會損害自己的利益。最終，制憲會議未能成功實施這項改革，反而引發了更多的社會動盪。

這段歷史生動地反映了一個新時代的曙光正在東升,但同時也暴露出了改革的曲折性和艱難性。既有既得利益集團的強烈阻力,又缺乏足夠的社會共識,無疑使得革命政府的改革任務變得極為複雜。這也預示著後續會有更嚴峻的考驗等待著他們。

革命後的制憲議會與社會問題

制憲議會雖然在某些經濟方面取得了進展,但在面對農民和工人的反對時顯得力不從心。他們雖然承諾推行平民教育,但在實際執行上卻缺乏決心。在解決土地問題和勞動權利保障等方面,議會也未能完全滿足人民的訴求。

在宗教改革方面,制憲議會不願將宗教與國家分開,而是希望二者緊密結合。天主教雖失去了國教地位,但仍獲得了舉行公開宗教儀式的特權,並保留了民事登記的職責。議會希望藉助本堂神父這個中間人,來向大眾解釋和推行他們的法律。

總而言之,制憲議會在經濟、社會和宗教改革上,都未能完全滿足人民的訴求。他們面臨著來自各階層的反對,無法徹底解決革命前遺留下來的諸多問題。雖然改革為未來的經濟發展奠定了基礎,但在短期內卻難以平息人民的不滿情緒。這也為日後的政治動亂埋下了伏筆。

1790 年 3 月 13 日,立憲議會做出了重要決定,廢除所有修道會。這一決定針對長期被貶抑的僧侶,尤其是隱居的修道者。願意還俗的僧侶將領取年金,其餘僧侶則被轉移到少數保留下來的修道院。儘管從事教育和

幫助貧困的宗教團體得以暫時保留，但隨著新人加入的禁止，這些機構的人員補充將逐漸減少。

5月29日，制憲議會開始討論世俗神職人員的改革問題，並於7月12日通過了《教士法》。這一法律將行政劃分轉變為教會組織的基礎結構，每一州設立自己的主教，每個城鎮配備一到數位本堂牧師，這些教士將經由選舉產生。教會內部議事的權力被賦予各州召開的教士大會，而教務會議被廢止，取而代之的是一個輔助主教的理事會。這一理事會的決策對主教具有約束力。教皇不再能從法國獲取財富，成為一個象徵性的存在。選舉產生的主教需與教皇協調，但不得向其請求認可，主教的就職典禮將由國內的主教主持，並且由主教批准本堂牧師的任命。

然而，教會自治與高盧派信徒所期望的自治之間存在顯著分歧。高盧派信徒捍衛對羅馬教廷的獨立性，不願為了國家的利益而犧牲教廷，因為羅馬的支持對抗國家侵略不可或缺。主教們對於削減自身特權表示不滿，參加制憲大會的主教們在投票時選擇了棄權。埃克斯的大主教布瓦日蘭直言，這些改革必須得到教皇的認可。制憲大會與法國教會將原本自行決定的事務委託給了教皇，使教皇得以在他們之間挑撥離間。

面對新的教會改革，法國的教士們必須在國家利益與教廷獨立之間尋找平衡。他們須在政治漩渦中謹慎前行，捍衛自身的特權與地位，同時滿足信徒對教會自治的期望。這一艱難的抉擇將影響教會的未來走向。

宗教與革命的碰撞：法國大革命的宗教風波

　　7月22日，路易十六在布瓦日蘭及波爾多市大主教尚比翁·德西賽的建議下，接受了《教士法》。8月1日，駐羅馬大使貝爾尼主教奉命請求庇護六世的同意。然而，庇護六世持有相反立場，特別是當亞維農地帶拒絕承認教皇的統治權，並提出請求合併入法蘭西版圖時。庇護六世對《人權宣言》極為憤怒，並在三月二十九日祕密譴責該宣言，七月十日連發兩道諭旨，宣告不可能認同《教士法》。制憲議會最終於11月27日宣佈，所有教士須以公務人員的身份，向法國王國及其憲法內嵌的《教士法》效忠宣誓，否則將遭到解職，不得再行神職事務。僅有少數主教宣誓效忠，鄉村牧師的接受與反對比例各半，且地區分佈極不均等。

　　1791年，法國大革命的浪潮席捲整個國家，宗教與政治的紛爭達到了新高度。在奧登和里達的教區領袖德塔列朗與戈培爾的主持下，憲政主義的神職人員開始籌劃自己的教會體系。然而，庇護六世公然批判了革命及其《教士法》的基本原則，使得羅馬天主教的信條與人權及公民自由的宣言形成了鮮明對立。宗教的裂痕極大地助長了反革命的宣傳勢力。嚴厲的宗教歧視和逼害使越來越多的神職人員及信徒參與反抗，引發了社會動盪。

　　即使國王路易十六也未能置身事外，在一次彌撒中遭遇百姓阻攔。革命派視拒絕效忠的神職人員為國家的敵人。有些地方政府甚至建議驅逐這些神職人員出境。議會試圖通過法令介入和解，允許兩派共同在教堂內進行宗教儀式，但仍引發了激烈的爭辯。宗教與革命的矛盾可謂陰晴不定，最終深刻影響了法國的政治、社會與文化格局。

法國革命爆發後，法國國內掀起了一系列激烈的社會變革，其影響並未侷限於國內，殖民地問題也成為了革命的關鍵議題之一。憲政議會在處理殖民地問題上顯得猶豫不決，最終在壓力下做出了一系列妥協性決定，但這反而加劇了殖民地的動盪局勢，對法國的統治構成了巨大挑戰。

　　隨著時間推移，殖民地問題日益凸顯。制憲議會試圖對殖民地保持控制，卻未能真正解決殖民地的訴求。殖民地代表在議會中的比例極少，導致他們的聲音難以被聽見。同時，人權宣言的普遍適用性預示著有色人種將會爭取平等權利，而「黑人之友會」則推動逐步終止奴隸制。這些動向引發了港口船東、大都市批發商和種植園主的矛盾。殖民地的種植園主們利用國民議會的模糊政策，爭取更大的自主權。

　　在殖民地內部，不同派別之間亦爆發了激烈的衝突。在聖多明各，種植園主們在聖馬克市召開議會，制定憲法草案，並僅提交國王審批，無視國民議會的指揮。在馬丁尼克，殖民地議會甚至篡奪了政府控制權，並派軍隊佔領反對議會的城市。與此同時，奴隸起義也在持續升級，1791 年 8 月底，聖多明各爆發大規模奴隸起義，進一步加劇了殖民地的動盪，對當地經濟造成嚴重破壞。

　　制憲議會最終不得不在 1791 年 9 月 24 日將人身地位問題交回殖民地議會處置，這突顯出議會在殖民地問題上的妥協態度。然而，殖民地的動盪和無政府狀態已經對法國的統治構成重大挑戰。法國革命所引發的連鎖反應深刻影響了殖民地局勢，使法國政府陷入了難以應對的困境。

民主運動中的殖民地危機

　　法國大革命期間，殖民地種植園主們利用議會的模糊政策，爭取更大的自主權。他們通過祕密組織「馬西亞克俱樂部」的運作，最終促使議會在1790年3月8日通過建立殖民地議會的法案。然而，這一法案並未明確定義有色人種是否可以納稅，導致在實施過程中出現混亂。

　　在殖民地，種植園主們擅自召開議會，制定憲法草案，獨立於國民議會之外。有些殖民地議會甚至直接篡奪了政府的控制權，並派遣軍隊佔領反對的城市。這種情況引發了大量奴隸起義，進一步加劇了殖民地的動盪。

　　與此同時，法國本土的公眾並不支持剝奪有色人種的平等權利，因為法國社會中並不存在廣泛的種族偏見。制憲議會在處理殖民地問題上顯得猶豫不決，最終不得不在1791年9月24日將人身地位問題交回殖民地議會處置。

　　在國內，廢除封建制度及官職捐納制度不僅打擊了貴族，也影響了眾多資產階級的利益。第三等級開始解體，民主派逐步崛起。一些默默無聞的煽動者開始組建「兩性聯誼會」、「哥德利埃俱樂部」和「貧民俱樂部」等平民組織，向被動公民開放，大量參與到民主運動中來。

　　面對殖民地的激烈動盪和國內政治局勢的緊張，制憲議會顯露出明顯的妥協姿態。這僅是法國大革命初期的一瞥，後續的動盪和挑戰仍在等待著這個年輕的共和國。

　　隨著秋季的來臨，民主活動家在《國民信使報》上自稱為共和派。這些創作觸及了社會上難解的矛盾：對於被剝奪基本人權的群體而言，所謂

的平等只是一種幻想。貴族們抓住機會煽動庶民，誘使他們懷念過往教會的施捨和貴族的恩惠。

不久後，有人指責自由主義經濟會為富人僱主創造出「新封建制度」，使工人沉淪為奴隸。雖然大眾未能完全洞察未來，但他們熱烈支持針對「投機者」和「囤積者」的抨擊。連資產階級內部的富人、前官員和法律界人士，也與民主派一起對這些人充滿敵意。

此時的「形勢」激勵了僱傭勞動者行動。巴黎的排字工人開始要求最低工資，隨後建築工人和馬蹄鐵工相繼罷工。工會積極將運動擴展至外省，民主派組織和新聞媒體伸出援手。當時罷工合法性已是不爭的事實，工人習慣於尋求官方仲裁。民主派的主張因此更深入人心：一旦平民階級得到選舉平等，國家力量將回歸為他們服務。這給資產階級帶來極大不安。

米拉波積極為皇室策劃，但皇室只採納他的「買通」建議。這位口才出眾的演說家在 1791 年 4 月 2 日恰逢其時地離世，保全了他政治家的名聲。拉法葉等人則試圖遏制革命，接受皇室資金創辦《字謎報》。他們的目標是擴大國王權力，建立上議院，確保自己的權力和地位。然而，羅伯斯庇爾成為民主派領袖，他的反對使改選提議被否決，給了拉法葉等人致命一擊。最終，路易十六的突然逃亡使他們的計畫徹底失敗。

革命的光芒照耀世界

法國大革命的影響力之所以在國際間引起廣泛迴響，實乃因其所蘊含的思想理念與價值觀在當時正好符合時代的需求。雖然一些保王派人士企

圖歸咎於法國政府的縱容忍讓，但事實上，革命理念的傳播是一個自我推動的過程。法國的動盪不僅引發了公眾的好奇心，更引起了外界的注意，出現了大量的外籍人士湧入法國，加入革命陣營。

這些外國人包括各界精英，有教授、作家、詩人等，他們紛紛加入到「1789年俱樂部」、「雅各賓俱樂部」等革命團體中，積極參與革命事業。其中不乏一些知名人士，如德國哲學家威廉·洪堡、英國詩人沃茲華斯等。他們不僅為革命提供了理論支持，更通過自己的著述和回國後的活動，成為了革命的宣傳者。與此同時，一些政治難民也藉此機會紛至沓來，他們也通過傳播革命思想，表達對故土的不滿。

所有這些外籍人士的參與，都以不同的方式為法國大革命的國際傳播做出了自己的貢獻。他們彰顯了革命理想所引起的全球的共鳴，使得自由、平等的革命旗幟在世界各地高高飄揚。革命的光芒照耀世界，為人類前進的道路指引了方向。

法國大革命的思潮在歐洲大陸引發了廣泛的迴響，無論是如烽火般的熱切支持，抑或是堅定的反對。外國人對於革命的看待，呈現出了一種錯綜複雜的態度。

一方面，有一些外國人，如英國的埃利沃脫和米爾納、普魯士的埃弗拉姆、荷蘭的埃爾台男爵夫人等，成為革命的間諜，祕密蒐集情報。但大多數外國人，尤其是「1789年俱樂部」、「雅各賓俱樂部」等組織中的成員，如馬拉、克洛茲男爵等，則對自由事業充滿真誠的熱情，主動加入革命行列，成為革命的宣傳者。他們或是通過自身的活動，或是日後回國後的言行，將革命思想傳播開來。

另一方面，也有一些外國人，如格里姆男爵、拉馬克伯爵等，堅定反

對革命，甚至利用金錢來阻撓革命的進程。此外，還有一些政治尋求庇護者，如 1781 年和 1782 年來自納沙特爾、日內瓦的居民，以及 1787 年和 1790 年來自荷蘭、薩瓦、列日與布拉邦特的難民，他們抱有怨恨和不滿，常常誇張地描繪革命情況，影響革命的傳播。

在更廣闊的歐洲地區，革命思想的傳播亦是波瀾起伏。在東歐，支持革命的聲音很少，影響甚微，眾多政論文章所呼籲的「人民」，實則仍是貴族階層。而在德國和英國，革命思想則備受歡迎，引發了眾多顯貴和文化菁英的熱烈迴響。唯有在教會嚴密控制的巴伐利亞，革命思想的宣揚一直受到反對。

總之，革命思潮在跨國間的傳播，遇到了各種阻擾。有些外國人被革命吸引，但也有一些人堅決反對，更有一些人則利用自己的地位和資源來阻撓革命。革命在不同區域也面臨著不同的處境，有的地方欣然接納，有的地方則敬謝不敏。這種複雜的迴響與局勢，是影響革命進程的一個重要因素。

革命思潮的擴散與掙扎

革命的浪潮並非只侷限於思想領域，而是已經蔓延到現實社會之中。1790 年 7 月 14 日，漢堡的資產階級精英舉行了隆重的慶典活動，部分報界人士發表了激烈的演講，還有人指責光明會份子正在密謀叛亂。隨後，位於萊茵地區的民眾開始醞釀反抗行動，由於饑荒蔓延，城市陷入一片混亂，統治者面臨前所未有的挑戰。受阿爾薩斯地區的影響，萊茵流域的農

民開始拒繳地租，這一問題在帕拉丁及沿萊茵河一帶尤為嚴重。德國內部局勢持續動盪不安，呂根島、邁森郊區以及薩克森等地相繼爆發較大規模的土地暴動，而漢堡也在1791年發生了罷工事件。如果比利時和瑞士的反抗運動能為革命思潮的宣傳提供顯著助力，那麼德國的革命理念傳播勢必會更為順利。

在英國，平民並未興起激烈的動亂浪潮，革命思想主要是通過激進份子的傳播才逐步滲入民間。雖然革命促使激進運動再次崛起，但這需要一定時間才能產生成效。統治階層對法國人建立憲政制度的努力最初還表現出一定程度的寬容和支持。福克斯及其盟友謝里丹、斯坦霍普、羅德戴爾和厄斯金均表達了同情態度。邊沁更是制定了一份司法改革方案，並通過米拉波提交到制憲議會。最熱烈歡迎革命的，則是那些非國教派新教徒。1789年11月4日，普萊斯發表佈道文章，隨後非國教派新教徒推動成立了「1688年革命會」，並於1790年7月14日舉行慶典活動，還與巴黎多個俱樂部建立聯繫。然而，隨著革命進程的深入，保守派的熱情開始逐漸冷卻。

在其他地區，革命思潮的擴散也並非一帆風順。義大利的文學界確實表現出對革命的一定程度同情和支持，但並未能深入影響民心。卡拉布里亞地區的情況更為嚴峻，當地的自稱啟蒙思想支持者都未敢公開擁護革命。革命派意識到，義大利和西班牙當時正陷於自身難顧的困境，尚未引起他們的恐慌。但他們不得不承認，在英國和德國，反動力量正逐漸與革命力量抗衡，而荷蘭革命的失敗也給他們帶來了沉重打擊。革命的前景仍不明朗，各國的局勢都充滿著複雜的掙扎。

革命與反革命：18世紀末的歐洲激盪

　　在18世紀末的英國，保守勢力首先對即將來臨的革命風暴拉響警鐘。托利黨在1790年的選舉中鞏固了其主導地位，使得針對教會與議會的改革提議更加遙不可及。皮特首相認為，實施這些改革會顯得軟弱，不得不推遲。這一局面延續了整整一代人的時間。

　　輝格黨的內部也出現了分裂。溫德海姆過度強調教會面臨的威脅，激怒了黨內的福克斯。在討論加拿大憲政組織的議案時，伯克與福克斯決裂，並引發了輝格黨的分裂。保守派巨匠伯克於1790年出版了《法國革命感想》，成為反革命陣營的重要理論支撐。他認為社會等級的高低貴賤是天意安排，而法國革命的目的正是要顛覆這一秩序，因此引發了廣泛的迴響。

　　同時，在法國，湯瑪斯‧潘恩發表了《人權論》，尖銳地批評了政治與社會的不公，並挑動了平民的心絃。此書廉價普及版迅速在全國傳播開來，讓廣大民眾明白法國革命如何造福於他們。在德國，施略策爾批評法國的「暴民統治」，但仍堅守著自由的理想。在維也納，保守派大肆抨擊自由派，並懷疑祕密社團與學府的客觀性。普魯士國王則要求嚴格遵守宗教規範，並修訂法典以加強君主與貴族的權力。在哈布斯堡帝國，改革政策也遭到了大幅後退。

　　在這場革命與反革命的交鋒中，保守派利用各種手段試圖遏制革命思潮的蔓延，其中包括宗教禁令、出版物審查和對異己份子的鎮壓等。然而，這些並未能阻擋自由意識的傳播，整個歐洲陷入了激烈的思想紛爭之中，為後世留下了深遠的影響。

革命前夕的危機與外交連結

　　在1789年法國大革命爆發前夕，法國國內外的政治局勢陷入了一片動盪與危機。一方面，流亡貴族企圖通過外交手段尋求干涉和推翻革命，以恢復君主制；另一方面，身陷困境的路易十六也試圖與外國君主求援，以期拯救自己的統治地位。然而，這些行動最終並未取得實質性的成果，反而加劇了法國國內的動盪局面。

　　流亡貴族對國內的恫嚇和對路易十六的輕蔑態度，不僅未能取得外國君主的支持，反而加速了國王的聲望崩塌。他們在都靈、曼圖亞等地先後尋求薩丁國王、利奧波德二世等人的幫助，要求經濟援助和軍事干預，但最終大多只得到口頭支持，鮮有實際行動。流亡貴族部隊在沃爾姆斯集結，卻長期缺乏基本補給。

　　與此同時，路易十六也積極尋求外交支持。他先後派遣特使前往英國和西班牙，試圖換取他們的中立立場，甚至願意拿部分殖民地做為交換條件。但各國君主在是否支持路易十六或流亡貴族的問題上，出現了明顯分歧。有些國家，如俄羅斯和瑞典，表示願意參與支持流亡者；而有些國家，如西班牙和利奧波德二世，則對流亡貴族持開放但冷淡的態度。總體上，外國君主們更多地考慮自身利益，而非熱情支持革命前夕的法國王室。

　　這種外交僵局無疑加劇了國內的動盪局面。路易十六的求援計畫陷入困境，而流亡貴族的恫嚇行為也引發了國內同胞的強烈反彈。這些危機交織，最終導致法國大革命的爆發，開啟了歐洲一段動盪不安的新時代。

國王與王后的外交困境

　　路易十六和瑪麗・安東妮一向反對流亡貴族的外交活動，這導致了他們與各國君主之間的緊張關係。國王和王后擔心，勝利後流亡貴族可能會成為各國君主勢力的附庸，不願意看到外國軍隊踏入法國領土。

　　然而，各國君主在支持路易十六或是流亡貴族的問題上意見分歧。俄羅斯的凱薩琳大帝和瑞典的古斯塔夫三世皇帝熱烈支持流亡者，呼籲發起「聖戰」，試圖根絕法國的「無政府狀況」。普魯士的腓特烈—威廉二世也急欲援助路易十六。相反地，西班牙和利奧波德二世則表現得較為冷淡，認為流亡貴族只是「麻煩製造者」。利奧波德更是拒絕會見流亡的亞多瓦伯爵。

　　在這樣複雜的外交局勢中，路易十六和瑪麗・安東妮不得不謹慎行事。為了贏取英國的中立立場，國王派遣特使前往英國，準備以部分殖民地作為交換。但同時，王室內部也存在分歧，伊麗莎白王姐和國王的姑母支持流亡者，而王后則抱怨各國君主的自私和愚昧。

　　利奧波德雖然本應是反法同盟的領導者，但由於忙於處理自身的問題，對於路易十六的局勢並未表現出多大關切。他認為，無需恐懼法國革命，同時也未看到恢復舊制度的好處。在面對各方壓力和選擇的困境中，路易十六和瑪麗・安東妮的外交努力似乎漸趨無效。

法國革命與歐洲外交格局的重塑

　　法國大革命爆發之初，歐洲列強並未立即捲入戰爭漩渦。然而，隨著法國革命政權逐步鞏固，其對外擴張的野心也日漸顯現，並對既有的歐洲權力格局構成重大挑戰。

　　憲法制定會議對戰爭保持審慎態度，既有的同盟關係也逐漸瓦解。他們不願意讓法國被捲入衝突，寧願選擇孤立。會議甚至撇開了法西聯盟，轉而與英國和普魯士傾向親近。這種反奧情緒並非一時之熱，連流亡者也開始傾向於普魯士。

　　這樣的外交取向，不僅使得法國與傳統同盟國的聯繫日漸疏遠，也加劇了其與哈布斯堡王朝的衝突。皮特趁機操縱荷蘭局勢，促使其擺脫法國影響。與此同時，普魯士和俄羅斯的勢力也正在不斷擴張，企圖重塑歐洲格局。

　　法國革命初期，歐洲列強普遍預期一場大戰即將爆發。約瑟夫二世與凱薩琳二世的「希臘計劃」，意在分割鄂圖曼帝國。而維爾納和皮特均不支持此計劃，因為它可能危及法國在地中海和印度洋的戰略利益。

　　在這樣的國際局勢下，法國革命政權不得不調整自身的外交政策和戰略選擇。它必須謹慎地平衡各大國的利益，以規避被捲入戰爭的風險，同時又要保護自身的革命成果。這個艱難的任務，將成為法國革命之後面臨的重大挑戰之一。

英國的陰謀與挫敗

　　英國首相皮特在 18 世紀末期掀起了一場波羅的海地區的權力角逐。在皮特的策劃下，英國企圖聯合瑞典、波蘭、土耳其和普魯士，組成反俄聯盟，以終結俄羅斯的擴張野心。皮特自認英國的海軍力量和外交手腕足以左右歐洲局勢，並由此而自負。不過，他並未料到輝格黨的強烈反對以及英國民眾對戰爭的不支持。

　　俄羅斯女皇凱薩琳二世自然不會輕易屈服於英國的逼迫。在俄羅斯駐英國代表沃龍佐夫的策劃下，輝格黨成功煽動了英國民眾的反戰情緒。畢竟，英國四分之三的進口貨物都來自俄羅斯，英國人恐怕並不願意為了支援土耳其的異教徒而損害與俄羅斯的龐大貿易往來。

　　就在皮特準備對俄羅斯發動最後通牒時，內閣卻在 3 月 21 日和 22 日做出了決定，宣佈不會對俄羅斯動武。就連一向支持皮特的普魯士，也在此時表態支持俄羅斯，使皮特的反俄陰謀化為泡影。皮特唯一看到的俄羅斯對英國在印度的野心，顯然並未能引起英國政府和輿論的重視。

　　這場權力角逐的結局，不僅使英國的野心落空，也造就了俄羅斯在波羅的海地區的主導地位。整個事件給英國留下了深刻的教訓，那就是海軍力量和外交策略並非萬能，還需要充分考慮民意和實際利益。陰謀和自負往往會導致失敗，這是皮特必須深思的。

歐洲陷入危局：波蘭命運決定了反法聯盟的悲劇

歐洲政局動盪不安，三大強權的角力令整個大陸瀕臨戰火。在波蘭問題上，普魯士和奧地利的合作建立在誤解之上。當波蘭試圖透過新憲法維護國家主權時，俄羅斯隨時準備再次吞併這個弱小的鄰國。普奧兩國雖然聯手對抗俄羅斯，但他們的目標並不一致。普魯士企圖分裂波蘭，而奧地利則希望維護該國的完整。這種矛盾使得普奧同盟的基礎並不牢固。

同時，在西方戰線上，反法同盟也注定失敗。英國首相皮特雖然試圖阻止法國革命的蔓延，但面對下議院的反對和內閣的分裂，他最終不得不退讓。另一方面，普魯士趁機提出介入法國事務，要求奧地利提供軍事補償。這使得普奧兩國關係有所緩和，但並未真正解決波蘭問題。

凱薩琳女皇洞悉了這些矛盾，巧妙地利用它們來達成自己的目標。她不僅成功保住了奧恰科夫河和德涅斯特河一帶，還讓波蘭首次遭受到她的報復。面對來自四面八方的威脅，波蘭不得不求助於國王和愛國派領導人，最終制定出一部新憲法。然而，這樣的努力卻注定要失敗，因為波蘭已經無力抵擋俄羅斯的侵略。

在這樣的大背景下，歐洲陷入了危局。反革命勢力四分五裂，凱薩琳趁機肆意擴張勢力，這對正在建立的反法同盟造成了致命打擊。歐洲的未來可謂滿是不確定性，誰也難以預料最終的結局。

法國歷史上瓦倫事件無疑是一個重要的轉折點。1791 年 6 月 20 日的這場國王路易十六試圖逃離巴黎的失敗行動，觸發了法國革命的又一波激烈動盪。這場逃亡計劃雖以失敗告終，卻引發了連鎖反應，最終推動了共和制的崛起。

這一夜，國王與王室成員乘坐華美但行進緩慢的馬車，試圖逃離巴黎逃往東北部的蒙梅迪。這場精心策劃已久的逃亡計劃，最終還是被發現並遭到阻攔。巴依命令拉法葉前往杜樂麗宮，雖然宮中防衛嚴密，但國王一行還是設法離開了宮門，可惜遇到了運輸上的耽擱，使得迎接他們的部隊來不及到達，成為了失敗的關鍵。到達瓦倫時，國王一行因找不到換馬服務而被迫停下，就在此時，站長德魯埃憑藉堅定信念，成功阻攔了他們的逃亡計劃。警報聲響起，農民和輕騎兵也迅速趕到，最終導致國王一行被押回巴黎。

　　這一事件在法國掀起了巨大波瀾。議會迅速決定暫停國王的職權並否決其權力，實際上代表著君主制的衰落和共和制的崛起。保皇派和共和派之間的權力鬥爭日益激烈，各方都在蠢蠢欲動，試圖抓住這次機會。議會最終決定起訴這次「綁架事件」的策劃者，並宣佈國王無罪，但共和主義者和科特利埃俱樂部仍在繼續呼籲罷免國王。

　　這一系列爭議和衝突，揭示了法國革命中激烈的權力鬥爭和社會動盪，它同時也奠定了共和國的基礎，為後續歷史發展鋪平了道路。瓦倫事件作為法國革命的轉捩點，不僅改變了法國政治格局，更深刻影響了整個歐洲的歷史走向。在這段動盪時期，各方勢力紛爭不止，共和憲章的出台無疑成為了法國革命的關鍵一步。

法國大革命後的政治分裂與博弈

　　法國大革命的歷程充滿了激烈的政治鬥爭和社會動盪。革命初期，雅各賓俱樂部曾是推動革命的強大力量，但隨着內部分歧加劇，這一組織亮

起了解散的危險信號。幸運的是，在危急時刻，羅伯斯庇爾挺身而出，成功維護了雅各賓派的組織架構，使其得以繼續發揮作用。

革命中的愛國者陣營也隨之分裂。一方是憲政派和資產階級，他們為了維護自身利益，準備與國王及「反動派」達成妥協；另一方則是日益壯大的民主派和共和派力量，他們在馬爾斯廣場付出了鮮血，並將引領恐怖統治時期。

在政局相對穩定後，杜波爾、巴納夫等人試圖與右翼勢力合作，修訂憲法，期望增強君主權力，提高選舉保證金，復興貴族頭銜等。但他們的計劃大多未能成功，因為貴族階層依然固步自封，而部分愛國者也不願意走得太遠。

同時，路易十六雖已被迫承認憲法，恢復了職責，但公眾早已對他的真實意圖失去信心。瓦倫事件的曝光更是直接刺激到了人民對君主的忠誠意識，引發了歐洲諸王的劇烈反應。

利奧波德皇帝呼籲各國聯合，拯救路易十六和法國君主制，但除了俄羅斯和瑞典的支持，其他國家的反應都相當謹慎。利奧波德面臨著內憂外患：一方面擔心俄國侵佔波蘭，另一方面也考慮到自身利益。

在這樣的政治格局中，革命的進程仍在持續。雙方勢力都在試圖爭取優勢地位，未來法國的走向令人充滿期待與擔憂。

重塑命運的艱難時刻

　　在 1789 年法國大革命的動盪背景下，瑪麗－安東妮王后和路易十六國王面臨前所未有的挑戰。

　　8 月 26 日，瑪麗－安東妮公開駁斥了官方的措施，指出這些措施僅僅是為了癱瘓敵對勢力，阻撓其陰謀。她認為，除了尋求外援之外，別無選擇，並強調這一舉措應該由皇帝領銜。而利奧波德二世則持不同看法，他認為從維護路易十六和自身利益的角度出發，採納福揚派的提議更為策略性。

　　8 月 20 日，利奧波德宣告，只要路易十六同意新憲法，各國也會相應認可。受此影響，腓特烈－威廉在皮爾尼茨的武裝干預倡議也隨之熄火。在這種情況下，保持緘默成為最睿智的策略，因為發動威脅反而會招致福揚派的敗亡，這正符合亞多瓦伯爵的願望。然而，利奧波德和科尼茲卻錯誤地認為，透過發表宣言和威脅能夠壓制亂黨並增強憲政派的影響力。

　　8 月 27 日，兩位君主決定發表皮爾尼茨宣言，呼籲各國國王與他們攜手合作，以恢復法國的秩序。雖然英國拒絕加入，利奧波德仍保有應對的靈活性。他相信，雅各賓派必將受到威懾，從而容許法國的王公將該宣言視為最後通牒。

　　9 月 14 日，路易十六宣誓遵守新憲法，代表著他的王位重建之旅。制憲議會於 9 月 30 日正式宣告解體。利奧波德對此表示滿意，並努力勸說王后放棄所有非現實的希望。然而，王后在信中表達了她的失望，認為皇帝背叛了他們。

12月3日，路易十六親筆寫信給普魯士國王，請求其出兵協助鎮壓法國的叛變。腓特烈－威廉回應稱，他無法獨自採取行動。儘管如此，利奧波德並未放棄有關奧普同盟的計畫，並在11月重新啟動了談判，期望達成最終協定。

然而，雅各賓派的行動完全出乎利奧波德的預料。他們不僅沒有在恐嚇下退縮，反而選擇主動出擊，徹底顛覆了利奧波德的原計畫。最終，法國人只能根據流亡者的詮釋來理解皮爾尼茨的宣言，而任何干預的威脅，即便措辭不那麼直接挑釁，也代表了一種羞辱。出於謹慎，法國人可能會選擇忽視它，但任何一個民族都無法容忍這樣的羞辱。

在這艱難的時刻，路易十六和瑪麗－安東妮的命運正面臨重大轉折。他們必須在革命浪潮

革命衝擊下的政治角力

法國大革命期間，政局動盪不安。瓦倫事件之後，民眾對國王的疑慮加深，左翼議員迫切要求採取強硬措施以恢復秩序。在這暗潮洶湧的背景下，新興政治力量逐漸崛起。

吉倫特派成員多出身於律師和新聞從業者，雖然出身貧寒但受過良好教育，與商業資本家關係密切。他們支持鎮壓反革命運動，甚至不惜發動戰爭。像布里索和維尼奧這樣的新銳人物就是當時吉倫特派的代表人物。

布里索靠撰文為生，曾經服務於貴族，雖然有人質疑其清廉，但他自居為吉倫特派的外交官，言談幽默親民，廣交朋友。然而，他性情衝動，

使吉倫特派給人草率和迷惑的印象。維尼奧出身於商人家庭，後成為優秀演說家，呼籲革命作出生死攸關的決策。但他追求文人氣質，在關鍵時刻行動遲緩。

為了取得立法議會的支持，吉倫特派對其政治對手如亞多瓦伯爵等人發動攻擊。他們也攻擊堅持己見的神職人員，儘管大多數人本人缺乏真正的宗教信仰。反對宣誓的神職人員成了貴族的支持者，引發了新一輪的政治爭議。

在動盪的環境中，革命派與溫和派不斷角力，各方面動態瞬息萬變。新生力量不斷崛起，卻也暴露出一些缺陷。革命的前景仍充滿不確定性，政局動盪而不安。

戰爭與革命的勝利之路

　　革命政體的建立需要經歷一番艱辛的道路。作為法國大革命時期的主角之一，吉倫特派所倡導的防衛及意識形態之戰，充滿了令人無法抗拒的魅力。他們代表了充滿活力、追求自由並將自由帶給各民族兄弟的法蘭西精神。然而，即便他們備受擁護，最終的失敗並非源於策略錯誤，而是行動力的缺失。

　　11月29日，議會要求路易十六向特里弗爾選侯發出警告。國王雖然行使了否決權，但這實質上等同於放棄了否決權。此舉使吉倫特派得以藉機迫使國王任命愛國者為大臣，並負責戰事管理。派系之間的矛盾暗流湧動，既有的共識也隨之瓦解。拉法葉集團希望利用戰爭來增強君權，而吉倫特派則試圖透過戰事削弱君王之威。

　　在這一背景下，吉倫特派高喊要「讓那些背叛者知道，他們的終局將是走上斷頭台」。然而，在關鍵時刻，他們卻表現出了膽怯。儘管他們代表了充滿理想主義的法蘭西精神，但缺乏果斷的行動力，最終導致了失敗。革命的勝利之路並非一蹴而就，需要經歷各種矛盾與抉擇。吉倫特派的遭遇昭示了革命道路的艱辛，但也彰顯了理想主義精神的不滅。革命必須以堅韌的意志和勇敢的行動來應對重重挑戰，方能最終勝利。

新軍同盟與戰爭號角

路易十六及其支持戰爭的派系以為萊茵河沿岸的國家會對法國的威脅視若無睹。然而，事實卻相反——這些國家陷入了極度恐慌，深信一旦法國出兵，平民必將響應號召。各地貴族紛紛向皇帝求助，但利奧波德冷淡對待，只允諾在流亡者在年底前解散武裝後提供庇護。於是，許多流亡者的武裝隊伍陸續解散，只有路易十六的幾位親屬獲準留在科布倫茨。

雖然利奧波德遲遲未決定是否軍事介入，但他仍持續施加威脅。12月10日，他表態支持帝國政府保護阿爾薩斯等地的德意志諸侯；21日，則警告將確保特里弗爾安全，並大幅重申皮爾尼茨宣言的各項威脅。之後，科尼茲亦於2月和3月以更強烈措辭重複了這些警告。

與此同時，利奧波德持續與普魯士就軍事協定進行交涉。12月20日，他要求普魯士簽署一項保衛協定，而腓特烈－威廉則以波蘭憲法問題為由推遲。最終，在2月7日，雙方達成了協議——若締約國遭外來攻擊，另一方將派遣三萬軍隊相助，似針對法國而設。

然而，這一所謂的「奧普同盟」實際上未曾真正運作。因為早在1月，奧地利已在維也納與普魯士討論出了一項聯合行動計劃，但直到4月12日才正式提出。該計劃要求兩國各調動五萬軍隊，並向法國發出要求。普魯士亦提出禁止雅各賓俱樂部活動的要求，顯示戰爭一觸即發。

雖然利奧波德似欲避免戰爭，但戰爭準備工作已經就緒。2月，腓特烈－威廉與不倫瑞克公爵制定了軍事計劃，並急促奧地利採取行動。3月，利奧波德逝世，其繼任者法蘭索瓦二世更加熱烈支持對法干預，加速了衝突爆發的步伐。

利奧波德的去世加速了政治風雲的變化。後任法蘭索瓦二世皇帝缺乏其父親的穩重與開明，全力支持對法干預，儘管這對法國革命勢力來說是意外之舉。3月16日，瑪麗－安東妮向奧地利皇帝表示，法國政府決定對比利時宣戰並進行入侵。這一消息震驚了帝國朝廷，迫使奧地利於4月13日決定調動全部軍隊前往比利時，而原計劃中的進攻部隊則縮減至僅一萬五千人。普魯士對此表示強烈異議，認為僅憑一支六萬五千人的軍隊侵略法國是行不通的。腓特烈－威廉隨後推遲了軍事動員的時間。

　　與此同時，波蘭的國運也岌岌可危。沙皇凱薩琳二世對於武裝介入對法抗爭懷有熱情，並於3月15日會見波蘭使節。前年夏季以來，部分波蘭民眾積極尋求沙皇援助，反對新憲法。所謂的「塔爾哥維查聯盟」於4月27日在聖彼得堡成立，此舉實乃保全顏面，正式成立日期被推遲至5月17日的侵略前夕。早在2月28日，凱薩琳二世就向普魯士和奧地利大使模糊表示她將介入波蘭事務，令人始料不及的是她竟然有能力佔領波蘭全境。普魯士國王腓特烈－威廉得知這一消息後，欣喜若狂，誤以為沙皇將分予他一部分土地，並計劃從波蘭獲取出兵法國的軍費補償。

　　危機四伏，戰雲密佈。法蘭索瓦二世的帝國已準備好與法國對陣，而普魯士和沙俄也虎視眈眈地覬覦波蘭的領土。此時，決定戰爭的時刻即將到來。

堅定前進的道路

　　在這動盪的時刻，腓特烈－威廉和奧地利面臨著嚴峻的挑戰。普魯士隨時可能背棄其盟友，利奧波德政策的支持者也無法阻擋局勢的惡化。然

而，在科尼茲的領導下，施皮爾曼和菲利浦·科本澤爾明智地意識到了危機的嚴重性。他們努力藉由後台談判，尋求以比利時交換巴伐利亞的方式來化解矛盾。在此緊張局勢中，奧地利雖未能提出明確訴求，卻匆忙加入戰爭，可見當時的決策者對法國的抵戰能力估計過低。

與此同時，法國內部也陷入動盪。吉倫特派伺機向奧地利發起挑釁，展現了他們的果敢。德萊薩爾則盡力透過外交手段化解危機，派遣使節前往普魯士和英國，希望獲得他們的中立和經濟支持。但他的和平訴求遭到冷遇，反而激發了吉倫特派和拉法葉等人的反對聲音。在此危機關頭，杜穆里埃脫穎而出，憑藉其才幹和影響力，迅速得到了路易十六的青睞和任命，成為德萊薩爾的副官。他與拉法葉和納爾蓬的計劃不謀而合，旨在通過迅速決戰，進而恢復國王的統治權。

儘管面臨諸多挑戰，各方的決心和智慧仍然貫穿其中。他們堅定地推進著自己的政治目標，勇於正視危機，尋求以外交和談判的方式化解矛盾。這不禁令人反思，在這動盪的時代，究竟誰才是真正的「輕率」之徒？前路漫漫，但他們仍在堅定地前行。

1792年春天，法國的外交政策在杜穆里埃的領導下遭遇了嚴重的失敗。杜穆里埃試圖孤立奧地利，並鼓勵比利時反抗奧地利的統治，但遭到普魯士、撒丁和鄂圖曼帝國的反對，英國也拒絕了法國的借款請求。杜穆里埃只能期望贏得瑞典國王古斯塔夫三世的暗殺事件帶來的一些機會，但最終在外交戰場上遭遇徹底的失敗。

法國的軍事行動同樣不見成效。儘管納爾蓬承諾進行充分的準備，但法國軍隊仍然人手不足、裝備短缺、缺乏訓練。義勇軍的組建過程緩慢，國民衛隊不願遠離家園，武器更是極度短缺。4月底，法軍在四個戰線上發動攻勢，但指揮官對杜穆里埃的計劃一無所知，對自己的部隊也缺乏信

心，結果遭遇慘敗。

此時，吉倫特派的宣傳活動加劇了法國國內的不穩定。魯日·德·里弗爾在史特拉斯堡演唱的《萊茵軍團戰歌》激發了愛國者的激情，成為了共和國的國歌。而貴族們卻透過反抗國家、蔑視民族，並渴望德國軍隊的到來，甚至加入他們的行列，更增強了人民對內奸的猜疑和仇恨。

五月，依辛戈發生了反革命起義，自瓦倫事件後，反革命勢力控制了亞爾。馬賽的雅各賓派人士則發起了一系列行動，透過武力平息了亞維農和亞爾的反革命。吉倫特派不斷鼓勵公民武裝自己，並透過議會赦免政治犯，進一步激化了社會矛盾。

在這樣的背景下，法國正式對奧地利宣戰，掀開了歷史新篇章。戰爭的陰影籠罩著法國，民主派的內部分裂日益加深，吉倫特派陷入重重危機。新的革命風暴即將席捲而來，法國乃至整個歐洲的命運正被重新書寫。

革命浪潮席捲法蘭西

法蘭西正處在社會動盪的關鍵時期。在革命的浪潮下，資本階層深感不安。貴族被迫捐出財富支持民兵，而土地問題也引發了農民起義，席捲了多個省份。

1793 年 6 月，議會通過了取消貢賦制度的提案，這進一步激化了社會矛盾。另一方面，激烈的經濟動盪也加劇了民眾的不滿情緒。通貨膨脹和投機活動造成物價飛漲，而工人卻難以獲得加薪。糧食供應緊張，也出現

了搶劫商店及限制價格的暴力事件。

在此背景下，各派系的思路也出現了分歧。一些人主張限制產權和實行價格管制，以滿足平民的訴求；而吉倫特派則出於維護社會秩序的需要，轉向保守主義立場。但無論如何，反革命的危機仍是最大的威脅。法蘭西正處於革命不可逆的關鍵時期，未來的道路不可預料。

危機重重的法國正處於動盪時期。自3月24日安地列斯群島的有色人種平權法令通過後，局勢並未太多好轉。相反，糧食供應問題加劇了民眾的不安。

隨著殖民地產品供應的銳減，投機者開始囤積商品，導致糖成為了稀缺品。巴黎頻傳商鋪遭搶劫事件，到了2月更出現了肥皂短缺引發新的騷亂。糧食供應的問題令人極其擔憂。自耕農不再繳稅，且可以用公債支付地租，卻不把糧食拿到市場上去賣，而是囤積等待價格上漲。在努瓦榮一帶，居民甚至湧向河流阻止載有糧食的船隻啟航。在敦克爾克，民眾動亂導致通往西南的船隻停止裝貨。佩爾什和曼恩地區的工人也在市場上強行限定糧價。

戰爭進一步加劇了經濟惡化，徵用馬匹和車輛使得糧食脫穀和運輸延遲，而軍需糧食的採購更推高了糧價。於是有人提倡實行限價和限購政策。五月，巴黎聖尼古拉－台尚教堂的司鐸雅克‧魯呼籲對囤積者施以極刑。六月，里昂市官員朗日提出設定全國糧食最高價格。有人認為不應允許透過囤積來濫用所有權，並主張對所有權加以限制。

教會人士如埃當普市本堂神甫比埃爾‧杜里維埃為亂民辯護，主張應迫使大農場主分割土地。福揚派的出版品則宣稱限制產權是對憲法的侵害，以「土地法」之名恐嚇資產階級。吉倫特派則逐步轉向保守主義，對

底層民眾的崛起感到恐懼，卻仍以反革命的威脅為主導考慮。

糧食危機下，民眾的抗爭愈演愈烈，各派系的立場也日益對立。這場風暴即將爆發？

動盪中的政治拉鋸戰

1792 年夏日的巴黎，政治風雲突變，陰晴不定。拉法葉將軍的軍事失敗和野心，引發了他對吉倫特派政客的不滿。他暗中密謀發動政變，想推翻吉倫特派的勢力，但無奈國王路易十六並不支持他。

國王則試圖利用拉法葉與雅各賓派之間的矛盾，來打擊吉倫特派的地位。5 月 18 日，治安法官拉里維埃爾逮捕了科特利埃俱樂部的領導人，引發了吉倫特派的恐慌。隨後，吉倫特派大臣們開始反擊，控訴「奧地利委員會」，並推動立法議會採取措施，以穩定局勢。

然而，這些舉措並未能真正改變局勢。6 月 20 日，巴黎民眾紀念網球場誓言三週年，無視禁令，湧向杜樂麗宮。面對民眾的壓力，國王依然堅持立場，不肯撤回否決決定，並拒絕重新召回吉倫特派的大臣。這一事件激怒了部分忠於王室的民眾，引發了更大的抗議浪潮。

隨著局勢的惡化，拉法葉試圖利用軍事力量改變局勢，但未能成功。福揚派更是企圖將國王帶至盧昂，甚至計劃渡海逃離法國，但國王依然不為所動，他相信依靠威嚇與收買，加上吉倫特派的猶豫不決，能堅持到普魯士軍隊進駐巴黎。

在這種動盪中，吉倫特派大臣們最終試圖與國王達成妥協，但未能如

願。各方政治力量相互角力，拉法葉的野心和失敗、國王的固執與策略，以及吉倫特派的慌亂與猶豫，共同編織出這場革命的複雜畫卷。最終，這些動盪與轉折，為法蘭西未來的命運奠定了基礎。

新生共和國

革命的浪潮席捲而來，不只在巴黎，而是遍及整個法蘭西。從外省湧入的支援，投注革命的熱情與決心，使得巴黎的 8 月 10 日起義不再只是單單的巴黎之舉。這是全國範圍的革命，是來自各地義勇軍的共同覺醒。

8 月 10 日那天，杜樂麗宮已經被瑞士衛兵和王室支持者包圍，形勢危急。然而，在郊區增援的支持下，義勇軍再度發起反攻，最終逼迫防守軍退回皇宮深處。當國王命令守軍停火並撤離時，憤怒的義勇軍拒絕釋出寬恕，當場處決了大量瑞士衛兵。

這場激烈的衝突，代表著立法議會的終結。革命派被迫讓步，立法議會雖未遭解散，但不得不認可了領導起義的巴黎公社的正當性。公社隨即將路易十六與家人囚禁於丹普爾堡，其後續命運將有待新組建的國民公會來決定。

對於議會來說，這是一次艱難的時刻。為了吸納公社的力量，他們進一步任命丹東為大臣，同時成立了臨時執行委員會，以協助原有的吉倫特派大臣。

革命的浪潮席捲而來，來自各地的義勇軍在巴黎匯聚，共同推翻君主制，建立新的共和政體。8 月 10 日的這場激戰，為新生共和國奠定了基石。接下來，由國民公會而非立法議會來主導革命的進程，這個新的政治時代正式開啟。

丹東的政治崛起與革命的曲折

　　作為一位備受關注的革命家和政治家，丹東的人生軌跡確實曲折動盪。他從一名年輕的律師逐步晉升，成為具有舉足輕重地位的革命領袖，扮演了革命關鍵時期的重要角色。

　　丹東出身於檢察官家庭，早年即投身於民主運動，在1789年革命中以激進民主主義者的身份聞名。他隨後先後擔任了樞密院律師、州政府委員以及臨時檢察長等要職。令人意外的是，他竟然擁有巨大財富，據說這與宮廷有所關聯。而在1792年8月10日的起義事件中，他自誇是事件的策畫者，但這一說法缺乏充分證據支持。

　　儘管如此，丹東仍然受到吉倫特派的重視，他與革命起義者保持密切聯繫，深受其人的信任。與米拉波相似，丹東性格放縱，缺乏道德枷鎖，但同時卻表現出卓越的政治才能，具有敏銳的洞察力、果斷的決策能力和出色的演講技巧。他追求實際成效，不拘手段，始終努力維護革命事業的團結。因此，即使遭到革命對手的攻擊，他仍然受到法國中產階級的擁護。

　　然而，革命形勢的急劇惡化，丹東卻未能倖免於劫。在1792年9月的恐怖統治初現之際，法國政局陷入一片混亂，不同派系展開殘酷角力。丹東縱然在執委會中扮演重要角色，也未能成功阻止這種狀況的發生。這位被稱為「平民的米拉波」的英雄最終走向了滅亡，成為了革命道路波折曲折的又一個悲劇性象徵。

　　面對外國軍隊的侵略和選舉的逼近，議會於8月26日決定驅逐所有

頑固份子。在巴黎，這些人被囚禁，而在外省，大多數人選擇流亡海外。儘管第一次恐怖統治令人髮指，但若由行政機關主導，情況本可大為緩和。當時的市鎮官員大多尚未更迭，資產階級共和派不希望剝奪人民和公民的基本權利。然而，這一慘劇與平民深感不滿的情緒密切相關。

8月10日的時期，外省爆發了數宗謀殺事件。8月30日，隆維城陷落的消息一出，康佈雷市險些發生對拘留中的神職人員施以滅絕性打擊的悲劇。義勇軍往往最先採取行動，無視正義隨意殺害。巴黎決意為8月10日犧牲的起義者復仇，增加了隨機殺戮的風險。起義者威脅若不將罪犯迅速移交人民法庭審理，將進行集體處決。

隨著外國軍事侵略的消息擴散，民眾的處決要求更為緊迫。議會內部要求使用暴力的聲音日益高漲。蒂翁維爾的梅蘭提議將流亡者家屬作為人質拘留；德布里主張成立刺殺小組，針對各國君主。馬拉聲稱根除貴族是保證革命勝利的唯一途徑。這位「人民之友」因其凶兆預言屢屢應驗，反映了大眾的真切痛苦與願望，影響深遠。

9月2日，隆維淪陷後，消息傳來，被圍困的凡爾登同樣岌岌可危。謠言四起，聲稱一旦義勇軍離開，罪犯將發動叛亂。儘管罪犯們渴望普魯士軍隊的到來，卻沒有意圖進行暴動。然而，由於監獄看守人手稀缺且素質低下，越獄和反抗行為屢見不鮮。謠言在這種背景下變得更加可信。最終，這場屠殺造成了上千人的死亡，成為恐怖統治的陰影。

1793年法國大革命時期
政教衝突及社會變革

　　1790年8月至1793年間，法國大革命期間出現了一系列激烈的政教衝突。議會決定關閉所有遺留的修道院，並要求所有神職人員宣誓忠於新生的共和體制。這導致教會內部分裂，部分神職人員順從而部分則拒絕。國家對教會的控制日益加強，限制了教會的活動範圍。

　　同時，革命也帶來了社會層面的劇烈變革。為了實現對土地的再分配，議會頒布法令將流亡貴族的土地切割成小塊，分期支付給無產階級。此外，在應對糧食供應問題方面，議會採取了強制價格管制和強制販售等措施，以確保市場供應的穩定。

　　然而，這種強硬的政策也引發了一些不安定因素。一些地方出現了與政府對立的叛亂行動，如旺代首次起義和布列塔尼的叛亂。面對這些挑戰，共和派政府加強了全民國防，大規模徵召軍隊，並對軍需物資實施管制。

　　總而言之，1793年法國大革命期間，政教衝突與社會變革並存，表明了這場革命給當時社會帶來的劇烈動盪。新的政治與經濟體制的建立面臨著各方勢力的抗爭。在艱難的道路上，共和政府不斷調整應對策略，推動著法國社會朝向更加自由平等的方向前進。

激烈的大國角力與波蘭的命運

　　1792年，歐洲政壇風起雲湧。各國在激烈角力中，尋求自身利益最大化。在這樣的背景下，波蘭入侵事件悄然開展。

　　柏林和維也納的決策過程緩慢而分歧。法蘭索瓦二世忙於加冕，對國事決策感到不耐煩。一些政要如斯皮爾曼主張聯普政策，而科本澤爾則謹慎跟隨。普魯士方面，比碩夫斯威德受國王寵幸，引發部長們的嫉妒和對奧同盟的批評。雖然不滿，但他們仍按國王命令對法國出兵，認為這場戰爭不僅多餘，也危險，尤其是波蘭問題再次成為焦點。

　　而俄羅斯女皇凱薩琳的行動卻出乎所有人的意料。她鼓動德意志各邦對抗法國大革命，同時迅速對波蘭發起侵略。5月18至19日夜間，近十萬俄軍越境進入波蘭，波蘭議會隨後宣佈解散。波蘭軍隊在波尼亞托夫斯基和柯斯丘什科的指揮下，艱難抵擋，最終不敵俄軍，撤退至華沙。儘管湧現義勇軍振奮了民心，但國王斯塔尼斯拉夫最終背叛國家，向凱薩琳求情，並被迫加入塔戈維查聯盟，俄羅斯隨後佔領波蘭全境。

　　普魯士和奧地利對凱薩琳的快速行動感到震驚，放棄支持5月3日憲法，向華沙傳達此決策。他們原本期望俄羅斯會與他們商議波蘭的未來，但凱薩琳迅速達成目標，還提出續簽俄奧條約和更新俄普同盟。面對彼此的相互猜忌，他們無奈對這位強勢的女皇讓步。凱薩琳希望將波蘭維持為保護國，但也明白，波蘭一旦有機會，必將在鄰國支持下擺脫俄羅斯控制，因此她更傾向於吞併烏克蘭，並懲罰法國。這樣的局勢下，波蘭的命運再次被強權糾葛所決定。

凱薩琳大帝的波蘭戰略

在處理波蘭問題的過程中，普魯士和奧地利對戰爭賠償問題進行了持續談判。斯皮爾曼提出了一個引發後果的提議：以荷蘭交換巴伐利亞。凱薩琳趕緊抓住這個機會，使得俄國在波蘭的勢力不斷擴張。然而，這筆交易需要等到與法國和解之後才能實施。

奧地利要求「額外」的補償，最終在 7 月 17 日達成妥協，但法蘭茲二世堅持需要得到英國的同意。雙方並未簽訂任何協議即各自離開，為柏林和聖彼得堡之間的談判鋪平了道路。最終，皇帝明確表示，如果奧地利無法獲得所需的領土，就無法進行交換，也就無法割讓土地作為賠償。

在維也納展開長時間的討論後，雙方於 9 月 9 日達成共識，將計劃送達腓特烈－威廉。但對於未來的合作和波蘭的命運，仍然存在許多不確定性和矛盾。

凱薩琳大帝本人似乎也在懷疑和猶豫之間。一方面，她希望將波蘭維持為一個整體的保護國；另一方面，她深知波蘭只要找到機會，就會在鄰國的支持下擺脫俄羅斯的控制。她認為吞併烏克蘭可能是一個更加穩妥且能增加她個人聲望的選擇。同時，她也希望能對法國進行一次深刻的懲戒，因為如果不允許普魯士在波蘭問題上獲得某些利益，普魯士可能會停止對法國的戰爭行動。

斯皮爾曼提出的放棄波蘭土地，改用荷蘭交換巴伐利亞的建議，引發了諸多後果。凱薩琳迅速抓住了這個機會，意識到這將使得俄國在波蘭的領土不斷擴張。奧地利則催促俄羅斯和普魯士進行單獨談判，企圖迅速佔領巴伐利亞。但這筆交易必須等到與法國和解之後才能實施。

種種因素交錯，使得三國同盟在波蘭問題上充滿了不確定性和矛盾。這不僅是一次地緣政治角力，也涉及了各國的利益博弈和內部政治角力。未來的合作前景還存在很大的不確定性。

　　普魯士雖然擁有精銳的軍隊，但在實戰中卻暴露出重重弱點。相較之下，經歷過土耳其戰場洗禮的奧軍在糧草補給和戰術運用上都有顯著優勢。雖然盟軍兵力劣勢，但憑藉精湛的訓練和靈活的戰術部署，有望克服這一劣勢，最終實現勝利。

　　斯皮爾曼的私下行動引起了皇帝和首相的反對，但他仍在力爭與普魯士達成正式協定。在波茨坦會議後，許倫貝格遞交了建言，要求斯皮爾曼向上級解釋行動。首相的怒火難平，但最終王國還是接受了科尼茲的辭職。然而，奧地利對於協定的條款依舊不滿，要求獲得「額外」的補償。

　　經過一番艱難的談判，雙方終於在 7 月 17 日達成了妥協。但法蘭索瓦二世仍堅持需要英國同意。雙方最終未能達成正式協定，導致 8 月俄國詢問時普魯士作出含糊的回應，給彼此的談判帶來阻礙。

　　另一方面，普魯士軍隊的戰力也飽受質疑。他們的訓練雖然造就了無懈可擊的陣型，但在實戰中顯露出諸多缺陷，如砲兵技術薄弱、工兵無能、醫療支援不足等。相比之下，經歷土耳其戰火洗禮的奧軍在補給和戰術方面更有優勢。

　　不倫瑞克公爵也表現謹慎，不急於求勝，而是着眼於未來談判中的有利地位。他意識到建軍需要大量時間和財力，因此在尋找適合的作戰地形後才會考慮決戰。

　　總而言之，盟軍雖然在兵力上劣勢，但憑藉精湛的訓練和靈活的戰術部署，以及奧軍在補給和戰術上的優勢，仍有望最終實現勝利。普魯士軍隊的種種缺陷正在暴露，盟軍勝利在望。

法軍奮起反擊，推動大革命軍事變革

不能否認，當盟軍向法國深入時，公眾普遍預期法軍將如同 1787 年的荷蘭軍隊般輕易潰敗。但事實證明，法國革命軍正在發生深刻的變革。

當布倫瑞克公爵率領盟軍攻佔了隆維和凡爾登後，本以為勝券在握，並打算進一步向巴黎發動攻擊。然而，法軍在杜穆里埃將軍的帶領下，卻出人意料地發起了反擊。

杜穆里埃雖然原本計劃率軍入侵比利時，但在賽爾文的建議下，他及時調整戰略，將防線重心轉向阿爾貢地區。同時，他還從北部調集了一萬名援軍和從麥斯調來一萬八千人的支援。

這些調動雖然在當時可能看似分散力量，但最終卻成為反擊的關鍵。因為此舉不僅迫使盟軍放緩了向巴黎的進攻步伐，也削弱了他們的主動性。

更重要的是，在這場反擊中，法軍開始推行對異質兵團的統一指揮和融合排列，克服了此前存在的軍事弊端。立法議會雖然未批准將義勇兵納入正規軍，但軍事領袖們仍然設法實現了這一目標。

可以說，這次反擊不僅阻止了盟軍的進攻，也推動了法國革命軍的轉型。從此，法軍不再被動，而是開始主動出擊，向世人展現了新生的力量。這場戰役無疑是大革命軍事變革的重要里程碑。

杜穆里埃展現了非凡的領導才能，勇猛堅毅且善於與士兵建立密切關係，深受部下愛戴。然而，他在克瓦奧博瓦隘口缺乏足夠守軍，導致克勒脂於 9 月 12 日輕易奪取此地，杜穆里埃遂失去退路。經過一夜急行軍後，杜穆里埃終於從格朗普累逃脫困境，抵達聖梅內烏特地區安營，並依

靠在依斯萊脫防守的迪永。不久後，伯農維爾和凱萊爾曼亦率領增援部隊到達。

9月20日，普軍對法軍展開攻擊，凱萊爾曼指揮部隊在瓦爾密和依弗隆的高地上迎戰。激烈的炮戰隨即展開，普軍步兵自下午開始發起衝鋒。法軍堅如磐石，加大了炮火攻擊，普軍進攻部隊畏縮不前，不倫瑞克見狀計劃失敗，遂下令撤退。瓦爾密之戰在軍事角度看似不明顯，但在心理層面卻是革命軍對敵人的一次重大勝利。

杜穆里埃渴望在普軍士氣低落時迫使其撤出法國，並計劃將戰事轉移至比利時。然而，隨著共和國的宣告成立，普魯士國王於9月28日釋出強硬公告，宣佈談判破裂。在泥濘的香檳平原上，普軍遭遇了極大的補給困難，士氣急遽下降，不倫瑞克決定在10月1日全面撤退。普軍的處境極為不妙，最終不得不恢復談判，然而，執行委員會在掌握全域性後，於25日和26日連續發出了停止談判的命令。

丹東與杜穆里埃一起面對戰局的擔憂。早在該月初期，勒布倫已試圖與普魯士國王探討停戰事宜；賽爾文始終主張將部隊撤回至馬恩河地區或是部署於巴黎郊外。同時，奧地利軍隊已侵入諾爾省，對利爾城發起攻擊。8月10日事件在國際上引發的負面影響逐漸浮現：英國、俄國、西班牙、荷蘭以及威尼斯相繼與法國斷絕外交關係；瑞士各州開始武裝自衛，伯恩的軍隊佔領了日內瓦；撒丁尼亞的軍隊正蓄勢待發。孟德斯吉烏和安塞姆獲命令，帶領部隊向薩瓦和尼斯進軍。庫斯丁獲得授權，準備前往斯皮爾。然而，這種同時向四面開戰的局勢將導致何種結果？

戰爭中的和談微妙詭局

　　戰爭往往令人意料不及，局勢也瞬息萬變。在這場動盪的時局中，法國革命政府竟然意外地授予杜穆里埃全權進行和談。杜穆里埃與丹東代表威斯台爾曼展開談判，然而關鍵問題卻被兩人忽略了。

　　談判細節鮮為人知，但有一點很清楚——普魯士軍隊主動撤出科布倫茨，未經一戰便四處逃竄。不倫瑞克也陸續放棄凡爾登和隆維。這一切都令人生疑，是否普魯士國王真的欺騙了法國？情況似乎並非如此簡單。

　　就在這個時候，革命軍的攻勢越演越烈。孟德斯吉烏攻克蒙梅里安後，繼續向前推進，攻佔了尚貝里。整個薩瓦地區人民彷彿迎接一位解放者，紛紛要求孟德斯吉烏驅逐伯恩勢力。他則選擇通過談判促成伯恩人撤離。

　　同樣在這段時間，其他戰線也有了重大進展。安塞姆進駐尼斯，庫斯丁佔領斯皮爾。奧地利軍隊被迫撤退至萊茵河東岸，逐步向後退至法蘭克福。薩克森－但辛公爵雖然一直攻打利爾，但始終無法攻下這座堅城。

　　在利爾，諾爾州選舉會議不顧雅各賓派代表寥寥，在神父的帶領下，動員了四分之一的國民衛隊，堅決捍衛城池。

　　直到10月8日，奧地利軍隊才終於撤至蒙斯。杜穆里埃隨即調集四萬大軍，於11月6日攻克了熱馬普高地。從此，征服整個比利時指日可待。杜穆里埃隨後佔領亞琛，戰線直逼羅埃河。

　　這些令人矚目的戰果，在國內外引起了巨大迴響。繼瓦爾密之戰勝利之後，熱馬普一役更是革命軍藉正面對決獲得的實質勝利。那些高唱「馬賽曲」和「卡馬尼奧曲」的赤腳士兵，憑藉壓倒性的兵力優勢，摧毀了敵人，奠定了大規模徵兵制度和民眾戰爭理念的基礎。

戰爭中的曲折離奇，讓人深感無法捉摸。但革命軍的氣勢正高漲，正面交鋒中屢次取勝，令人對他們的未來充滿期待。

奧普同盟陷入動盪之中，普魯士國王腓特烈－威廉二世的態度讓人摸不著頭腦。原本奧普同盟是為共同抗衡法國的野心而結成的，但瓦爾密戰役的失利，使得普魯士的態度產生了根本性的轉變。

10月8日，普魯士高層人物豪格維茨和斯皮爾曼抵達凡爾登，親眼目睹了軍隊的動盪局面。普魯士王腓特烈－威廉二世對此大為震驚，並且更換了忠誠的宰相比碩夫斯威特，轉而任用反奧立場的盧謝西尼。這一變化表明，普魯士已經不再把對法戰爭作為當前的首要任務。

在此情況下，普魯士迅速轉向調整自身的戰略。他們宣稱，當務之急已不再是進攻法國，而是要捍衛德意志帝國和荷蘭的領土安全。這意味著，奧地利將成為戰事的前線，而普魯士將作為輔助者，索取同盟國的資源卻又拒絕參與新的戰事，除非獲得波蘭領土的割讓。雖然腓特烈－威廉表示會繼續對抗法國，但他也清楚地意識到，俄羅斯已經迫不及待地想要行動，乃至對普魯士單獨展開談判。

在這種情況下，普魯士國王10月17日指派大使全面主持談判事宜。到了25日，普魯士向奧地利明確提出了自己的條件：如果奧地利拒絕接受，普魯士將只提供最低限度的軍隊支援，或者根據帝國議會的決定，僅派遣作為帝國成員應有的軍隊份額。

這一系列舉動表明，普魯士已經放棄了共享利益的原則，轉而追求自己的私利。即使奧地利面臨艱難的抉擇，普魯士仍然堅持自己的立場，並透過與俄羅斯單獨進行談判，獲得了波蘭領土的分割利益。這無疑加深了奧普同盟的裂痕，使得奧地利面臨了失去盟友，或者放棄戰爭賠款的困境。

法國共和國的不確定開端

　　1792 年 9 月 20 日，瓦爾密戰役落幕，國民公會在當晚召開了開幕會議，正式宣告成立。身為新政權的核心組織，國民公會接替了原先位於騎士院的立法機關。在革命派人士的鼓動之下，議會很快做出了廢除君主制的決定，並將議會法令的計算起點改為共和元年。

　　然而，共和國的誕生並非源於全體民眾的共同意願，而是在廢黜路易十六後不得不做出的事實選擇。革命派宣稱代表民意，卻只是由一群在危難時拒絕妥協的少數人組成。相當多人對此感到擔憂和不滿，他們既不願為革命負重，卻又期望共享革命的果實。

　　在國民公會內部，山嶽派和吉倫特派兩大陣營不斷對峙。這些團體並非嚴格意義上的政黨，而是代表不同政治取向的鬆散集合。他們的分歧源於對戰爭問題的爭議，隨後擴散到對中央集權和地方自治的看法。

　　位於中間地帶的溫和派議員扮演了關鍵角色，他們既渴望維護革命的完整性，又恐懼底層平民的暴力行為。面對多方角力，中間派常常搖擺不定，最終選擇支持了相對強硬的山嶽派。

　　如此反覆無常的政局，使得新生的共和國難以穩定前行。革命的號角已經吹響，但其未來走向仍顯得撲朔迷離，令人難以預料。

新政府的妥協與調和

隨著吉倫特派的上台，法國國內政治局勢出現了一些波瀾。儘管在最初幾週獲得了廣泛支持，但隨著巴黎公社和無套褲漢的影響力在外省蔓延，以及財產權遭受威脅等情況，民眾的憤怒情緒逐漸高漲。

然而，軍事勝利帶來的安全感以及全國反恐情緒的蔓延，最終使得吉倫特派獲得了廣泛的支持。此時丹東選擇離開執行委員會，而羅蘭成為了新的領導。雖然巴黎公社直到11月末才正式解散，但它之前已經失去了特別的權力。

隨著特別監察代表陸續被召回，警務工作移交給羅蘭和國會公安委員會，許多被拘留的囚犯開始獲得釋放。人民法庭被廢除，常規法院恢復運作。糧食貿易自由也得到恢復，結束了此前因價格管制而引發的動亂。

戰爭時期軍需供應商的財富迅速增加，這引起了國防大臣巴什的關注。但最終在杜穆里埃將軍的持續反對下，國民公會還是允許他自行管理軍需的必要開支。

整個過程反映了新政府在穩定國內局勢、恢復秩序的過程中不得不做出諸多妥協和調和。在處理各方利益矛盾時，需要在革命理想和務實政策之間保持平衡。這也凸顯了新政府面臨的複雜局勢和艱難抉擇。

革命的回響：吉倫特派的興衰

　　隨著巴黎城防的放鬆，原負責戰壕挖掘和防禦工事建造的勞工們紛紛遭到裁撤。羅蘭矢志在國家工廠實行計件工資制，並極力反對公社規定的固定麵包價格，拒絕將其轉嫁給納稅人。這些決策不僅影響到農民的權益，也加深了無套褲漢對羅蘭派的仇恨。

　　在國民公會內部，情況並未如羅蘭所預料的那般激烈。聖茹斯特主張通過收緊貨幣供應來遏制通貨膨脹，而羅伯斯庇爾則呼籲打擊囤積行為，卻未提出具體措施。在教會問題上，共和派則表現出一致的立場，拒絕了康蓬的取消宗教開支預算的建議。儘管如此，他們仍冷靜地討論了孔多塞提出的建立公共教育體系的報告，但最終未能通過。

　　一方面，丹東並不贊同羅伯斯庇爾與吉倫特派的對立，而是主動伸出援手尋求和解，因為他深知和平是實現穩定和溫和政策的前提。然而另一方面，即使吉倫特派志在壓倒對手，他們仍未能與丹東達成共識，反而加劇了內部的分裂。

　　這一時期的政治角力，揭示了共和派系的多元性和複雜性。各派系之間的暗潮洶湧，最終導致國王路易十六的覆滅。吉倫特派的影響力正日漸衰退，同時也預示著革命更加激烈的一幕即將上演。

　　在激烈的辯論中，山嶽派堅決要求對國王路易十六進行審判。吉倫特派則主張以特赦方式來解決這一問題。丹東曾向拉默坦言：「一旦將國王送上審判台，我們又如何能夠拯救他呢？」

　　國民公會面臨艱難的抉擇。如果不判處國王有罪，它將不得不公開譴責 8 月 10 日的起義及共和國的建立。但如果認定國王有罪，又難以避免

判處死刑，因為他被控有邀請外軍入侵法國的重罪，並被認定為杜伊勒裡宮伏擊事件的幕後黑手。

吉倫特派試圖避免審判以拯救國王，但這一策略最終失敗。11月20日，在皇宮中發現的鐵櫃內裝有罪證檔案，使得審判成為必然。

12月11日，路易十六被帶上法庭，堅決否認指控，並委任特隆歇和馬勒謝爾伯作為其法律顧問。12月26日，德歇茲律師提出辯護，否認國王有叛國之罪。但國民公會自視具備絕對權力，吉倫特派則主張將波旁家族一律放逐，並稱那些主張處決路易十六的人打算以奧爾良公爵取代他。山嶽派被迫為奧爾良公爵辯護，吉倫特派則指控其為王黨。

1793年1月14日，國會開始投票決定國王的命運。提案一致通過，將決策權交予民眾的提議則遭到拒絕。1月16日，投票持續了整整二十四小時，387位議員支持死刑判決，334位反對。支持死刑的議員中，有26位提出暫緩執行的提案。最終，對於是否暫緩執行的議題進行了表決，以380票對310票駁回。

路易十六的命運已經注定。這場關乎國家前途的審判，反映出革命的矛盾與艱難抉擇。在對立的聲音中，共和國的未來正在緩慢地形成。

法國革命：迷失於戰爭與和平之間

審理期間，巴黎各界騷動連連，流言蜚語滿天飛。1月20日，山嶽派代表勒佩蒂埃·德·聖法戈遭王黨份子暗殺。另一方面，收買人心的策略令少數派勢力逐步壯大。最終，1月21日清晨，革命政府將國民衛隊部署

於前往斷頭台的途中，路易十六在革命廣場被處決。這一事件激發了部分人對君王的同情，也鞏固了另一部分人的立場。對於君主制的忠誠無疑受到了致命的挫敗。當國王如同平民般被處決，君權神聖不可侵犯的觀念徹底崩潰。這一事件導致贊成與反對的兩派議員之間形成了深仇大恨，整個歐洲決心發起一場消滅弒君者的戰役。

吉倫特派的理想建立在和平的基礎上，他們渴望避免獨裁統治和君主處決。然而，他們卻積極倡導戰爭，聲稱法國是全世界的解放者，期望將那些不穿長褲的人民納入旗下。這不僅是派系之間的角力，更是一種浪漫夢想的迷戀，讓他們無視現實。即便宣傳戰爭受到革命百姓和山嶽派成員的推崇，吉倫特派卻因未能在這場戰爭中取得勝利而受到非議。

審判國王實際上是一場「調和派」與「激進派」之間的角力，前者為了和平，後者則斬斷退路，將國家的存亡與戰爭緊密相連。國民公會在革命未來的路徑上遲遲未能做出決策。被佔領國家是否應自我解放，還是法國應該直接「建立政府」？法國是否應自掏腰包來解放這些國家，還是透過徵收物資和索要賠償來維持自己的軍隊？這些問題都懸而未決。

直到11月中旬，國民公會仍未明確立場，直到熱馬普之戰爆發，激起了革命的熱情。11月19日，國民公會決議對所有爭取自由的國家民眾提供「博愛與援助」，革命向全球發起了挑戰。然而，有人則提出應將法國版圖擴張至「自然邊境」，這一理念在軍事勝利的鼓舞下成為浪漫幻想。革命在戰爭與和平的漩渦中徘徊，前路仍不明朗。

法國革命至此陷入了一個艱難的十字路口。原本美好的理想，正逐漸演變為一場征服戰爭。政策的失誤和軍事需求促使法國領土不斷擴張，但這並未為法國人民帶來真正的自由和解脫。

國民公會決心以武力將自己的理想強加於鄰國，企圖建立一個以法國為中心的姐妹共和國。但這一舉動引發了當地民眾的強烈反對，他們並不願意接受他人的解放之手。軍事佔領給各地人民帶來了巨大痛苦，他們不願意承受這些代價。

　　於是，法國革命陷入了新的困境。一方面，國民公會渴望擴張領土，建立所謂的自然國界；另一方面，他們卻無法也無權強迫其他國家接受自己的解放與統治。更糟糕的是，這一過程中經濟財政的問題也日益嚴重，致使法國軍隊難以維持開支。

　　面對這一困境，國民公會的立場也出現了分歧。有人主張強硬手段，以武力征服他國；也有人主張採取更為溫和的革命性措施，如沒收教會和貴族的財產。這些激進行為不僅未能得到民眾支持，反而加深了人民對革命的反感。

　　正如羅伯斯庇爾所言，這一政策的實施注定是一場災難。法國不僅無法真正解放鄰國的人民，反而在這一過程中遭受到前所未有的內外威脅。於是，在戰事不利的局勢下，國民公會最終不得不採取這一充滿爭議的擴張策略，以期至少保住自身的革命成果。

　　當年美好的理想正漸漸沒入迷障，取而代之的是殘酷的現實。法國革命陷入了新的困境，前途不明。但無論如何，這段波瀾壯闊的歷程已然成為往後歷史發展的關鍵基石。

法國革命與英國政治危機

　　法國這場席捲整個歐洲的革命在英國掀起了強烈迴響。1792 年 12 月，國民公會頒布令旨在收編比利時，並派遣特使強行實施。這項政策為法國帶來了巨大的挑戰和變革，也奠定了後續歷史發展的基礎。

　　同時，法國民主的勝利也加劇了英國的政治危機。皮特和格倫維爾對法國的革命態度日益冷淡，反映出喬治三世和大眾的心態。英國撤回了巴黎大使，與法國的外交往來停止。雙方在是否承認新政府的問題上陷入僵局，形勢十分緊張。

　　9 月的巴黎屠殺引發大量難民湧入英國，輿論激烈。革命的早期成就也點燃了英國百姓的革命激情，民主呼聲迅速擴散。報導披露英國俱樂部成員有私自製造武器的行為，引起了公眾關注。

　　面對革命勢力的衝擊，英國王室和貴族階層如何應對？政治分裂加劇，民主呼聲高漲，英國陷入了前所未有的政治危機。這一系列事件無疑成為了英國政治史上一個重要的轉折點。

　　隨著戰爭的臨近，英國政府的統治階層開始積極煽動恐慌，以此維護自身利益。皮特首相和格倫維爾外交大臣對斷絕與法國的外交關係感到欣慰。他們聲稱，法國於 11 月 19 日頒布的向各國人民保證友誼與支持的法令，實際上是一份「宣戰宣告」，視英國的民主派為叛國罪犯。

　　一方面，英國的這種策略對他們極為有利。它不僅可以對法國進行報復，奪取其殖民地，還能壓制國內的民主派勢力。同時，皮特和格倫維爾也認為，在法國不會侵犯荷蘭的前提下，仍堅定反對戰爭。福克斯、蘭斯多恩和謝里丹等輝格黨人對法國的舉措表示譴責，但最終選擇支持政府。

另一方面，皮特的斷交決策純粹是出於保護英國特殊權益的考量。格倫維爾於 11 月 6 日向駐海牙大使表示，認為放棄中立無益。皮特則曾於 10 月 16 日警告說，法國若吞併薩瓦，將引發事態根本性轉變。即便如此，對於法國吞併阿爾卑斯及萊茵地區，皮特恐怕也難以果斷出兵。

在議會上，皮特輕鬆取得優勢。11 月 20 日，他提出增加二萬名水手的請求，獲得通過；1 月，更頒布停止將糧食和原料裝運至共和國的船隻。路易十六的處決加速了事件的發展，最終於 1793 年 2 月 1 日，法國國民公會通過宣戰法令，英法兩國正式進入戰爭狀態。

可以說，英國政府的斷絕外交和戰爭準備，既反映了對法國革命的深深恐慌，也顯示了其保護自身利益的戰略考量。在議會內部，不同派別之間的角力也日趨激烈。英國最終選擇全面介入這場席捲歐洲的戰爭，這將對整個世界格局產生深遠影響。

重燃英法衝突的序幕

皮特決不會容忍法國將戰火引向比利時。可以推測，他可能默許杜穆里埃攻打比利時，但有一個條件：在未獲英國認可前，法國不得主宰比利時命運。勒布倫曾透過馬雷向皮特承諾，共和國不會將比利時納為己有。然而，斯凱爾特河口開放一事，使得馬雷的使命黯然失色，更加堅定了皮特的立場。

雖然吉倫特派曾一度猶豫，考慮獲取英國和普魯士的支持，但終於在 1 月 10 日獲得執行委員會的支持，企圖主動出擊佔領荷蘭。然而，吉倫特

派內部的遲疑和分歧，使得法軍直到月底才發動進攻。這期間，皮特與格倫維爾堅定地向法國表達了立場，並做好戰爭準備。

最後，在路易十六遭處決的刺激下，法國於 2 月 1 日正式宣戰。布里索表示，這份宣戰法令是在他的報告下通過的。英法衝突的序幕，就此拉開。

在這場關鍵時刻的黨派對抗中，決策者的角色再次顯得尤為重要。吉倫特派內部分歧明顯，一方面海軍官員蓋爾森主張法國有足夠理由認為英國會輕易崩潰，另一方則是山嶽派熱烈支持可能引發戰爭擴大的行動。為了掩飾自身的遲疑，一旦察覺到對方有任何反對，吉倫特派便會立即揭露之。

而在這場鬥爭中，杜穆里埃的決定性作用也十分明顯。他在 1 月 10 日獲得了執行委員會的支持，直到月底的 31 日才正式下達命令。這段長達兩月的遲疑，使得本應毫無阻礙的征服荷蘭計劃受到耽擱。相比之下，皮特與格倫維爾展現出的堅定決心則是格外醒目。11 月 29 日，格倫維爾會晤肖夫蘭，明確要求撤回之前的決定；隨後，皮特在 12 月 2 日轉達了同樣的信息，並且命令召集民兵。到了 13 日，即便面臨輝格黨議員的少數異議，議會還是選擇支持政府。在接下來的一個月裡，皮特的優勢進一步凸顯 —— 他順利獲得議會通過增加水手、外籍人士法案等請求，並禁止將糧食和原料運往共和國。

值得關注的是，路易十六的處決也成為了推動事態發展的一個重要因素。在這個節點上，肖夫蘭於 1 月 24 日開始準備離開，而勒布倫也在隨後一天召回了肖夫蘭。而就在肖夫蘭回國的同日，國民公會亦通過了宣戰法令，代表著戰火正式蔓延開來。因此，我們不得不承認，在這場衝突的

關鍵時刻，決策者的角色實在是至關重要。他們的取捨和態度，極大地影響了整個局勢的走向。

反法聯盟的破裂與內部矛盾

反法聯盟在 1793 年至 1795 年間面臨重重挑戰，其內部矛盾和協調失衡導致聯盟行動難以有效開展。儘管英國作為主要倡導者，但其自身錯誤和內部分歧，未能為反法聯盟注入足夠的活力和凝聚力。聯盟成員國在戰爭目標上難以達成共識，這導致了作戰時兵力分散，無法形成有效的攻勢。雖然聯軍初期取得了一些勝利，但這些勝利並未持續。自 1794 年起，他們逐漸無法抵擋法國革命軍的猛烈攻勢，最終在瓦爾密和熱馬普的戰役中遭遇重大挫敗，整個聯盟崩潰。

但將反法聯盟的失敗完全歸咎於內部分歧還是片面的。更深層的原因在於，聯盟國家未能充分利用自身的物質優勢，也未能認識到這是一場全新的革命戰爭。他們過於固守舊有的統治模式和作戰方式，缺乏必要的革新。同時，反法聯盟成員國還需應對波蘭問題、海上戰役以及殖民地戰爭等其他事務，這些都分散了他們的軍事資源和注意力。聯盟國家還害怕動員臣民過度會引發內部動亂，擔心戰爭勝利後臣民會要求更多讓步，這使得他們在戰爭中顯得畏首畏尾。

英國雖然在反法聯盟中扮演重要角色，但聯盟內部的互動似乎失衡。有的國家如薩丁王國、那不勒斯等接受英國的資金補貼才參戰，而其他如奧地利、普魯士則要求經濟支持卻不願遵從英國的指令。聯盟缺乏統一指

揮和資源共享,各國軍事行動無法協調一致。英國雖能在戰爭目標上與夥伴達成一致,但這種共識未能在實際執行中轉化為有效行動。

　　反法聯盟的失敗,既有內部矛盾的影響,也有策略性的失誤,更有對革命戰爭本質的誤判。總而言之,反法聯盟在這段時期的表現並不理想,其內部缺乏凝聚力和協調能力,加之未能適應革命戰爭新特點,最終導致一系列戰場失利,未能阻止法國革命的進程。

反法聯盟內部的矛盾與分歧

　　1793 年至 1795 年間，反法聯盟在歐洲的行動充滿了矛盾和分歧。一方面，部分成員如伯克和法國僑民期望終結法國革命，恢復貴族統治，以理想主義的十字軍戰爭取代階級衝突；另一方面，英國的皮特和格倫維爾則更關注政治目標，要求法國恪守國際條約，歸還佔領領土。奧地利等大陸國家堅持反革命政策，期望在佔領區恢復貴族和教會特權，回到舊有的封建秩序。皮特希望建立類似英國的憲政體制，但其他國家則更關心自身的領土利益。

　　這種內部分歧深深影響了聯盟的行動。在 1793 年 4 月的安特衛普會議上，英國雖未反對大陸國家的領土賠償計劃，但也未完全支持。皮特迫切需要盟友支持，無法公開反對這種利益追求。他自己也希望藉此奪取科西嘉島和法國殖民地，激怒了堅守傳統原則的西班牙，導致其退出聯盟。

　　同時，地理因素使得大陸國家不可能從法國獲得領土利益，反而促使俄羅斯、普魯士和奧地利分割波蘭。這些矛盾和策略分歧使得聯盟國家無法形成統一戰線，各自為政。英國專注海戰和殖民地爭奪，未能對法國造成致命一擊；其他國家只在有利可圖時才願意投入。這種分裂和短視成為革命軍取勝的關鍵因素之一。

波蘭的命運：
第二次瓜分與柯斯丘什科起義

　　1793 年 9 月，波蘭的第二次瓜分終於完成。普魯士在 4 月 4 日佔領了但澤城，隨後於 7 日正式宣佈併吞。凱薩琳大帝的夙願得逞，其親信西韋爾斯經過重重阻礙，終於在波蘭議會獲得支持。雖然二十五名愛國議員試圖阻撓瓜分的進程，但西韋爾斯毫不手軟，採取了強硬手段，包括凍結國王財產、逮捕議員、威脅反對者財富等。在軍隊的包圍之下，議會最終在 9 月 2 日屈服，簽署了協定。

　　普魯士國王腓特烈－威廉急於對波蘭出兵，把重點放在了這一行動上，而將對法國的戰爭視為次要任務。這使得反法聯盟逐漸瓦解。與此同時，普魯士和奧地利之間的緊張局勢也在升溫。3 月 23 日，俄羅斯和普魯士將瓜分波蘭的細節告知奧地利，引發了巨大影響，因為這遠超奧地利的預期。新任奧地利外交部長圖古特試圖拖延時間，希望普魯士能夠提供實質性的補償，但遭到拒絕。

　　在波蘭局勢日趨惡化的情況下，波蘭愛國者柯斯丘什科在 1794 年 3 月發動了起義。4 月 4 日，波蘭軍隊在臘茨瓦維取得勝利，華沙也爆發了騷亂，迫使俄軍撤離。起義軍逐漸向普魯士佔領區滲透，柯斯丘什科試圖通過讓步換取兩個德意志強國的中立，但遭到拒絕。凱薩琳大帝的駐軍過於稀少，難以迅速應對，而奧地利和普魯士則迅速行動。普軍 6 月 3 日抵達沃拉，15 日進駐克拉科夫。7 月，普軍和俄軍圍攻華沙，儘管波蘭內部分裂使防禦力量受到削弱，但華沙守軍展現了卓越的防禦能力，普軍最終難以攻克。

波蘭的命運因此再次陷入了不確定之中。一個曾經自豪的王國被瓜分殆盡，但愛國者的抗爭並未就此止息。命運的齒輪還將如何轉動，波蘭的未來究竟將何去何從？

波蘭危機在某種程度上改變了歐洲力量格局。一方面，它暴露了反法同盟的內部矛盾和脆弱性；另一方面，也顯示出法國革命的堅韌生命力。雖然波蘭最終成為犧牲品，但其勇敢的抗爭成為反法同盟崩解的導火線。

東布羅夫斯基的起義威脅到普軍的後方補給線，迫使腓特烈－威廉最終撤退。這場起義突出了愛國者們的決心和勇氣，也加劇了奧地利與普魯士之間的矛盾。由於內部分歧越來越嚴重，反法同盟最終走向分裂。

與此同時，蘇沃洛夫領導的俄國軍隊在馬切約維和普拉加取得勝利，但這反而使普魯士和奧地利感到受威脅。他們紛紛與法國政府展開談判，希望脫離反法同盟。1794年10月，普魯士正式下令與法國革命政府開展談判。

這場波蘭危機不僅牽制了俄國的軍力，也使其他國家的部隊遠離法國戰場。這一局勢最終促成了反法同盟的崩解。雖然波蘭失去了獨立，但其抗爭對於法國大革命的延續卻貢獻良多。

這一切都表明，革命政府雖然一度陷入險境，但最終憑藉勇氣和決心擊敗了強大的反法聯盟。這也顯示出，法國革命所展現出的新生力量正在重塑歐洲的格局。波蘭危機為歐洲的未來透露了新的曙光。

法國革命陷入絕境：反法同盟的攻擊與聯軍的失敗

1793 年初，反法聯盟發動了一場激烈的進攻，力圖消滅革命後的法國。這個強大的聯盟由奧地利、普魯士、英國、荷蘭、漢諾威和黑森等國組成，動員的軍力超過 11 萬人。奧地利、普魯士等國紛紛調遣大軍支援作戰。但儘管聯軍優勢明顯，卻最終敗於革命軍的頑強抵抗。

革命政府面臨重重困境。一方面，國內反革命勢力不斷挑戰，另一方面，強大的反法同盟正在步步逼近。3 月起，旺代地區暴發起義，6 月後南方更陷入一片混亂，形勢危急。英軍甚至從撒丁和那不勒斯招募了 2 萬 6 千名僱傭兵，西班牙和葡萄牙也紛紛投入軍力支援攻勢。革命政府陷入絕境，一時間前景黯淡。

然而，雅各賓黨的革命軍在這關鍵時刻奮起抗敵。他們高歌《卡馬尼奧拉曲》，奮勇抗擊聯軍。普魯士王親率的 4 萬 2 千人部隊雖攻入美因茲，但未能取得決定性勝利。奧地利力量雖然強大，但遭受重挫，未能支援普軍。英國的皮特首相盲目估計聯軍力量，未能適時部署，最終導致聯軍失敗。

革命政府雖然陷入嚴峻局勢，但憑藉雅各賓黨人的不屈意志，最終擊敗了聯軍的進攻。這些原本強大的反法同盟，因為戰略和指揮不善，最終被視為失敗的主要責任方。這場革命戰爭不但證明了法國革命黨人的氣概，也揭示了聯軍協調不足的弱點。革命軍的勝利，為法國革命開啟了一個新的篇章。

在那動盪的時代，皮特可謂英國的政治首腦，他為英國在這場與法國的戰爭中，制定了一系列策略性部署。

首先，皮特明智地讓盟軍在陸地上擔任主力，而英國則主導海上作戰以及殖民地的爭奪。儘管英軍也參與了歐洲戰場，但皮特限制了投入的兵力，以免過度分散。這顯示了皮特的謹慎戰略眼光。

然而，皮特的策略也帶來了一些不利的後果。例如，他錯失了一次向旺代叛軍提供援助的良機，錯過了這次突破性的時機。此外，在土倫的事件中，皮特雖然最終調遣增援，但為時已晚，未能挽回頹局。

最關鍵的是，皮特未能充分協調好盟軍之間的合作。由於交通落後，指令往往送達不及時，各軍棋逢敵況也乏人統籌。再加上普奧兩軍的矛盾，軍中將領貪圖戰利品等種種因素，都阻礙了同盟軍的協調配合。這讓原本劣勢的法國軍隊得以趁虛而入，逐步扭轉戰局。

總而言之，皮特的戰略構思頗有遠見，但在落實過程中卻未能發揮英國的全面優勢。他錯失了多次重要機會，使英國未能在這場革命戰爭中收穫預期的勝果。這無疑是一個值得深思的歷史教訓。

同盟軍的艱難抉擇

皮特深知同盟軍需要改革其作戰策略，才能有效抗衡拿破崙的法軍。他不遮掩對科布林指揮無效率的批評，希望能夠撤換他，但遭到強烈反對。無奈之下，皮特只得委任馬克為副手，期望能夠彌補科布林的不足。不料，馬克在前線作戰中受傷，被迫折返奧地利。

為了挽救局面，法蘭索瓦二世親自前往荷蘭指揮同盟軍。在反法同盟的會議上，各方商議在萊茵河與北海之間發動新一波軍事行動。馬克主張

集結二十萬大軍直搗巴黎，但遭到普魯士的強烈反對，使行動前景蒙上陰霾。

　　為化解裂痕，皮特派遣馬姆茲伯爵士前往普魯士協商。經過艱難談判，雙方終於達成協定，英國承諾提供軍餉，普軍也同意繼續留守。然而，這些努力未能根本扭轉戰局。英軍在荷蘭始終人手不足，法蘭索瓦二世的心腹又對馬克進行誹謗，使同盟軍指揮混亂不堪。

　　皮特意識到，波蘭危機正在加劇普魯士的分離趨勢，最終下定決心將普軍調至荷蘭。然而，普王對此深感憤怒，莫倫道夫也拒絕配合。圖古特遲遲未能派援軍，致使科布林兵力不足。科布林在圖爾昆戰敗，法軍隨後在弗勒留斯取得勝利，比利時大門為法軍敞開。

　　皮特仍幻想奧地利能夠支援，但目睹奧軍撤退，以及約克公爵無力捍衛荷蘭，他陷入了彷徨和憂慮。最終，皮特不得不停止軍費補助，導致普魯士與法國展開和談。他的努力無法阻止反法同盟的潰敗，反而加速了其破碎，顯示他並非偉大的政治家。

法國革命前夕的海上角力

　　在美國革命的風暴中，法國迫切希望利用西班牙和荷蘭的力量來重建海上平衡。然而，這兩個國家反而成了法國的對手，預示著法國注定失敗。戰爭初期，英國既未能確立其海上霸權，也屢遭挫敗。反抗法國的聯盟成員對英國的支持微乎其微。

　　荷蘭雖擁有四十九艘戰艦，但火力薄弱，只能用於護送和封鎖行動。那不勒斯和葡萄牙分別貢獻了四艘和六艘船隻，由英國人指揮。唯有擁有七十六艘遠洋艦隻的西班牙，有望成為英國在地中海的強大盟友。但西班牙對英國持有懷疑態度，不願見英國掌控科西嘉島。

　　相較法國，英國海軍在數量上佔據明顯優勢。戰事初期，英國可調動一百一十五艘船隻，而法國只有七十六艘。在技術上，英國亦略勝一籌，船隻擁有較輕的桅桿和優越的附屬裝備，能自如操控，提高了砲火的精準度。然而，英國海軍面臨著戰鬥、封鎖與護航三重任務，船隻數量仍不足。

　　造船技術進展遲緩，標準戰艦仍裝備七十四門大炮，尺寸龐大。海軍大臣巴朗爵士設法利用國內外的木材資源解決了建造問題。但英國在武器製造方面仍不成熟，1793 至 1801 年間新建的二十四艘遠洋船隻，僅有兩艘投入使用。招募水手也困難重重，到 1799 年已超過十二萬名。

　　儘管面臨重重挑戰，英國海軍最終還是在初期佔據優勢，主要得益於法國海軍的軍官叛逃和水手紀律鬆散。然而直至 1795 年，英國海軍仍未能全面清除共和國的海上威脅。此後，雙方在安地列斯群島展開了激烈爭奪。

英法殖民地戰爭的勝負難料

英國首相皮特在法國大革命爆發之初選擇觀望，卻最終無法抗拒與法國的殖民地對抗。從 1793 年 9 月起，英軍逐步佔領了聖多明各的各個港口，並於 1794 年 6 月攻佔太子港。然而，隨著黑人百姓轉而支持法國，加上疾病也大大削減了英軍的兵力，到 1795 年底，英軍只能龜縮在海岸城市，等待撤退。

在向風群島，情況稍好一些。自 1793 年 4 月起，英軍無法佔領多巴哥，但傑維斯於 1794 年 3 月及時支援，成功奪取馬丁尼克島，接著聖露西亞和瓜地洛普也相繼落入英國手中。然而，維克多隨後奪回了瓜地洛普，並以此為據點持續騷擾英軍。荷蘭殖民地在被共和國軍隊佔領後，也成為英國的新目標。英軍於 1795 年 9 月 16 日終於佔領好望角和荷屬蓋亞那。

在這場殖民地戰爭的背後，經濟戰也在激烈進行。皮特與格倫維爾堅信，通過製造大量偽幣和實施封鎖，可以削弱法國的經濟實力，迫使其屈服。然而，封鎖措施並非萬無一失，諸多國家未能全面遵守，法國仍能透過瑞士等管道採購所需物資。儘管英法之間的經濟戰給法國造成了巨大壓力，但最終結果仍難以預料，隨著西班牙退出反法聯盟，局勢變得更加複雜。

英國封鎖令的經濟影響

　　英國於1793年開始實施的封鎖政策，並非單純的軍事手段，其背後有著更為複雜的經濟動機。這一政策與重商主義相結合，使英國能夠打擊法國的經濟競爭力，並壟斷法國市場。1793年11月6日的「內閣命令」進一步強化了此項限制，禁止中立國與法國殖民地進行貿易，從而鞏固了英國對殖民地產品的壟斷地位。

　　然而，絕對的封鎖政策並非英國商業利益的最佳選擇。禁止敵國銷售商品固然有利，但讓英國商品進入敵國市場同樣重要，這樣英國可以從敵國獲得現金及所需產品。因此，英國政府對部分前往敵國港口的船隻發放了特許通行證。儘管國民公會禁止與英國的貿易，但商品仍可透過中立國轉運，像埃姆登的貿易就極為活躍，中立國船隻在海上運輸中扮演了重要角色。1792年至1800年間，英國對法國和荷蘭的出口量在總出口量中的比例僅從15%降至12%。

　　封鎖政策也導致了與中立國之間的衝突。丹麥和瑞典於1794年簽訂協定，準備出動十六艘戰艦保護兩國的商業活動並封鎖波羅的海。美國的立場更為堅定，當其三百艘與法屬安地列斯群島進行貿易的商船被扣押時，美國對英國船隻採取了報復措施。1794年6月，美國特使傑伊抵達倫敦，並於11月19日達成了著名的傑伊協定，美國承諾其港口不再庇護法國私掠船，但對與英國交戰的船隻仍保持開放。

　　法國的海盜行為亦嚴重損害了盟國的商貿活動。1794年及1795年，每年超過六百艘英國船隻遭受損失，保險費用驟增。1793年，英國港口進

行交易的貨物中，中立國的比例從 10% 激增至 25%。信貸收緊導致超過一百家銀行倒閉，眾多企業破產。倫敦銀行擴大商業匯票的折現服務，並發行面額為五英鎊的紙幣，緩解現金需求。隨著法國黃金流入，倫敦銀行現金庫存回升，進出口貿易量逐步恢復。

總而言之，英國的封鎖政策雖然在一定程度上達到了打擊法國經濟的目標，但同時也造成了與中立國的衝突，並對自身的經濟造成了不利影響。英國不得不採取一系列措施來應對，彰顯了這一政策的複雜性和兩面性。

經濟危機下的戰爭教訓

戰爭不僅帶來了軍事上的嚴峻考驗，同時也給各國的經濟和民生造成了沉重的打擊。在法國革命戰爭的背景下，法國採取的封鎖政策對英國等反法聯盟國家的貿易活動造成了深遠影響。英國在參戰的首年面臨嚴峻挑戰，倫敦銀行的現金庫存銳減，港口貿易量大幅下降。雖然英國最終渡過了難關，但歐洲大陸國家則深受其害。西班牙、義大利等國傳統依賴法國商品，現貨源嚴重匱乏。德意志各邦的出口產業也因此喪失了重要市場。糧食危機的爆發更加劇了經濟困境，物價飆升導致失業問題加劇。這場危機抖落了舊有體制下諸國政府的弊端：他們長期未能摒棄偏見，創新治理方式，未能真正激發民眾力量參與民族戰爭。直至戰事慘敗，他們才意識到改革的必要性。這場戰爭給各國留下了深刻的經濟教訓：單靠軍事力量是遠遠不夠的，政府必須注重經濟民生，緊貼民意，才能夠在戰爭中取得勝利。

一戰前夕：
聯盟國面臨的徵兵與財政困境

　　1790年代的歐洲正處於一場激烈的戰爭漩渦中。面對法國這個強大的對手，聯盟國家如英國、奧地利和普魯士在徵兵和財政上都面臨重重困難。

　　首先，在徵兵方面，雖然德意志各邦呼籲全民參軍，但實際落實卻並不成功。加之志願軍數量減少，各國不得不轉向抽籤制的強制徵兵方式。在英國尤為明顯，1794年它首次實行民兵徵募，引發了多次反抗。1795年，英國又徵召了3萬名水手，1796年更擴大到常規陸軍。這種粗暴的徵兵手段導致腐敗和對窮人的壓榨，新兵被派往殖民地，而經驗老道的職業士兵卻被調回本土。英國海軍更是廣泛招募外籍志願者，甚至強迫囚犯和政治犯入伍，引發了多次兵變。雖然規模無法與法國抗衡，但聯盟國家的軍隊仍面臨裝備和糧食供應的重重挑戰。

　　其次，在財政方面，奧地利和普魯士的困境尤為嚴峻。普魯士由於波蘭市場的關閉，財政收入急劇下降，不得不依賴英國的軍費補貼。當這一補貼終止後，普魯士財政陷入絕境，別無選擇只得求和。而奧地利從1793年起，財政赤字持續擴大，不得不頻繁向國內外籌款，債務不斷攀升。儘管大量印發紙幣勉強維持運轉，但若非得到英國的援助，恐怕亦難以支撐下去。

　　總而言之，1790年代的聯盟國面臨著前所未有的徵兵和財政雙重困境，無論是粗暴的徵募手段還是龐大的財政赤字，都嚴重制約了他們的戰鬥力，最終導致了戰局的不利局面。

法國革命的連鎖效應：歐洲國家面臨的挑戰

　　1790年代的歐洲正處於劇烈動盪之中。隨著拿破崙的崛起和法國大革命的浪潮席捲整個大陸，歐洲的貴族階層感到極大的威脅。各國政府面臨著財政困境、徵兵壓力和社會動盪等諸多挑戰，這深刻影響了整個戰爭的進程和結果。

　　西班牙政府面臨嚴峻的財政危機，不得不動用教會資產來籌集資金。1794年，政府徵用了教會的銀器，次年更挪用了教職職位的收益。不得不效仿法國的做法，出售教會資產來填補財政缺口。英國的情況也不容樂觀，皮特首相只能透過借款來彌補財政赤字，但借款利率不斷攀升，資金瀕臨枯竭。

　　同時，歐洲各國面臨著大規模徵兵的壓力。法國透過強制徵召和革命戰爭動員，建立起一支強大的軍隊。其他國家不得不模仿這一做法，試圖與之抗衡。這導致軍隊開支急劇上升，對國家財政造成沉重負擔。

　　除此之外，社會動盪也成為各國政府需要應對的嚴峻挑戰。法國大革命的思想和浪潮席捲了整個歐洲，引發了輿論戰和意識形態衝突。有些國家不得不採取限制自由、鎮壓反對派的手段，以維護既有的統治秩序。然而，這又加劇了民眾的不滿，陷入了惡性循環。

　　總而言之，1790年代的歐洲戰爭給各國政府帶來了諸多嚴峻的財政、軍事和社會問題。這些困境深刻影響了戰爭的進程和結果，使得各國國家陷入了深重的危機之中。

　　在19世紀前夜的歐洲大陸上，革命理想與反動勢力之間的對抗愈演愈烈。

在俄國，凱薩琳女皇鐵腕鎮壓共濟會組織，囚禁諾維科夫等異議份子，並將拉季舍夫放逐至西伯利亞。斯德哥爾摩和哥本哈根也接連見證了托利特律師和鮑傑遜等人的被捕與流亡。在西班牙，戈多伊的號召未能點燃民眾，反而招致了民眾對英國人的不信任與反感。

義大利方面，自由主義者陷入沉寂或淪為反革命宣傳的工具。托斯卡納雖向法國人敞開大門，但托斯卡納的報刊和熱那亞的暗通聲息也凸顯了義大利仍有民眾在追求民族統一和革命理想的道路上頑強抗爭。

在德意志各邦，帝國議會頒佈禁令，鎮壓學生組織和共濟會，大肆審查言論出版活動。維也納的教會和當局加劇了對自由思想的壓制，巴伐利亞的保守派橫行，許多自由主義者慘遭逮捕或處死。即便在瑞士，也不可能完全遁離動盪，沃州、瓦萊州、聖加倫、格里松斯等地相繼爆發百姓起義，遭到殘酷鎮壓。

當歐洲各地異議聲音被一一扼殺，反動勢力越發囂張之際，革命理想也從未磨滅。無數先驅者堅守信念，誓要推翻現有的專制統治，為新的時代徜徉而來。

英國的反革命之路

在英國，局勢與其他國家有著明顯不同。受到豐富歷史傳統的影響，輝格黨的崩潰凸顯了戰爭如何強化了統治階級的反革命情緒。福克斯及其追隨者在國民公會的行動上感到左右為難。初期，詩人們抵抗了保守派的逆流，沃茲華斯支持處決路易十六並宣告支持共和制。然而，當他們的觀

點被視為異端時,逐漸失去信心,1794年柯爾律治和沙賽因理想的崩潰而痛哭流涕,柯爾律治甚至還為羅伯斯庇爾倒台而歡呼。相反,民主派領導人卻堅定不移,俱樂部數量倍增,哈第和助手成功銷售了二十萬本潘恩的《人權論》。

儘管如此,皮特政府初期未採取極端手段,但義勇軍逐漸轉化為實質監督委員會,從事告密和祕密偵查。法庭頒佈了大量的罰金、公眾示眾以及監禁判決。1794年,當局拘捕了哈第等人,並封鎖了俱樂部的檔案。儘管獲得精彩辯護後,案件以被告無罪釋放而告終,但政府從此獲得了隨意逮捕和監禁嫌疑人的權力。

即便面對如此艱難的局勢,政府仍無法徹底壓制民主力量。1793年起,經濟混亂引發失業率飆升和食品價格上漲,民眾生活陷入困苦。皮特決策對前往法國的中立國糧船實行優先購買,加上1794和1795年的歉收以及出口障礙,使局勢進一步惡化。社會動盪不安的事件激增,特別是在倫敦、伯明翰和敦提地區。

然而,1795年5月,伯克郡地方官員設立了基本生活物資指數,利用部分稅收補足工人薪資不足。皮特支持此制度,1796年11月建議法律化,並提倡教堂向貧民提供奶牛,建立職業教育學校。這些舉措消解了民生派的武裝反抗,鞏固了貴族制度,也讓工業家獲取到廉價勞動力。然而,愛爾蘭的情況卻大不相同,處於風暴前夜。

相比之下,英格蘭1794年並未遭遇旺代式叛變,貴族也避免了極大的風險。反法同盟成員國展現較開明態度,治理策略較寬容,成功規避了極端恐怖統治。但這些措施目標始終是壓制民主運動浪潮,未能激發國民民族主義情緒,也未能充分動員人民投入戰爭。

在英國動盪的革命時期，統治階級通過一系列複雜的手段鞏固了自身的統治地位。儘管面臨著民主力量的不斷挑戰，政府採取了嚴厲的鎮壓措施，包括逮捕、監禁和限制集會活動等，成功抑制了民眾的反抗。與此同時，政府還採取了一些緩和措施，如實施救濟政策，提高工人生活水準，以此化解民眾的不滿情緒。

與此同時，貴族和資產階級也充分利用了自身的經濟優勢，通過控制糧食和軍火供給等手段，獲取了巨額利潤。而在愛爾蘭，英國政府雖然曾做出一些改革讓步，但仍然保持了強硬的控制態勢，最終導致當地陷入了動亂之中。

總而言之，英國統治階級在這場革命浪潮中展現出了高度的政治智慧和經濟實力，成功鞏固了自身的統治地位，為往後的發展奠定了基礎。儘管面臨著巨大的挑戰，但他們最終還是贏得了這場關鍵的鬥爭。

法國革命下的政治角力與經濟危機

在那個動盪不安的時期，政府的力量逐漸衰弱。1月22日，羅蘭遞交辭呈，這對吉倫特派來說是一個重大的打擊。隨後，2月分，吉倫特派撤換了國防部長巴什，由伯農維爾接任。伯農維爾在兩大派系之間遊走，驅逐了無套褲漢，並對軍需商的需求應允無遺。內政部長加拉雖偏向右翼，但保持距離；司法部長戈葉則轉投雅各賓派。

與此同時，經濟危機加劇，革命派將紙幣貶值歸咎於外國銀行家，但洞察力強的人能夠察覺，許多法國人也在參與紙幣的投機活動。物價的迅

速上漲使得薪資增長難以跟上，工人和居民紛紛採取行動維護自身利益。在里昂，工人要求設定最低薪資標準；在巴黎，公社爭取國民公會的撥款，以保持每斤麵包的價格不變，但仍不可能阻擋食品短缺和糧荒。革命政權在迫切的形勢下逐步塑造而成，但必須面對黨派之爭、政治動盪和經濟危機的重重挑戰。

國民公會內部的吉倫特派和山嶽派爭論不休，前者希望迅速實施憲法，後者則認為當前不宜討論此事。他們的對抗，加上外部力量的干預，使得政局一直難以穩定。在國王審判案後，有人攻擊建議「國王之處決應交於民眾裁決」的代表，並要求將他們驅逐出國民公會，希望藉此重新凝聚政府。這場角力折射出革命政權面臨的種種困境，它必須在內外交困中尋求生路。

法國 1793 年正處於內憂外患的危局之中。可以看到，在這一混亂動盪的時期，不同政治派系均在努力維護自身利益，試圖解決眾多棘手問題。

一方面，雅各賓派和山嶽派等激進力量大力呼籲實施食物定價管制、徵集糧食、援助貧民與士兵家庭，並建議對富人徵稅籌集資金，以期緩解民眾生活的困境。另一方面，溫和的平原派則持懷疑態度，認為政治應優先於一切，不應讓實體經濟問題分散革命目標。羅伯斯庇爾和肖梅特等領袖也就物價管制問題難以達成共識。

此外，國內外軍事風雲變幻，也令革命政府岌岌可危。杜穆里埃將軍頻頭兩敗，最終叛逃投敵；盧萬和美因茲的失守，使普魯士軍隊步步逼近；徵兵動員引發社會恐慌和旺代農民起義，更加劇了局勢的不穩定。

在這樣的危機四伏的環境中，民眾對政府的訴求可謂不可忽視。他們既呼籲政府關注民生，確保生活供給，同時也要求政府堅定維護革命成

果,力保共和國的穩定。這些訴求無疑反映了廣大民眾的切身利益和訴求,值得革命政府高度重視。只有充分吸納各方訴求,制定周密政策,法國革命才能渡過眼前的重重難關,走向更加光明的前景。

共和國的艱辛抉擇 —— 內戰與外患並存的挑戰

在法國大革命動盪的歲月裡,共和國面臨著重重困境。一方面,叛軍在鄉間阻擾著國民公會的統治,另一方面,外敵的威脅也牽制著革命政權的手腳。共和派不得不採取一系列強硬措施,試圖維護革命成果,遏止內憂外患的危機。

在地方行政方面,雅各賓派透過救國委員會大肆徵募兵員,為共和國效力。但吉倫特派試圖削弱雅各賓派的影響力,反而陷入了自己的困境。國民公會不得不加快革命措施的制定,派遣特使巡視全國,拘捕疑犯,徵收稅款和軍需物資。然而,這些舉動頻頻遭到仍忠於吉倫特派的地方政府的反對。

在軍事戰場上,叛軍利用地形優勢多次擊敗國民衛隊和新兵。夏季的重要戰役中,「藍軍」在蒙呂松奪得三勝,但卻未能攻克萊榮河。共和派隨後又遭受了杜阿爾等地的失守,直至6月29日攻向南特時完全潰敗。杜穆里埃的背叛和旺代起義更是令共和派心驚膽顫,再次展開了對疑犯的大規模拘捕。

在如此艱難的境遇下,共和派勢力不得不採取一系列強硬手段。他們對流亡者和被判流放的神職人員下令處死,並設立了革命委員會監視查驗

護照。這些極端措施顯示出共和派對內部叛亂的過度敏感和強烈反應，但最終卻使共和國得以免於崩潰。

資本家保守派也認識到必須將戰爭進行到底的必要性。他們堅信，只有將內外敵人完全消滅，共和國才能真正得到安寧。在這場艱難的抉擇中，革命政權必須在展現勇毅的同時，也保持警惕和智慧，才能克服重重挑戰，鞏固新生共和國的地位。

在共和國的初期，民眾對於戰事的參與顯得冷淡，這暴露了政府在依賴與強制民眾之間的矛盾，預示著不佳的前兆。對於山嶽派和無套褲漢而言，當下最為擔憂的問題是「地方自治運動」的崛起。這種運動在恐怖統治初期首次浮現，國王的處決則為其注入了新的生命力。吉倫特派的急迫呼籲、山嶽派與地方貴族之間的緊張對立，加速了地方自治運動的發展。新兵的徵召、港口的封鎖及其引發的廣泛失業，進一步激起了人們對地方自治的支持。有些省份甚至嘗試組成軍隊前往巴黎，其中菲尼斯太爾成功派出了一支部隊。

早在 3 月 16 日，國民公會派遣的官員就在奧爾良遭遇羞辱，萊奧納爾·布東遇刺受傷。地方自治機構逐漸受到重視，民眾積極參與其集會，並爭取設立永久性的區公所。在波爾多，地方政府於五月九日釋出了一份挑釁性的宣告。馬賽的雅各賓派和巴巴魯聯盟破裂，造成他們失去了對城市的控制。國民公會的代表於四月二十九日匆忙離開，地方政府成立了聯區委員會，並利用 1792 年 9 月非法成立的人民法庭鎮壓無套褲漢。里昂的局勢更加嚴重，五月二十九日爆發了針對雅各賓公社的起義，經過街頭戰鬥，國民公會的代表暫時壓制了暴動。

地方自治運動的主要力量是那些仍然支持君主制的財產階級、堅定的

神職人員信徒以及舊制度的支持者。他們自稱為吉倫特派，但這只不過是一個掩耳盜鈴的名稱而已。加爾州副檢察長格裡約雷寫道：「我們面臨的兩大派系均極其惡劣；布里索、佩蒂昂和葛瓦代與馬拉、丹東和羅伯斯庇爾同樣令人厭惡。」

面對地方自治運動的崛起，中央政府陷入了前所未有的危機。議會內部的派系紛爭、軍事動亂、經濟困境等問題層出不窮，動搖了共和國的根基。共和國要能夠走向穩定，恐怕還需要經歷一番艱苦的努力和鬥爭。

法國革命的暴力與權力鬥爭

革命進程中的動盪與矛盾一直延續，山嶽派的勝利並未帶來政局的穩定。在內外交困的情勢下，革命政權面臨着前所未有的挑戰。

首先是普羅大眾對義務徵兵和革命軍建立的反對情緒高漲。部分議員更是選擇離開巴黎或迴避會議，公會內部分裂嚴重。救國委員會建議撤銷監視委員會，但遭到羅伯斯庇爾的強烈反對，山嶽派內部未能達成一致。同時，被捕的吉倫特派份子也日益增多，但卻面臨命運未知的困境。

面對內部動盪，山嶽派迫切希望憲法可以化解民眾對其專政的恐懼，滿足農民訴求。因此，1793年憲法補充了1789年人權宣言，確立了政治民主制度，並規定由公民投票制決定緊急法令。然而，憲法並未特別強調社會民主，仍然保留了一些資產階級利益。

與此同時，山嶽派也著手採取一系列政經措施，如分割和銷售流亡者財產、無償廢除領主制等，試圖穩固其執政基礎。但革命的暴力與權力鬥

爭並未結束，持續困擾著這個動盪不安的時代。山嶽派的勝利只是革命過程中一個瞬間的勝利，它必須面對更多嚴峻的考驗。

法國大革命經歷了一系列急劇的政治變動，從推翻封建君主制度到建立共和政體，整個過程充滿了戲劇性的衝突與動盪。然而，隨著革命的深化，新的矛盾與裂痕也悄然浮現。地方自治運動的爆發，引發了一場新的內戰危機，使得革命的前景蒙上了陰霾。

這場內戰的導火線，來自地方自治派與中央政府的對抗。地方自治運動在巴黎的行動激發了叛逆情緒，地方當局與國民公會決裂，各自為政。所謂「聯邦主義者」力圖掌控更多的自治權力，並試圖與反對普選的福揚派、忠於舊制度的天主教徒等勢力聯合起來，推向地方自治的極端。這種地區主義的興起，不僅削弱了革命的整體團結，還引發了激烈的對抗。

國民公會面臨著嚴重的分裂危機。吉倫特派堅持革命初期的1789年理念，拒絕與叛軍合作；而被分隔的各州縣市，也難以形成統一的抗爭態勢。直到山嶽派提供寬恕期限，一些聯邦主義者才重新承認錯誤，期待在下屆選舉中改變局勢。

危機最終得到緩解，是靠著共和國軍隊的及時干預。他們先後攻克了諾曼底、波爾多等地，逼迫叛軍潰散。到10月，山嶽派重新掌控了局勢。但革命的內部裂痕，卻難以在短時間內完全癒合。這場內戰無疑是對法國大革命的又一次嚴峻考驗，折射出革命內部的分歧與矛盾。如何在革新與秩序之間尋求平衡，仍是亟待解決的關鍵問題。

法國革命的陰霾 ── 黑暗中的希望

　　在法國革命最危急的時刻，整個國家陷入了前所未有的困境。東南部的造反事件嚴重威脅了愛國黨的事業，後方的局勢也岌岌可危。里昂的反叛軍尋求撒丁的支援，而馬賽、土倫以及科西嘉的叛軍則呼籲英國介入。雖然卡爾圖最終擊退了馬賽的反叛軍，但里昂的叛軍仍在西部持續控制著局勢。在短短幾個月內，法國領土幾乎四分五裂，危機四伏。

　　丹東面對外部強敵和內部叛亂，極力尋求和談的可能性，但最終未能奏效。反法同盟國家對法國所提出的任何建議都不屑一顧，而羅伯斯庇爾對丹東的意圖也表示懷疑。憲法在6月宣佈，法國人民拒絕與侵佔其國土的外敵和解。但在此期間，法軍在前線節節敗退，經濟也陷入了衰退。糧食危機和貨幣貶值加劇了民眾的困苦，使得無套褲漢們做好了「寧為自由死，不為奴生」的決心。

　　在這萬分危急的關頭，全國力量的動員和大規模徵兵成為了必然選擇。革命的怒火正在熊熊燃燒，但共和國的未來依舊充滿變數。缺乏統一的政府領導和資產階級的支持，使得平民階層的熱情逐漸消散。國民公會成為了所有派別唯一能認可的權威，但它能否繼續擔當革命的中流砥柱，仍是一個未知數。

　　政治分裂、戰爭失利和經濟危機，沉重打擊了革命的推進力。黑暗的陰霾籠罩著共和國，但革命家們的信念和人民的勇氣，仍然是化解危局的最後希望。

　　1793年7月至12月，法國革命進入了一個極為動盪的時期。新成立

的救國委員會面臨重重挑戰，幾乎被國民公會所摧毀。在這段動盪的時期，羅伯斯庇爾和他的同僚們孤立無援，卻仍勇敢地堅守信念，展現出政治家的應變能力，努力維護革命的成果。

7月13日，馬拉遭受暗殺，3天後，沙里埃在里昂被斬首，這些事件激發了民眾的怒火，吉倫特派成為報復的目標。聯邦主義者在西北部陷入困境，旺代起義者更是一舉擊敗了桑台爾的部隊。國民公會內部也存在分歧，令人備受煎熬。邊境局勢也日益嚴峻，一個個據點先後淪陷。

面對重重危機，救國委員會採取了一系列措施試圖遏制局勢的惡化。8月1日，恐怖統治正式展開，國民公會決定處死瑪麗－安東妮，同時對里昂採取強硬政策。反革命勢力在各地堅決反抗，恐慌和流言蜚語充斥其間。在這樣動盪的背景下，大衛舉辦了盛大的慶典，以慶祝革命的勝利。

儘管面臨重重阻礙，但救國委員會仍設法維持秩序，確保慶祝活動的順利進行。地方代表和熱情的百姓呼籲採取更加強硬的措施，國民公會也隨即在部分地區實施了相關政策。

在這段動盪不安的日子裡，羅伯斯庇爾和他的同僚們竭盡全力，以強大的意志和超凡的政治智慧，試圖在風暴中拯救這場革命。他們肩負重責，為了維護革命的成果，不懈奮鬥，力圖走出危機。革命的前夜正在來臨，這些人的命運將在接下來的日子裡逐步揭示。

危局中的救國之路

隨著革命的浪潮席捲而來，救國委員會在民眾的推動下掌控了國家的全部力量。他們從單純的徵兵構想中提煉出了有組織的全民動員，並接連

頒布了一系列管控措施，試圖穩定國家的經濟秩序。然而，危難並未就此釋然，反而演變成了一場錯綜複雜的政治鬥爭。

8月至9月期間，救國委員會先是頒布了禁止資金外流與商品出口的法令，同時確立糧倉補充制度，並對關鍵商品實施限價政策。康蓬趁機收回流通中的票據，並將國家債務全部轉為公債。但即便如此，財政赤字依然驚人，通貨膨脹的陰影揮之不去。

在此期間，各路派系勢力不斷挑動民眾情緒。草菅人命的極端行徑，加劇了社會動亂，更引發了土倫地區的叛亂。救國委員會不得不動用強硬手段，先後逮捕了嫌疑份子，查封銀行家和經紀人的財產，並組建革命軍隊進行鎮壓。法律的靈活性也被大幅提升，企圖藉此遏制革命力量的沖刷。

在經濟管控方面，救國委員會實施了更為激進的措施，包括統一糧食價格、限制海外商品進口等，力圖建立一個自給自足的經濟體系。但與此同時，他們又不得不放棄激進派的一些支持者，以換取其他力量的支持。

局勢的動盪並未有所緩和。在戰事方面，法軍屢遭挫敗，軍事實力大受打擊。這無疑給救國委員會的統治蒙上了陰影，也引發了國民公會內部的猛烈攻擊。危機四伏，未來之路依舊茫然。革命的狂飆中，救國委員會能否找到安身立命之道，最終重拾國家的穩定與繁榮，仍有待揭曉。

在國民公會的強勁支持下，杜里奧的發言獲得了熱烈歡迎，布里茲也被增選為救國委員會成員。然而，這一決定立即引發了羅伯斯庇爾的強烈反對。他在演說中向公會揭露了殘酷的真相：有十萬公民因叛國與不作為而遭到處決，再容忍叛國者只會導致革命的失敗。雖然震驚了在場的議員，但羅伯斯庇爾的鏗鏘有力的演講最終使救國委員會維持了其地位。

然而，權力的搖擺導致了新局勢的產生。為了鞏固地方政權，裸腿領袖建立了社群基層組織，逐步取代了熱血派。同時，龍森將軍有望效仿克倫威爾，發動軍事政變，這使救國委員會的長期前景蒙上了陰影。

　　在經濟方面，救國委員會的政策目標僅限於保障軍隊和公共事業的需求。即便國民公會最終放行了牲畜自由交易，物資管理的問題依舊存在。官員打擊黑市交易的力度也遭到了批評，供需失衡導致了商品短缺。百姓的不滿情緒隨時可能將政府推向危機。

　　另一方面，國民公會派遣的特遣代表在地方擁有廣泛權力，他們迅速而果斷地實施特殊措施，但也深受山嶽派思想的影響。這些代表與民間團體合作，維護革命秩序，卻也因個人偏好和道德標準的差異而引發爭議。

　　無論是權力的流動，還是經濟與地方管理的困境，法國大革命的最後時刻都充滿了不確定性。革命的新生與毀滅正在同時發生，未來究竟是何走向，全憑國民公會與救國委員會的抉擇。

革命政權的經濟管控與宗教政策

　　在法國大革命的動盪時期，救國委員會面臨著多重挑戰。一方面，政府機構紊亂、軍紀鬆弛，需要加強集權以恢復秩序；另一方面，如果過度壓製革命的活力和民眾自發性，也可能削弱革命的動力。

　　在經濟領域，救國委員會採取了強力的價格管控措施，頒布食品和薪酬的全國統一上限。這一舉措顯露了各地區在價格標準上的嚴重不均衡，引發了生產者、批發商和零售商的分歧。雖然價格上限一定程度緩解了通

脹壓力，但許多地區仍面臨嚴重糧食短缺。為應對這一困境，救國委員會不得不全面管控物資徵集和貿易，建立起前所未有的經濟統制權力。

在宗教政策上，救國委員會也經歷了反覆不定。剛開始，革命政權還能耐心容忍憲政派神甫，但在 1793 年 8 月 10 日一週年紀念上，卻蓬勃起了一場激烈的反宗教運動。國民公會頒布法律驅逐頑固派神甫，並頒行共和曆法，將宗教從日常生活中徹底剷除。這場由理性主義者發動的運動，代表著革命政權對宗教信仰的全面挑戰。

在艱難抉擇中，救國委員會不得不以強硬手段重建國家統治秩序，並且堅定地推動世俗化進程。這一方面彰顯了革命政權的意志和決心，另一方面也可能激化內部矛盾，危及革命的持久性。這一複雜的歷史進程，反映了大革命時期政治、經濟和文化領域的劇烈衝突。

革命階段的信仰危機

　　國民公會的主流派系選擇採納共和曆法，顯示了他們對基督教的明顯敵意。然而，對於化裝遊行等滑稽行為，他們卻顯示出了不悅，認為這在削弱宗教信念的過程中是一種政治上的失策。保守派如卡諾堅信宗教在防止社會動盪中不可或缺。羅伯斯庇爾質疑那些企圖瓦解基督信仰背後的無神論動機，認為無神論和破壞風俗的不道德行為是不可分割的。

　　在這樣的背景下，法布林與極端份子決裂，指控他們是「外國陰謀集團」的共犯，救國委員會因此嚴加監視外國流亡政治人物。國民公會內部也出現攻擊救國委員會的議員，指責其隨意逮捕和起訴議員。為了拯救革命，羅伯斯庇爾將革命方向轉向保守，與丹東聯手反對廢除基督教運動。

　　最終，國民公會確認信仰自由不受侵犯，但教堂依然閉門不開。救國委員會在政治戰場獲勝，但這是一場皮洛士式的勝利。當革命軍在戰場連連獲勝，革命政府還有何存在之必要？這成為救國委員會面臨的新挑戰。

革命陣營內部的紛爭與扭曲

　　革命勝利之後，法國各派政治力量的角力仍在持續。救國委員會雖然成功粉碎了溫和派的密謀，但在致力於消滅基督教的運動中，卻暴露了自身存在的裂痕和矛盾。

　　國民公會內部，支持救國委員會的成員與反對者並存。大多數人認

為，暴力鎮壓宗教信仰並不合適，應該以更為溫和的方式切斷神職人員與革命政權的聯繫。於是，公會宣佈允許神職人員進行私下宗教活動，但教堂依然一直處於關閉狀態。有些地方政府也隨之停止了對神職人員的薪資發放。這種矛盾的政策實施，導致破壞基督教的運動進展參差不齊，許多地區仍有教堂向公眾開放。

此外，破壞基督教的行動在平民百姓中引發了不滿和動盪，迫使當局不得不謹慎行事。這無疑也削弱了救國委員會的專政地位，使其在一定程度上陷入了被動。

溫和派雖然在政治上暫時被打敗，但仍企圖從內部拉攏羅伯斯庇爾，試圖削弱救國委員會的核心領導力量。革命陣營內部的分裂與角力，使得革命成果難以鞏固，反而滋生出新的矛盾。可以說，這是一場「皮洛士式的勝利」，雖然暫時壓制了異己，卻無法真正消除內部紛爭，反而為之後的動盪奠定了基礎。

革命軍接連戰勝，這揭示了一個令救國委員會頭痛的問題——既然有了強大的軍事力量，還需要革命政府的存在嗎？救國委員會意識到，必須充分利用當前的戰略機遇，迅速取得決定性勝利，才能鞏固革命的成果，並阻擋外敵趁虛而入。

波蘭的起義和反法同盟成員間的分裂，為救國委員會贏得了寶貴的時間。8月，反法同盟的軍隊開始四面楚歌，滿懷希望的救國委員會迅速採取行動。約克公爵全力佔領敦克爾克，科布林則開始對勒奎斯諾瓦發動猛攻。工程兵官員卡諾率領大軍守衛要塞，拒絕只為了打通比利時的通道而與科布林正面交鋒。相反，他先增援胡沙特的部隊，希望可以及時支援陷入危機的敦克爾克。

果然，胡沙特成功擊退了英軍的弗雷塔格，並在 9 月 8 日取得勝利。然而，在隨後與荷蘭軍隊的較量中，胡沙特卻不幸戰敗，最終遭到處決。這一遺憾的結局並沒有阻礙救國委員會的前進步伐。他們深知，只有在關鍵時刻果斷出擊，才能鞏固革命的成果，實現全面勝利。

法蘭西共和國的內戰艱難征程

　　法國革命至此進入了一個關鍵時期。王黨人的叛亂雖已被壓制，但代價卻是極為沉重。在里昂的反抗持續了數月之久，直至庫通調來的軍隊才最終將之平定。然而，這不僅耗費了大量軍力，也嚴重阻礙了共和軍對土倫的進攻行動。儘管最終土倫也在杜戈米埃的攻勢下倒下，但均付出了慘重的代價。

　　在旺代，天主教徒的反抗同樣頑強，雖則美因茲的增援讓他們最終陷入被動，但共和軍卻遲遲無法完全壓制住叛亂。克累貝在託爾富的失利更是雪上加霜，讓共和軍陷入重重困境。

　　直到10月17日，共和軍終於在旭雷重組，並成功擊潰了皇家主義者。但這場內戰無疑已使法國大地飽經創痛，傷亡慘重。革命之路可謂坎坷磨難，經歷了一次次艱難的考驗。

　　然而，即便如此，共和政權的決心絲毫未減。救國委員會咬牙堅持，誓要結束叛亂，鞏固共和制，為憲政秩序鋪平道路。儘管付出了慘重的代價，但革命救國的決心從未動搖。這段艱辛的內戰歷程，終將成為法蘭西共和國奠基的關鍵篇章。

　　拉羅什雅克林和斯托弗萊帶領約二至三萬人越過盧瓦爾河，在曼恩河附近與舒安黨人會合。10月25日，起義軍在恩特勞姆南部被追趕的共和國軍隊追上，隨後在11月13日和14日，起義軍對共和國軍隊造成了重大損失，從而使得它們得以在國民公會代表勒卡邦蒂埃的保護下安心前往格朗維爾。

然而，起義軍的勝利並未持久。他們在前進中遭到挫敗後，轉而向南，連續擊敗了試圖阻截它們的分散共和國軍隊。最終，他們抵達昂熱，在12月3日和4日再次敗北。此時，馬爾蘇取代了無套褲漢將領，領導著重組後的部隊及時趕到。

旺代起義軍雖然堅守通往勒芒的要道，但在一場激烈的街戰中遭遇致命打擊，殘部逃往薩維內附近，於23日被徹底消滅。然而，拉羅什雅克林和斯托弗萊再度渡過盧瓦爾河，而沙列特仍留在馬雷地區，甚至發動了對努瓦莫蒂埃的偷襲，但這一地區於1794年1月3日被哈克索收復。

即便如此，遊擊戰爭仍然持續不斷。共和國軍隊司令圖羅在旺代全境部署清剿部隊，按照8月1日的法令實施掃蕩行動。軍事特派團隊對眾多所謂的「土匪」進行了處決，特別是在昂熱，僅靠「清查委員會」的決定，就有超過兩千人被處以極刑，而無需經過任何審訊。即使是國民公會的代表，如弗朗卡斯台爾，其採取的手段亦極為殘忍。

這場血腥鎮壓無疑造成了大量無辜平民的死傷。但共和國軍隊卻以軍事手段殘酷鏟除了旺代起義的最後餘燼。這場慘烈的戰爭為法國的未來留下了沉重的陰影，直到今天仍難以銷聲匿跡。

革命漩渦中的權力角力

　　1793 年 12 月至 1794 年 5 月，法國大革命經歷了一個關鍵的轉折期。救國委員會面臨內外壓力，試圖穩定局勢，做出了一系列複雜而殘酷的決策。

　　儘管救國委員會駁回了對基督教信仰的攻擊計劃，以安撫激進份子，但這一舉措卻引發了極端派的震驚和反彈。與此同時，救國委員會內部也出現了激烈的派系鬥爭。

　　領導寬容派的丹東，主張減少流血，倡導寬容政策，獲得了一些支持。然而，保守派和激進派都對他構成威脅，更別提來自貪腐份子的挑戰。緊急情況下，救國委員會被迫採取強硬措施，對貪腐份子進行清洗，並試圖恢復內部團結。

　　隨著經濟狀況的惡化，民眾陷入生活困境，激進派又一次升溫。為了維持統治，救國委員會不得不在不同訴求之間尋求平衡，展現了革命中的複雜與殘酷。

　　最終，在羅伯斯庇爾的主導下，救國委員會採取了一系列措施，包括頒布新的限價政策、反囤積法，並大量撥款救濟。這些舉措暫時緩解了危機，但革命的動盪並未平息。

　　這段歷史折射出革命的廣度和力量，展現了不同政治力量在革命中的角力與博弈。它不僅見證了革命的曲折與殘酷，也反映了統治者面臨的重重困境與抉擇。

新的出路：革命運動的下一步

　　自從法布林、沙博等「墮落者」被起訴之後，法國政治局勢陷入了動盪。為了鞏固革命成果，救國委員會決定擴充委員陣容，納入丹東、德拉克魯瓦等人。此舉得到了公安委員會的大力支持，顯示出對革命左翼勢力的打壓。

　　在這一波政治風暴中，羅伯斯庇爾與聖茹斯特聯手，成功制服了溫和派人物。包括愛斯帕涅教士、威斯台爾曼等人相繼被指控涉入「外國陰謀」，丹東等人也在芽月十六日（4月5日）遭到處決。這場運動成為革命歷程中的重要轉折點，代表著埃貝爾派勢力的敗落，革命運動也步入了衰落階段。

　　與此同時，革命政府採取了一系列的先發制人措施。革命軍於芽月七日（3月27日）正式解散，臨時政府也隨之遭到解散，連同州級、市級政府、公社議會和警察機關的人事清洗，忠誠份子被紛紛擢升。麵包和肉品供應的管控交由物資調配委員會，而科特利埃俱樂部的影響力也迅速下降。

　　革命運動至此已經走到了十字路口。一方面，政府成功鞏固了自己的統治地位，消除了潛在的威脅；另一方面，這場運動也失去了最初的活力和理想。在這種情況下，革命的未來前景究竟如何？是走向穩定，還是面臨進一步動盪？這個問題正是當前法國政局面臨的關鍵挑戰。

民意淪陷下的革命政權

在法國大革命的動盪過程中，革命政權面臨著前所未有的挑戰。巴黎的部分民間領袖不幸遭到逮捕和處決，使得來自底層民眾的力量大受打擊。在布林，代表國民公會的阿爾位元調離薩瓦後，許多民間領袖也遭到監禁。在里昂，富歇對民間組織和市政府進行了一系列清洗。在奧爾良，救國委員會的特派員德馬約將被認定為「恐怖份子」的人士押解至巴黎。這一連串的鎮壓，令那些無套褲漢再也無法對救國委員會構成威脅，政府的權威得以暫時重建。

然而，這些暴力鎮壓手段並未真正贏得民心。儘管羅伯斯庇爾及其同僚表面上仍希望與普通百姓保持聯繫，但在忿激派被剷除之後，杜歇老爹和科特利埃的追隨者成為無套褲漢中不可爭議的領袖。那些倖存下來的人，無法釋懷救國委員會對他們朋友的殘酷殺戮，逐漸開始質疑革命專政的正當性。當那些被視為「愛國者」的人反而遭到攻擊時，民眾的失望和厭倦情緒日益增長。

與此同時，救國委員會的經濟政策也暴露出其真面目——完全為支持戰爭需求，完全無視平民百姓的實際生活需求。人民能否真心擁護山嶽派，也變得令人懷疑。事實上，救國委員會實質上已被國民公會所操控，不得不在強大的議會壓力下妥協，將吉倫特派成員和丹東移交。然而，這一舉措並未如救國委員會所預期的，在國民公會中贏得多數支持。反而，國民公會內部出現許多空缺，引發了議員們的恐慌和反抗的苗頭。

救國委員會過去一直倚仗自身在議會和無套褲漢之間的調解地位而維持強勢。然而，一旦與無套褲漢徹底決裂，議會也就獲得了自由行動的空

間。內部分裂，勢必導致救國委員會的最終覆滅。革命政權面臨民意淪陷的危機，其前景令人堪憂。

中央集權與地方鎮壓下的革命政府

　　在共和二年春夏之際，法國革命政府展現了前所未有的政治穩定。得益於公共安全委員會的強大權威，革命政權得以專注於戰時統治體系的建立。

　　面對嚴峻的國內外形勢，這個政府主張建立一套特殊的政治架構。緊急措施一個接一個地通過，以強化政府的控制能力。拿破崙等人呼籲建立一個「穩定的革命政府」，賦予其強大又集中的權力，以應對當前的「偉大戰役」。議會的作用日漸弱化，行政機構受到救國委員會的嚴密監督，任何反抗都將受到鎮壓。

　　政府的運作秉持著保衛「愛國者」、懲治「共和國之敵」的宗旨。法律依據是 1793 年《恐怖法》，賦予革命政府絕對的合法性。雖然在理論上保留了民主元素，但實際上中央集權已成其主調。國民公會沉寂，各社團紛紛解散，只有雅各賓俱樂部存續。地方層面的革命委員會和民眾團體亦被邊緣化，只能協助而不得有異議。

　　因此，從芽月起革命政府的架構逐漸簡化，行政重心下移到縣鎮一級，但與中央維持直接聯繫。公共安全委員會和救國委員會成為真正的核心權力，前者主導革命安全事務，後者掌握行政、軍事乃至外交大權。在暫時性質的革命政府中，強力的中央集權取代了原有的民主程序，以滿足戰時統治的需要。

偉大革命的迷思

救國委員會的努力最終贏得了無套褲士紳的堅定支持。雖然革命的理念看似無懈可擊，但在現實中卻存在缺陷，領導層的行動未能完全同步。救國委員會的成員們主要關注戰事，並對那些在愛國熱情驅使下選擇順從的人士，即便是昔日的貴族，也欣然接受。因此，無論是富裕階層、商界人士還是金融家，只要他們表現出順從和忠誠，救國委員會都會賦予他們重要職務。這一策略在一定程度上避免了第三等級內部的潛在衝突。

對於革命政府而言，「非我們反對者，即是我們支持者」的趨勢極為明顯，以至於人們幾乎會誤以為它僅是一個普通的國防政府。然而，革命政府的職能遠不止於國防。如果僅僅是國防政府，那麼在芽月之後，人們期待看到的基督信仰撤銷運動的終止和恐怖統治的緩解，實際上的情況卻大相逕庭。這場衝突不僅涉及民族的對峙，更蘊含著階級的較量。第三等級不僅致力於捍衛國土，也延續自 1789 年起對貴族的反抗。在這一過程中，它目睹了自身階級內部有人轉而支持敵方，這讓無套褲漢更加堅決地清除那些敵對階級及背叛者。

對於「貴族陰謀」的驚恐、由此引發的自我防衛決心，以及對恐怖壓制的本能反應，始終如一地存在。因此，埃貝爾的理念未被根除，所有無套褲漢心中充斥著這一理念；甚至在國民公會及其轄下的委員會中，這種理念也在播撒分裂之種。從經濟與社會的視角來看，戰爭僅是促成專政統治的眾多原因之一。無套褲之人追求價格管制，其目的並非全然為了國防或革命的益處，而是更多地追求個人利益，即使這意味著讓資產階級承擔

重大損失也毫不猶豫。這最終讓山嶽派的領導人感到失望和懸而未決的困境。

在法國革命的動盪時期，共和二年的軍隊成為了革命團結的代表。山嶽派的追隨者們在軍隊中願意為了實現共和理想而獻出一切，任何對革命有絲毫忠心的人，都必須無條件地認同他們的行為是正確的。

在救國委員會的領導下，組建新的共和軍成為當務之急。卡諾和科多爾等工程兵官員承擔了組織與指揮的重任，在陸軍部長布碩特的支援下，全力以赴。普里厄負責武器裝備，而補給與馬匹的相關事宜則由蘭代提供協助；卡諾則以總指揮的角色，統籌整個軍事作戰。

通過廣泛的徵兵行動，法國的軍力膨脹至超過一百萬人。但這支龐大的軍隊來源五花八門，既有從軍老練的資深戰士，也有剛剛加入的義勇兵與新徵召的新兵，形成了所謂的「雜亂無章的白軍」與「脆弱不堪的藍軍」。國民公會不得不採取混合編制的策略，以整合這支缺乏紀律和戰鬥力的軍隊。

1793年夏天，法軍面臨嚴峻考驗。拉法葉與杜穆里埃的背叛，使救國委員會對高級指揮層充滿戒心。為了確保軍隊忠誠，國民公會特派代表不僅監督軍事指揮，還直接參與旺代戰役的決策。儘管這樣的監督並非完美，但在指揮官的忠誠未能確定之前，委員會堅持保留這種做法。

隨著時間的推移，對共和軍將領的信任逐漸增強。1794年，卡諾明確指出，即便戰敗，只要將領盡了全力，也應被視為無罪。共和軍正式告別了動盪時期，走向穩定與發展的道路。革命的理想與犧牲精神，終於在血火中煉就了一支忠誠堅定、戰力強大的新軍。

救國委員會：法國革命軍的戰爭與重生

　　在 1793 至 1794 年間的法國革命最為關鍵的時期，法軍面臨著嚴峻的內憂外患。救國委員會肩負起保衛共和國的使命，在這關鍵時刻發揮了舉足輕重的作用。

　　作為革命政府的核心機構，救國委員會面臨著巨大的挑戰。他們必須確保能夠供應巨大軍隊所需的各種物資，從糧食、軍服到武器裝備一應俱全。然而，兵工廠多集中在靠近敵軍的邊境地區，戰略物資的供給成為了一大問題。海上封鎖更是斷絕了法國對外貿易，切斷了許多關鍵物資的來源。

　　在此嚴峻局勢下，救國委員會果斷實行了全國經濟統一制。他們大規模動員人力，實行了徵兵計劃，儘管過程並不順利。同時，他們也極力發展國內工業，尋找新的資源。重要的工業領袖和科學家們都參與其中，致力於提高軍事物資的生產能力。

　　不僅如此，革命軍隊本身也經歷了一場巨變。軍隊擺脫了過去僵化的狀態，充滿了熱烈的共和主義精神。新的戰術策略不斷出現，擅長利用地勢、機動作戰，以少勝多，在戰場上展現出勝利的氣勢。即便海軍仍然面臨著紀律問題，但只要有救國委員會的鐵腕領導，法國軍隊在 1794 年重現昔日鋒芒。

　　這一切都得益於救國委員會的英明決策和不懈努力。在內憂外患的艱難時刻，他們團結全國各方力量，令法國軍隊煥發出耀眼的革命光芒，成功扭轉了局勢，為法國走向勝利奠定了基礎。革命政府的戰爭與重生，彰顯了共和主義精神的力量。

儘管救國委員會在革命時期採取了一系列強力措施，試圖對法國的軍事和經濟生產進行全面管控，但成效仍然十分有限。這主要源於當時法國工業基礎薄弱、技術水平落後，以及運輸、人力等諸多結構性問題。

救國委員會在生產、運輸和外貿等領域都面臨著重重困境。以步槍製造為例，原本每日生產目標為 1000 支，實際卻只能勉強達到 600 — 700 支，其中還包含大量維修的舊武器。春季戰事期間，彈藥供應更是雪上加霜，因為救國委員會缺乏有效的生產統計和管控，只能依靠粗糙的調查和報表進行粗略估算。

運輸問題更是突出，國內幾乎缺乏通暢的運河系統，陸上交通更是面臨嚴重問題。救國委員會不得不大量徵用船隻和車輛，並成立專門的國家運輸管理機構。即便如此，物資和糧食的調配仍然困難重重。

在外貿領域，救國委員會嘗試控制外貿活動，並與熱那亞、瑞士等國簽訂大額採購合約，但最終僅能緩解一時，並未從根本上解決外匯短缺的問題。

救國委員會的各項舉措，無疑暫時緩解了經濟危機，但從根本上來說，這些都只是治標不治本的措施。革命時期法國的工業基礎薄弱、勞動力缺乏培訓、運輸條件惡劣等深層次問題，仍待進一步解決。只有從根本上改善這些結構性障礙，法國革命才能取得真正的經濟和軍事勝利。

革命下的糧食供給管理

　　在動盪的革命時期，政府試圖透過嚴密的管控措施來維持糧食供給。中央政府將糧食供應交由地方縣政府和城鎮當局負責，但這種安排實際上使得中央集權形同虛設。不同地區的糧食危機發展各有不同，有的地區市場供應能撐至夏末，富裕家庭仍能自製麵包；而大城市和南部則面臨更嚴峻的糧荒，市政府必須透過強制配給來管控糧食分配。

　　地方政府在這一經濟管制過程中扮演了關鍵角色。他們負責徵集糧食並供應市場，監管磨坊和烘焙作坊，有時還要實行配給制。城鎮當局的這一舉措使得麵包師傅實質上成為了政府的僱員。與此同時，農村生產者也不得不採取各種手段來保護自己的糧食，政府則採取搜查、管控和逮捕等方式予以應對，使得許多鄉村陷入恐怖統治之中。

　　政府試圖通過限價措施來控制物價，但在大多數商品上收效甚微。對於一些重要商品，政府則採取了強制徵購和徵用的方式。救國委員會雖然最初提供了一些援助，但後來很快撤銷了政策，地方政府的徵購措施也被禁止。政府顯得無能為力，商家紛紛轉入祕密的黑市交易，農產品黑市交易迅速增長。

　　軍隊雖然在糧食供應方面也勉強應付，但生活條件仍然優於民眾。救國委員會對民用物資供應的無能也凸顯了政府的無奈。地方政府的努力雖然值得肯定，但受限於必須兼顧手工業者和農場主的利益，在推行定價政策時顯得猶豫不決。這一困境反映了當時社會矛盾和挑戰的複雜性。

　　在法國大革命的動盪年代，工人階層經歷了喜怒哀樂。一方面，政府

推行的價格管制和薪資政策，為工人帶來了一定程度的福祉；另一方面，這些政策的失敗和不公，又引發了工人的不滿與抗爭。

對於工人來說，價格管制無疑是一種福音。自 1790 年起，工人的薪資增加了 50％，而物價僅升高了 33％，使他們的生活得到了一定的改善。然而，價格管制政策並未得到堅決執行。在戰時勞動力緊缺的情況下，工人們抓住了爭取更高薪資的機會。不同地區薪資上限的不一致，更加激發了工人的鬥爭意識。為了控制局勢，救國委員會不惜採取嚴厲措施，像是在巴黎堅決抵制罷工，並威脅將拒絕復工的人送交革命法庭。即便如此，工人的抗爭行為仍未完全被制止，僱主們往往不得不作出一些讓步。

儘管革命政府為工人階層提供了就業和救助，保護他們免於極端貧困，但經濟自由的恢復必然會再次傷害他們。工人感到深深的不公：為什麼商人可以破壞價格管制而逍遙法外，而工人卻要接受薪資限制？從社會政策的角度看，價格管制被視為維護生存的法律武器，但它也制約了資本主義的發展。對此，救國委員會必須提出新的策略，以爭取工人階層的支持。

然而，面對價格管制政策的失敗，工人階層最終還是感到失望。雖然國民公會出台了一系列法律，試圖實現遺產公平分配和減貧，但這些政策並未真正造福大多數農民。共產主義在理論上提出了生產集中化，但在實踐中卻超出了資本主義尚未發展完全的工業化水平。工人階層與雅各賓派僅是一種「人民聯盟」，財務穩健的其他階層才是主導力量。革命中的工人階層，經歷了鬥爭、妥協，最終仍未從中獲得應有的利益和尊重，遺憾的是他們的失望情緒難以平復。

新的神意：
大革命中羅伯斯庇爾的宗教路徑

在法國大革命動盪不安的時期，國民公會議員們並未過多地擔憂未來。對他們來說，隨著資本主義的發展和人口的增長，把所有無產階級轉變為自給自足的生產者看似一場不切實際的夢想。他們普遍認為，只有大型農場才能提供城市所需的充足糧食，因此資產階級的注意力集中在廣大的土地上。

雖然救國委員會早已下令地方政府出售國有財產，但許多地區仍未遵守。貧困的農民們呼籲無償取得土地，或至少能以他們能負擔的分期付款方式獲得。但擁有購買能力的大農場主對此毫不在意。國民公會內部也有同情貧農的聲音，如羅伯斯庇爾派提出應該給予貧困百姓一定的滿足。然而，這些提議缺乏具體的土地分配方案。

在城市中，羅伯斯庇爾派一方面放寬了價格管制，卻未能為無產者提供任何生活保障。工人也無法自由組織工會或罷工。與此同時，國家積極開展了濟貧和教育改革，為社會保障制度奠定基礎。但由於經濟形勢日益惡化，糧食危機難解，未來前景仍然不明朗。

作為山嶽派的領袖，羅伯斯庇爾試圖通過推廣新的公民宗教理念來贏得民心。他以至高無上的神權、不朽之魂和來世修行為核心，在五月七日確立了公民節。儘管遭受百科全書派的質疑，他依然堅持推行這一宗教教義。在六月八日的天主節慶上，羅伯斯庇爾以新宗教教宗的形象出現，代表著基督教信仰的廢棄運動即將完成。

在動盪的大革命年代，羅伯斯庇爾試圖通過建立新的公民宗教，重塑社會秩序和集體意識，但這一嘗試最終如何收場，仍是一個值得探討的歷史議題。

在大革命動盪的時期，恐怖的統治手段無疑發揮了重大作用。革命政府為了維護新秩序，不惜採取殘酷的鎮壓措施，將廣泛的人群視為潛在的威脅。

不僅那些確實有反革命傾向的人遭到打擊，就連一些原本無可指責的普通民眾，也因為其思想立場或行為被認定為「嫌疑人」而飽受牽連。當經濟危機和社會動盪席捲而來時，一些看似無害的行為，如隱藏財產、規避價格管制等，也有可能被視為「人民的敵人」。即便這些人並未實際參與任何反革命活動，也可能因此而被送上斷頭台。

另一方面，對基督教信仰的打擊，更是推動恐怖統治不可或缺的一環。從前的修道士、神職人員，乃至虔誠的信徒，統統被視為潛在的危險份子。這場針對宗教的政治清洗，進一步增添了恐怖氣氛，導致許多無辜者遭受牽連。

革命政府為了維護新秩序，不擇手段地鎮壓一切可能的反抗力量。但是，這種無差別的打擊手段，不僅造成許多無辜者的犧牲，也引發了越來越多人的震驚和憤怒。在追求理想的路上，政府犯下了嚴重的錯誤，導致更多民眾成為了無辜的犧牲品。

恐怖統治下的陰晴不定

　　恐怖統治時期，施行者擁有較大的自由空間去操縱其程度。懲處百姓時，常常會摻雜了個人恩怨的成分，導致懲罰力度無端加劇或者引發原本已平息的問題再次燃起。另一方面，寬容、友善及大度的態度也能讓鎮壓行動變得溫和。

　　施行恐怖統治與外部環境息息相關。1793年8月的搜捕行動與大規模徵兵同步進行；秋季的大規模逮捕則發生在恐怖統治剛開始的時期；戰事一啟動，隨之而來的就是大量逮捕。統計數據顯示，在所有死刑判決中，內戰地區佔了71%，而巴黎只佔15%。可見恐怖統治不僅是對「貴族陰謀」的懲處，也是一種自我防衛的必要手段。

　　然而，恐怖統治的本質始終維持不變，直至革命勝利之時。儘管法國民眾渴望革命，拒絕外來干預，但他們的公民意識還未足以克服自私自利和對紀律的全面服從。恐怖統治運用了強制的策略，有效促進了國民培養統一對外的行為模式，並鼓舞了團結對抗的精神。山嶽派顯然認同對無套褲漢的懲罰決策，但從更廣泛的角度來看，恐怖統治終究只是治理國家的一種策略，目的在於迫使所有人民，包括無套褲漢在內，服從於此一政府之下。

　　隨著救國委員會的獨裁統治日益鞏固，恐怖統治也逐漸轉而咬嚙其建立者，成為保護少數統治者政權的手段。恐怖統治的實施並非一蹴而就，而是在時局的交錯影響下，呈現出不同的天昏地暗。

　　在革命的第三階段，恐怖統治進一步加劇。公安委員會加強了對囚犯的指控程序，救國委員會則派遣調查員直接介入現場調查。這顯示了恐怖

統治的本質仍未改變，儘管手段有所轉變。

一連串特殊措施的實施加速了革命政府的分裂。受戰事影響，聖茹斯特和勒巴斯被迫親自前往諾爾州主持軍事行動。同時，梅尼埃無法將囚犯運往巴黎，救國委員會遂在普羅旺斯成立了奧倫吉人民法庭。公安委員會和救國委員會之間的權力爭奪加劇了內部分裂。

在這種局勢下，恐怖主義作為統治手段有被濫用的危險。頂層領導人應從歷史吸取教訓，確保大眾順從，而非將其推向絕望。有跡象表明，救國委員會內部已有人意識到這一點。

隨著暗殺威脅加劇，恐怖統治的氛圍不斷升溫。對「貴族陰謀」的概念被過度運用，正當司法程序形同虛設。各不相關的案件被混合審判，被告多是以「陰謀反對法國人民」的罪名定罪。此外，針對英國和漢諾威軍隊的無差別殺戮，反映出國民公會的極端敵意。

在此背景下，聖茹斯特提出了著名的「大恐怖法案」。該法案徹底摧毀了被告的法律保障，引發救國委員會內部的分歧。有人指出，恐怖統治並非加強革命的必要手段，而應專注於消除那些支持暴君的人。這種觀點反映出救國委員會陷入了鎮壓狂熱。整個革命政府正面臨著內部分裂和瓦解的危機。

民族主義興起下的大恐怖時期

　　大革命時期的「大恐怖」局面正如火如荼地展開。自牧月二十二日起，五十三名被控策畫刺殺及參與巴茲密謀的罪犯陸續遭到合法處決，引發了極大的恐慌。監獄環境惡劣，爆發動亂事件時有發生，不禁令人擔心反革命陰謀的蔓延。隨著八千名嫌疑犯的收押，恐懼情緒達到了高峰。為確保秩序，救國委員會根據報告批准了一系列極刑執行行動，從穫月十九日（7月7日）至霧月八日（7月26日），共計7批來自不同監獄的罪犯被送上了斷頭台。恐怖的景象令人髮指，囚犯們在眾目睽睽之下被殘忍處決。

　　然而，就在恐怖達到頂峰之際，革命軍隊在戰場上卻取得了決定性勝利。對貴族陰謀的恐慌逐漸消散，民眾的懲罰意志也開始軟化。救國委員會雖未能充分利用國際形勢，但仍設法贏得中立國家的支持，並與之恢復了商貿往來，革命性宣傳活動也告一段落。

　　在強烈的民族主義情緒催生下，中止宣傳活動並非出於謹慎，而是源於那些「被奴役國家」民眾的冷漠態度和外國的密謀策略。人們對於撤銷1786年條約、切斷與英國貿易關係感到由衷喜悅。救國委員會迅速把握住這一心態，賦予了戰爭以「民族」或「人民」的特質。大恐怖的驚濤駭浪在民族主義的洪流中漸漸退去，革命邁向了新的階段。

　　法國革命政府在力圖維護國家利益的同時，也不時流於暴力與掠奪。在曠日持久的戰爭中，他們對待敵國民眾的態度愈發強硬，以激發民族情緒來維繫革命政權的統治地位。

巴雷爾等人不斷貶低敵國，煽動民眾反抗，羅伯斯庇爾更是公開宣稱對英國人「並無好感」。革命政府認為，既然敵國民眾不反對自己的政府，那便可以如同對待敵國政府一般，對待敵國民眾。1793年9月，救國委員會下令沒收佔領區域內的所有財產，並將剩餘物資運往法國。在寒冬的帕拉丁地區，軍隊進行了殘酷的搜掠行動。

　　更令人不安的是，革命政府在5月13日成立了專門機構，於7月18日開始大規模向被佔領國家運送物資，進行無差別的掠奪。在西班牙庇里牛斯地區，所有無法利用的金屬熔爐均被摧毀。這些措施為熱月黨人後來的吞併政策鋪平了道路，延長了歐洲的衝突。

　　革命政府初期的目標還是維護國家利益，但隨著戰事拖延，軍事疲憊和民眾厭戰情緒日增。羅伯斯庇爾曾經預言，若戰鬥拖延過久，「人民將會感到疲倦」。救國委員會也擔心軍事獨裁的出現，不再有繼續戰鬥的意願。正如卡諾所言：「我們必須在今年結束戰爭，否則將因飢餓和疲憊而死。」

　　最後，革命軍雖然在戰場上集結兵力企圖擊潰敵軍，但仍然未能取得決定性勝利。這些殘酷的擴張行為，不僅未能實現革命的初衷，反而加劇了法國與歐洲諸國的對抗，埋下了日後的禍患。

英雄無敵：戰史重塑

　　在激烈的戰爭歲月中，法軍將領一次次突破重圍，以僅有的力量和智謀，戰勝了強大的敵人。儘管面臨艱難的處境，他們不畏艱難，堅持向

前，最終在戰場上展現了驚人的戰績。

羅伯斯庇爾兄弟與卡諾不甘示弱，反對波拿巴的計劃，並堅持增援杜戈米埃部隊，這一決定最終拯救了法軍在東方戰線的局勢。即便杜戈米埃戰死，佩裡貢亦接任指揮，圍攻並佔領羅扎斯，展現了法軍不變的戰鬥意志。

在西方戰線，庇什格律緊跟英國和漢諾威軍隊，與茹爾丹部隊實現了完美的協作配合。兩軍於 7 月 27 日同步進駐列日和安特衛普，隨後又在 9 月沿著萊茵河推進，擊敗了博裡厄，抵達了萊茵河畔。這一系列戰役充分展現了法軍的機動能力和協同作戰的精湛技藝。

在海上，雖然英國海軍主宰了地中海，但法國艦隊仍能出海作戰。當一支裝載糧食的船隊從美國啟航時，法國艦隊果敢地迎擊了敵軍，雖然遭受了慘重損失，但最終成功護送船隊安全抵達。這一戰役再次彰顯了法國海軍的頑強意志和勇氣。

在這場激烈的戰爭中，儘管面臨艱難的局勢，法國將領始終保持了必勝的信心，以其卓越的戰略和戰術，一次次地粉碎了敵人的進攻，最終取得了勝利。他們的英雄事跡必將成為民族歷史的不朽篇章。

革命的陰晴禍福

　　在 18 世紀末的殖民地爭奪戰中，英國成功奪取了法國在印度的貿易據點及聖皮埃爾與密克隆群島，但對塞內加爾和馬斯克林群島並未進行干預。雙方的主要角力集中在安地列斯群島。1791 年 9 月 24 日，制憲議會解散前夕，確認將有色人種地位問題交由殖民地議會處理，並未對廢除奴隸製表示反對。然而，派遣的代表既無法恢復秩序，也無法說服叛亂的黑奴。吉倫特派在 1792 年 3 月 28 日認可了有色人種及自由黑人的公民資格，並重新派遣了特使松都納克斯等人。但當特使抵達海地時，8 月 10 日事件的消息已使白人轉向反革命立場。立法議會代表依賴混血人，而如埃斯帕佩斯與加爾博等將軍則傾向反對派。內戰導致太子港與法蘭西角遭受破壞。英國與當地殖民領袖串通，開始佔領港口，松都納克斯勉強答應給予協助驅逐外國軍隊的黑人自由。

　　緊接著，國民公會於 1794 年 2 月 4 日無預警廢除奴隸制，該法令在瓜地洛普等地未能實施，但在聖多明各達到預期效果。在法國大陸，革命政權面臨著內部的重大挑戰。大部分國民對革命持反對態度，這不僅包括自 1789 年起便反對第三等級的群體，還有那些出於個人利益、偏好、對君主的眷戀或對教會的忠誠而逐步轉向反革命立場的人。即便是那些原本堅定支持革命的人士，也因渴望工商業的自由發展及追求利益的自由而對國內的混亂狀態感到疲倦，並期盼和平的到來。

　　在革命的陰晴禍福之中，法國殖民地與本土政局均陷入艱難的境地。各方勢力的角逐和衝突，導致了內戰和外患的交織，給殖民地及其子民帶

來了巨大的苦難。法國的未來究竟會朝哪個方向發展，仍是一個未知數。

革命的窒礙與重新洗牌

　　在這場激烈的法國大革命中，各派系之間的矛盾和權力鬥爭從未停歇。從工廠到議會，從軍事到意識形態，每一個角落都蘊含著革命的危機與轉機。

　　當國民公會努力終止對經濟的控制，恢復資產階級的地位時，山嶽派則試圖利用民眾壓力牽制議會。矛盾不斷升級，羅伯斯庇爾和聖茹斯特努力維護革命的成果，卻遭到公安委員會和救國委員會內部的重重反對。在個人恩怨與極端個人主義的推動下，派系之間的鬥爭愈演愈烈。

　　最終，塔里安和富歇發動了熱月九日政變，重塑了革命的權力格局。這一事件不僅代表著革命內部的裂痕，也預示著革命的再次轉折。

　　雖然革命的進程蕩氣迴腸，但其所觸發的社會巨變卻影響至今。革命的窒礙與反轉，反過來凸顯了人民百姓在推動歷史進程中的中流砥柱作用。每次危機都是機遇，革命的曲折發展也在不停地重塑著國家和社會。

　　羅伯斯庇爾在法國大革命中扮演了關鍵角色，但最終卻以失敗告終。在公開場合，他常顯得冷淡，鮮少流露笑容。圍繞著革命的方向和政策，他不斷與他人爭執。當一位自稱「上帝之母」的年長女性卡特琳娜·苔奧出現時，瓦蒂埃毫不客氣地嘲諷了這位最高統治者及其先知。

　　面對這些矛盾和分歧，羅伯斯庇爾採取了越加沉默寡言的態度。他逐漸退出了救國委員會的會議，給予敵人宣傳和協調的機會。在熱月八日，

他呼籲「政府的統一」，試圖揭露反對者，但卻拒絕透露具體姓名，顯得軟弱無力。平原派開始不再服從，反對派趁機制定了應對策略。

事態在熱月九日中午進一步惡化。國民公會阻止了羅伯斯庇爾和聖茹斯特的發言，並下令逮捕革命法庭的人員。丹東派隨後提議起訴羅伯斯庇爾一派，此提議獲得了支持。到了下午三時，事態已經失控。公社準備叛亂，但缺乏有力領導。最終，國民公會武裝力量進入市政廳，逮捕了所有人。

在整個事件中，羅伯斯庇爾顯得無能為力。他無法匯聚力量，也未能有效領導和團結各方。這一軟弱的表現導致了他的失敗。熱月之變成為羅伯斯庇爾政治生涯的終結，也預示了法國大革命的分水嶺。這段歷史深刻地反映了革命的複雜性和諸多不確定因素，警示未來的政治家需要更多智慧和勇氣。

熱月九日：羅伯斯庇爾的失敗

經歷了 2 年多的革命洗禮，法國陷入了一片動盪之中。作為革命政權的最高領導人，羅伯斯庇爾雖然曾經掌握著至高無上的權力，但最後卻也難逃命運的捉弄。

在公開場合，這位極端虛心自持的革命家總是不苟言笑，即便在面對激烈的政治爭論時也從不流露出絲毫感情。當一名自稱為「上帝之母」的女子卡特琳娜・苔奧出現時，羅伯斯庇爾的手下瓦蒂埃公然嘲諷她，這引發了一場又一場的衝突。儘管羅伯斯庇爾反對訴訟，但也最終在這場政治博弈中獲得了勝利。然而，他卻因此退出了救國委員會的會議，整個穫月

一直保持沉默，為反對派提供了可乘之機。

到了熱月八日，當羅伯斯庇爾呼籲「政府的統一」時，他揭露有人反對自己，並要求議會將他的講話分發至各市鎮當局。然而，令人意外的是，他卻拒絕透露對手的姓名，這一軟弱的表現注定了他的失敗。平原派開始不再服從，反對派便趁機制定了應對策略。

在熱月九日中午，國民公會開會，阻止了聖茹斯特和羅伯斯庇爾的發言，剝奪了昂里奧的國民衛隊司令職務，並命令逮捕革命法庭的迪馬庭長。隨後，匿名的丹東派人士提議起訴羅伯斯庇爾兄弟、聖茹斯特和庫通，此提議得到支持。到了下午三時，事件全過程結束。公社準備挑戰現狀，昂里奧試圖釋放同伴卻落入敵手。傍晚七時，約三千名民眾攜帶三十餘門大炮集結於格雷夫廣場，但卻缺乏領導。

國民公會隨即宣佈嚴懲囚犯和叛亂者。雅各賓俱樂部陷入恐慌，無法作出決定。雖然成功救出被捕議員，但無人願意領導叛亂。凌晨一時，廣場已空。國民公會武裝力量到達，勒巴斯自盡，羅伯斯庇爾自傷。國民公會部隊未經戰鬥進入市政廳，逮捕所有人。隨後，巴黎開始對公社和雅各賓俱樂部支持者的大規模搜捕。

就這樣，一個曾經掌控革命大權的強人，最終也難逃沉淪的命運。面對權力的傾覆，即使是極端虛心自持的羅伯斯庇爾，也無法挽回自己的失敗。法國革命的歷程再次昭示，權力的爭奪和政治鬥爭，往往是一場無法預料的殘酷遊戲

在熱月政變的血腥收場後，法國革命進入了一個嶄新的階段。羅伯斯庇爾等 18 名領導人被斷頭，象徵著一個時代的落幕。接下來的數天，又有數十名囚犯相繼遭到處決，成為了革命期間最大規模的屠殺行動。

此番事件震驚了當時法國各地的人士，他們難以相信羅伯斯庇爾竟然也成為了革命的「背叛者」。但大多數民眾卻認為這對革命政府來說是一個致命打擊，因此感到欣慰。熱月政變的背後，正是熱月派以驅逐雅各賓派之名，試圖摧毀革命政府的基石。他們高舉反對「血腥暴徒」的旗幟，在所謂的「白色恐怖」下實施了經濟管制的解除和社會民主的消弭，從而鞏固了資本階級的統治地位。

然而，隨著經濟管制的消失，共和國的財政卻陷入了崩潰的境地，無法持續戰鬥到最終和平的實現。為了避免再度淪入陷阱，國民公會迅速收歸了行政權力，並對曾主導恐怖統治的人士進行了清洗。此外，權力的碎片化也導致了國家陷入了一種無政府的混亂。輿論開始強烈抨擊恐怖主義的暴力手段，革命法庭被迫緩慢釋放了大量被告。連同監視委員會的職權大幅縮減，革命政府的穩定、集中和強制的特性已然消失殆盡。

在這場血腥的革命終章中，法國經歷了一場深刻的變革，但代價卻是以無數生命為代價。隨著熱月政變的推進，革命理想與現實之間的鴻溝愈加明顯，國家陷入了新的混亂與不安。保守勢力乘機對雅各賓派和無產階級展開了報復，平原派也不願激進地懲治有罪者，革命的未來顯得更加不確定……。

法國革命後的經濟與社會陰霾

在法國大革命後的動盪時期，國民公會雖然擺脫了恐怖統治的陰影，但隨之而來的卻是經濟上的巨大挑戰。國內經濟陷入混亂，物價飆升，貨

幣貶值，令社會各階層的生活陷入困境。

　　國民公會迅速採取了一系列自由化措施，如取消價格上限、改革實物徵用政策、開放對外貿易和外匯交易等，希望能夠紓緩經濟困境。然而，這些政策反而加劇了通貨膨脹和市場混亂。物價飆升遠超薪資上漲的速度，導致市場萎縮，許多企業被迫停工。為了保障市場供應，政府實行了徵購制度，但卻引發了農民不願運貨的問題，糧食短缺和飢餓問題不斷惡化。

　　新富階層的奢華生活與平民階層的困頓形成鮮明對比，社會矛盾愈發尖銳。政府的財政和物資支援不足，無力實施有效治理，社會動盪幾乎導致了政權的崩潰。面對糧食短缺引發的民眾暴動，國民公會陷入了艱難的境地。

　　充滿動盪與困境的革後時期，經濟及社會問題成為新政府亟待解決的危機。只有從根本上重建經濟秩序，改善民生，才能化解社會矛盾，鞏固政權的統治地位。

　　面對貧窮與政治動盪的雙重挑戰，1789 年與 1793 年的局勢似有重演之勢。然而這一次，從共和派到保皇派的整個資產階級團結一致，共同對抗草根運動。他們吸取了共和二年的教訓，深知階級紀律的重要性。儘管他們依舊掌握著政權，但草根階級的組織卻因為年輕有為的成員奔赴戰場而變得更加散亂。

　　4 月 1 日的牧月起義爆發時，一群混雜的百姓衝入了國民公會，但很快就被富人區的國民衛隊驅散。行動的後果是反動勢力更加猖獗。4 月 12 日至 13 日夜間，國民公會決定將比約、科洛、巴雷爾和瓦蒂埃放逐至海外；幾日後又命令逮捕康蓬等二十多名議員；4 月 20 日下令解除參與暴動

的民眾武裝；4月27日任命了一個由十一人組成的憲法起草小組。到了5月7日，富基埃－丹維爾和革命法庭的十四名法官被送上了斷頭台。

巴雷爾未遭流放，瓦蒂埃選擇隱匿，康蓬逃至瑞士，平原派如受驚之鳥，不再敢出聲。但是飢荒擴散，民情動盪，政府迫切需要採取措施。政府決定調動巴黎西部國民衛隊與軍隊，自1789年以來，軍隊首次進入巴黎，肩負平息起義平民的重任。

5月20日的牧月事件成為一個重要的轉捩點。當天，民眾湧入議會，殺害議員費羅。政府期待山嶽黨捲入，開始驅散民眾，暴動迅速平息。翌日，官方的調和諾言吸引民眾。至第三日，軍隊圍困聖安東尼區，民眾因筋疲力盡和飢餓在次日棄械投降。革命之火於5月24日被撲滅，白色恐怖肆無忌憚地展開殘酷篇章。軍事審判震驚地宣判三十六人死刑，五月五日至十三日，大規模的清算行動在全巴黎展開，逮捕了一千二百名市民，另有一千七百人被解除武裝，草根民眾運動的力量大為衰落。

法國革命的轉折與和平之路

1795年，法國革命進入第六年，內外交困的革命政權面臨重重挑戰。法軍人數銳減，但仍勉力維持在萊茵河前線的控制。與此同時，歐洲各國也迫切尋求與法國和談。

此時，熱月黨企圖採取更為靈活的外交策略。他們希望能與各國單獨進行談判，以分裂敵方聯盟，並避免英奧兩國的阻撓。這種策略無疑是承襲了丹東曾經的反奧聯盟路線。隨著戰事的勝利，熱月黨認為通過談判或

聯盟，能成功促使以奧地利為首的盟國退出。至於其他國家是否能持續抵抗，則取決於法國提出的條件。

此外，1793年國民公會無意中將法國領土擴展至「自然邊界」，引發了新的爭議。反革命派呼籲以和平為重，放棄佔領的外國領土；而共和派則堅持保衛革命成果，不能背叛擴張到自然邊界的行動。

在國內外形勢錯綜複雜的情況下，熱月黨試圖以更加靈活的外交手段，尋求和平解決的出路。只有化解內外矛盾，法國革命才能走向更加穩定的未來。

在共和三年動盪不安的時代，革命政府難以實現解散軍隊這一殘酷事實，反映出了軍事力量逐漸凌駕於政治之上的一面。軍隊對於放棄自然邊界的想法持有強烈反對態度，而在這個動盪不安的共和國，軍隊的地位愈加重要。

熱月黨為了維護自身的政治地位，不得不呼籲軍隊出來保衛國民公會。他們深知，如果失去了軍隊的支持，他們將很難繼續掌權。於是，為了維持軍隊的戰鬥力，熱月黨不得不確保軍隊有戰役可打。軍隊反過來成為了國家的養育者，保護著國內的物資運輸和財政穩定。

熱月黨為了籌措軍費，不惜採取一些不太光彩的手段，如取消原有的運輸部門，譴責雅各賓份子的掠奪行為，並在比利時和萊茵地區建立了行政結構，對地方政府進行物資強徵和指券支付。他們在與巴達維亞共和國談判時，還強調戰爭賠償，並將大量匯票和支票收為己有，以支付軍事開支。

然而，熱月黨內部對於如何處理兼併地區的問題出現了分歧。這些問題一直拖延至督政府時期仍未解決。人權早已被遺忘，兼併地區的利益淹沒了各民族遭受的壓迫。

革命政府的軍事野心與人民利益之間的深刻矛盾，最終導致了共和國的衰落。軍隊的凌駕和對戰爭利益的追求，使得革命初期的理想早已被拋棄。這也許是革命所面臨的一個難以迴避的悲劇性命題。

征服與折衷：法國熱月黨的擴張政策

在軍事力量的支持下，法國熱月黨政府開始大規模掠奪並併吞被佔領國家的財富和資源。救國委員會頒布命令，忽視當地民眾合併的意願，因為迅速併吞會影響物資運輸工作的進展。熱月黨隨後取消了原有的運輸部門，指責雅各賓派的掠奪行為。

法國在布魯塞爾和亞琛建立了行政機構，將萊茵地區劃分為七個縣，強制徵用當地物資並實行配券付款。指券制度也隨後在巴達維亞共和國推行，在與之談判時，法國首先強調戰爭賠款，大量收歸己有熱那亞匯票和瑞士支票，以支付軍事開支。

法國透過榨取被佔領國的資源，試圖實施兼併，以避免當地反法情緒升溫，並進一步征服其他國家，確保軍事供應和充足的國庫資金。然而，這種擴張行為也引發了日益增加的挑戰，使得熱月黨逐漸失去了控制局勢的能力。

內部開始出現分歧，核心爭議不在於薩瓦和尼斯的問題，而是如何處理比利時以及更重要的萊茵河左岸地區。在全面兼併和完全放棄之間，出現了一個折衷方案：只需將桑布林河和默茲河之間的地區納入法國疆域，即可確保法國的安全。溫和派和君主立憲派均支持此中間方案。

然而，爭議持續至督政府時期仍未解決。熱月黨人由於立場猶豫不決，從一開始就避免限制自己的行動。雖然巴塞爾條約沒有明確決定這些問題，但為熱月黨人指明了前進的道路：只要能從反法同盟國那獲得利益，他們便願意進行談判和解。在此過程中，人權早已被遺忘，各被佔領國人民所遭受的壓迫也被其所獲利益所掩蓋。

法國在經歷了一連串的革命與戰爭後，開始大肆擴張勢力範圍，對周圍國家進行佔領。在此過程中，法國面臨了重重挑戰與爭議。

首先，法國無視被佔領國人民的意願，強行將其與法國合併。這引發了當地的反法情緒，增加了法國的統治成本。同時，法國猖獗的掠奪行為也遭到了熱月黨的譴責。

其次，在處理被佔領國土的歸屬問題上，法國內部出現了分歧。一些人主張全面征服，將領土納入法國版圖；而另一些人則認為該地區的居民無法與法國同化，應該採取折衷方案，僅收併部分地區。這種內部矛盾一直持續到督政府時期仍未能解決。

此外，與普魯士的和平談判也成為一大難題。法國先是發出最後通牒，要求普魯士讓步，但普魯士卻拖延談判，巧妙利用法國的反對來延長談判時間。最終，在救國委員會態度轉變的時機下，法國與普魯士匆忙簽訂和約，普魯士僅宣佈中立，並依賴分界線來保護自身利益。

可以看出，在擴張過程中，法國不僅遭遇了被佔領國人民的反抗，還面臨了內部矛盾和外交困境。雖然最終獲得一些戰利品，但法國的控制力並未完全鞏固，隱藏著許多後患。這種猖獗的擴張政策，最終反而阻礙了自身的進一步發展。

法國大革命的局勢變化

在這動盪的時期，巴塞爾和約的簽訂成為各方力量角逐的關鍵一環。巴特勒米與西班牙代表伊利奧特在巴塞爾展開會晤，試圖推進各自的利益訴求。另一方面，戈多伊在法國南部企圖為路易十七建立一個王國，重塑天主教勢力。而救國委員會則提出佔領吉普斯誇、聖多明各和路易斯安那地區的要求。

路易十七的突然去世自然解決了建立王國的問題，但法西雙方的角力仍在持續。蒙賽發動進攻，衝破西班牙中部的防線，並在埃布羅河沿岸佔領了維多利亞和米朗達。基貝隆戰役的結果，讓救國委員會不得不降低要求，最終法國僅從西班牙手中得到了聖多明各。

與此同時，奧地利的局勢也日趨複雜。圖古特拒絕了救國委員會的提議，但英國卻在倫敦同意為奧地利提供貸款，並簽訂新的同盟協定。俄國也加入了其中，支持圖古特維持二十萬軍隊。有了盟友的支持，圖古特對波蘭領土感到滿意，有信心恢復比利時。但他仍對威尼斯懷有貪婪之心，如果法國提議平分荷蘭，他可能會同意。

另一方面，哈登伯格在5月17日簽署了一項治理分界的協定，帝國議會隨後決定接受普魯士的調解，但奧國皇帝卻持保留態度。最終，一切都取決於法國是否放棄對萊茵地區的領土要求。巴特勒米對此感到滿意，但救國委員會遲遲未能做出決定。

在國內，平原派的革命情緒進一步鞏固，君主極權派和英國的叛亂策動也隨之加劇。整個大革命的走向依然不確定，各方力量的角逐將繼續左右它的未來。

在法國大革命的餘波中，國民公會正面臨重重挑戰。熱月黨人已經排除了山嶽派的勢力，但仍需對過去的錯誤負起責任。

首先是政治動盪的問題。雖然持械的王室支持者已經被打壓，但準備在選舉中取代國民公會的王黨陰影，也成為了新的威脅。熱月黨人雖然行動堅決，但並未完全消除這些潛在的反革命勢力。

經濟問題也令國民公會陷入困境。貨幣大幅貶值和糧食短缺導致通貨膨脹，政府不得不重新實施糧食徵集制度及市場交易管控。這種做法令議會的聲望受損。

為了應對這些挑戰，國民公會在共和四年作出決議，確定新選議員中三分之二應從現有議員中選出。這引發了右翼支持者的激烈反對，但最終憲法仍獲得廣泛支持並宣佈批准。

然而，巴黎的動亂日益加劇。幾個區域提出建立區域聯閤中心委員會的提案，平原派與右派的分歧也愈加明顯。新頒布的宗教法案，更是加劇了社會分裂。

可以看出，在這一轉折關頭，國民公會正試圖通過政治改革與經濟措施，來穩定局勢。但內部矛盾和外部壓力並未因此消除，它們將持續考驗著這個革命政權。國民公會的前景仍不容樂觀，它面臨著艱難的轉型之路。

共和國的挑戰：動盪中的法國政治格局

這一段歷史描述了法國革命後動盪不安的政治局勢。平原派為了爭取無套褲漢的支持，取消了針對恐怖份子的武裝政策，這進一步激化了矛

盾，引發了 10 月 4 日的暴動。雖然暴動最終被鎮壓，但卻深刻影響了此後的政治格局。

國民衛隊被解除武裝，巴黎進入軍事管制，平原派對右翼的仇恨依然未消。選舉結果則顯示，剩下的議員多數是右派或被懷疑有王黨背景。這些事件凸顯了法國政治格局的不穩定性。

與此同時，革命的後遺症仍在持續。最後，國民公會同意實施大赦，釋放了許多前議員和恐怖份子。這突顯了共和派情緒的變遷正對外交政策產生影響，法國政治的未來依然充滿不確定性。

在這樣的動盪中，共和國正面臨重重挑戰。如何化解內部矛盾，穩定政治局勢，塑造長期的政治秩序，成為亟待解決的關鍵問題。未來的發展方向將直接影響著法國的命運。

新的萊茵河戰線

　　於八月下旬，隨著士兵們的生活環境越來越惡劣，物資更加缺乏，桑布林－默茲軍團和萊茵軍團在冬季便陷入了停滯不前的局面。領導者茹爾丹和庇什格律不得不作出艱難的決擇。

　　庇什格律已經背叛了熱月黨，轉而接受了孔代親王的資助。這無疑大大削弱了熱月黨的勢力。雖然孔代親王的支援並未完全達到預期目標，但庇什格律仍固守在胡寧格地區，不願意放手。然而，他卻無法與茹爾丹共同發動攻勢，反而在某種程度上給了敵人以喘息的機會。

　　八月的關鍵時刻到來了。德國皇帝批准了帝國議會的和平決議，只要法國願意撤回對萊茵地區的領土主張，普魯士就可與其建立聯盟。但擴張主義在法國愈演愈烈，戰鬥到底已成為唯一的選擇。

　　於九月初，在茹爾丹勇敢越過萊茵河的關鍵時刻，他成功迫使克勒腓因撤往邁恩河防線，使美因茲城淪陷。理論上，庇什格律應當集結兵力從曼海姆發起攻擊，環抱克勒腓因後方。但他卻只派出兩支力量不足的部隊前去，最終遭到敵軍的堅決反擊。

　　就在九月二十七日，茹爾丹和庇什格律向救國委員會請示進一步行動，卻遲遲未獲回應。救國委員會顯然把全部精力都放在了對巴黎的控制上，對前線的戰事疏於管控。但他們仍然設法尋找機會，將比利時納入法國版圖之中。

　　關鍵時刻到來，法國革命軍迫在眉睫，桑布林－默茲軍團和萊茵軍團

的前景令人堪憂。茹爾丹和庇什格律能否化解眼前的困境，拯救革命軍的地位，將成為未來戰局的關鍵。

熱月黨的共和憲政：理念與現實

熱月政變代表著法國大革命的一個重要轉折。此後，在國民公會的主導下，法國政治走向了一個新的道路。熱月黨人雖繼承了革命的理想，但卻不可避免地受到了當時政治現實的重重束縛。

一方面，熱月黨人堅定維護1789年對貴族的勝利，並試圖實現革命更廣泛的目標。他們希望通過集中權力的政府，來領導內外戰爭，並在戰爭期間堅持專政統治。同時，他們還試圖依靠無產階級來維護革命政權，推行社會民主。

另一方面，熱月黨人卻也面臨著嚴峻的政治現實。制憲議會和國民公會之間存在深刻的裂痕，連山嶽派內部也出現了分歧。此外，熱月黨人在繼承十八世紀啟蒙精神的同時，也不可避免地傾向於保守的君主立憲派理念。他們試圖建立一個由「縉紳」主導的自由政府，並在教育等領域實施偏向資產階級的政策。

共和三年憲法的頒布，代表著熱月政變的「完美結局」，為保守勢力的壯大鋪平了道路。新憲法明確提出了公民義務，限縮了個人權利，這與革命初期的理想存在著巨大落差。

熱月黨人在理想與現實的矛盾中掙扎，最終還是被現實所困。他們的政策波動和內在矛盾，凸顯了法國大革命所面臨的重重挑戰。未來仍有漫

長的路要走，這需要後來者更好地認識和反思當時的得與失。

選舉制度的改革一直是熱月黨所面臨的一大挑戰。他們試圖恢復選舉制度，但卻巧妙地限制了選舉人的資格，使得實際上由地主階級控制了選舉結果。這樣的做法雖然看似民主，但其實隱藏著操縱選舉的意圖。熱月黨深信只有徹底排除共和國創立者，共和國方能存續；只有阻止部分資產階級掌握權力，共和國才真正屬於資產階級；只有在自由之名下，共和國才得以維持其專制統治。

然而，這樣的信念能否獲得民眾的支持，卻是一個難以回答的問題。面對國內外的敵人，熱月黨的成員們能夠贏得多少民眾的支持呢？如果在未來的選舉中失敗，他們可能不得不透過政變來重新建立專政，以維持其權力。

為了避免國家全能化，資產階級設立了多個互不隸屬的權力機關。熱月黨察覺到了這種風險，因此憲法授予監察政府廣泛的職權，包括「調控權」，可在外交、軍事、治安等領域自由頒布命令，對州級行政機關實行嚴格監管。隨著州政府和市鎮政府轉為選舉產生，地方分權趨勢日漸上升，監察政府因此加強了對政府集中權力和控制。

這樣一來，熱月政權陷入了一個兩難的困境。一方面，他們想要維護自己的專制統治；另一方面，又不得不面對民眾的要求和地方分權的趨勢。究竟是選擇收緊控制，還是放鬆對權力的掌握，這是熱月黨必須要面對的一個關鍵問題。

共和國的命運在手

這個新建立的共和國政府結構，在某些方面確實缺乏應有的權力和制衡機制。雖然試圖在中央和地方之間建立某種平衡，但在實際執行中仍顯得力有不逮。

首先，雖然監察政府擁有撤銷地方政府決定和免去官員職務的權力，但地方政府的財政自主性卻無法被完全收編。這使得中央監察政府難以充分掌控地方事務。而地方選舉產生的法官，也限制了中央對司法的影響力。

另一方面，監察政府與立法機關之間的互動十分有限，無法直接參與立法提案和法案審核。這使得兩部門之間難以建立良好的協作關係。除非透過特殊軍事法庭，否則行政部門的執行力也難以得到保障。

更為棘手的是，要想修改現有的憲法，國會必須經過漫長的等待期。這意味著短期內要想實現重大改革，恐怕只能依賴再次發動政變的方式。然而這極有可能導致整個政體的崩潰。

熱月黨成員面臨的是一個充滿挑戰和不確定性的未來。他們必須在複雜的權力格局中尋找突破口，在維護共和國穩定與持續改革之間取得微妙平衡。共和國的命運，就掌握在他們手中。

1795 年歐洲大陸的政治角力

　　1795 年末，歐洲陷入革命與戰爭的動盪之中。然而，在這艱難的時期，仍有一些國家選擇保持中立。其中，瑞士、斯堪地那維亞半島、熱那亞和威尼斯等國家藉此獲得一定利益。不久後，普魯士、西班牙和托斯卡納也相繼加入了中立陣營。

　　其中，普魯士的立場尤為顯著。它成功將北德意志的王公國團結於己，並開始籌劃組建北德意志邦聯。這對正逐漸瓦解的德意志帝國來說無疑是有利的。而相比之下，已成為法國附庸的荷蘭，則喪失了自主性。

　　在 1795 年夏末，反法同盟重組，但主力只剩下英國和俄國。作為反法同盟的中流砥柱，英國一直透過金錢誘使其他國家持續抗戰，並專注於海權掌控與殖民地擴張。俄國的凱薩琳二世雖然名義上參與反法同盟，但更多考慮自身利益，通常只提供資金援助奧地利，很少親自出擊。

　　南德意志的諸侯在敵軍逼近時選擇投降；撒丁島在奧軍撤退後亦屈服；義大利其他國家也紛紛迴避戰事。共和國軍隊面對的主要對手僅剩哈布斯堡家族的軍隊。此時，維也納與倫敦之間的行動缺乏同步性。英國要求僅限於從法國手中奪回比利時與荷蘭地區，而奧地利軍隊則擁有較大的自主權行動，更關注義大利地區，尤其是威尼斯。哈布斯堡王朝與普魯士一樣，也考慮以比利時地區換取巴伐利亞或塞萊尼西姆土地的想法。等到波蘭的分割完成，並解決軍費問題後，奧地利便不再將和平視為首要考慮，除非法國撤出其佔領地並允許奧地利自由行動。

英國在動盪時期尋求穩定

　　1795年的英國正處於一個動盪的時期。在歐洲大陸上，法國革命的影響力逐漸擴散，給英國的政治和經濟帶來了巨大的挑戰。

　　一方面，英國政府及其支持者，如溫德海姆和格倫維爾，仍希望通過對法國發動十字軍東徵的方式來徹底根除威脅社會秩序的因素。他們得到了國王的支持，似乎是決心要堅持到底。

　　另一方面，皮特首相對前景感到憂慮重重。基貝隆和葡萄月十三日的失敗，以及陸地戰情況不容樂觀，都使他感到憂慮。為了重奪比利時，英國不得不尋求俄國的援助，並要求奧地利能夠向荷蘭和法國擴張領土。

　　與此同時，英國的國內局勢也在逐步惡化。由於法國大革命的影響，英國的貿易市場遭到了打擊，加上1795年的收成慘淡，民眾開始出現騷動，甚至在國王出行時遭到石頭襲擊。

　　在這種背景下，英國政府陷入了兩難境地。一方面，他們希望通過戰爭來實現目標，但另一方面，戰爭的前景並不樂觀。同時，與法國達成妥協似乎也並非易事，因為法國強烈反對承認「信義缺乏的阿爾比昂」。

　　總而言之，1795年的英國正處於一個動盪的時期，政府面臨著內外交困的局面。他們必須在戰爭與和平之間作出選擇，尋求一條通向穩定的道路。

　　經過激烈的選舉角逐，新議會的面貌逐漸清晰。儘管仍充滿著不確定性，但我們已經看到了一些值得關注的端倪。413位前國民公會議員重新進入議會，其中三分之一代表著右翼力量的崛起。這無疑給整個政治局勢帶來了新的變數。

令人矚目的是，在留任的前國民公會議員中，有 158 位主張處決國王，這比一般人的認知要多得多。這顯示了激進力量在議會內部的存在和影響力。同時，我們也發現了不同政治派別的分佈狀況。305 位議員被確認為共和派，大多數屬於熱月派；158 位為君主派，大部分是自由派；另外 226 位則忠於共和三年的憲法。

　　這種複雜的政治格局給熱月派的執政帶來了不小的挑戰。為了穩固其統治，熱月派不得不在某些問題上向這 226 位持憲法立場的議員作出讓步和妥協。這無疑增加了政治博弈的張力和不確定性。

　　我們不得不承認，新議會的面貌遠比我們預期的要更加複雜和多元。右翼力量的崛起、激進派的存在、不同派別利益的交織，都會給未來的政治走向帶來重大影響。熱月派能否在這複雜的政治格局中維持其主導地位，仍然值得深思。

　　我們必須密切關注接下來的政治動態。新議會的構成反映了民意的轉變，也象徵著新時代的來臨。我們將見證一場充滿波瀾壯闊的政治博弈，最終是否能開啟一個更加穩定、和諧的新局面，仍有待觀察。

法國革命後的亂局

　　隨著督政府的成立，法國進入了一段動盪不安的時期。作為掌控政權的五大「弒君者」，拉雷韋裡埃、勒貝爾、勒圖爾納、巴拉斯和西哀士在元老院中威信崇高，卻也在內部展開了激烈的權力鬥爭。西哀士因不滿熱月期間的提案遭到否決而拒絕了督政的職位，轉而成為隨時準備推翻新政權的旁觀者。卡諾接任後，督政府內部的矛盾更加尖銳。

　　建立督政府後，貨幣危機迅速成為主要挑戰。通脹嚴重，一度面額100法郎的紙幣僅值15蘇，物價大幅上漲。為防止債權人破產，政府採取了延遲還款等應對措施，但貨幣供應量在短短四個月內翻了一番，達到三千九百億法郎。印鈔無法解決問題，最終在1796年2月19日，紙幣制度正式廢止。隨後又發行了「土地票」來替代，但兌換率極其低下，依賴於外國貸款。即便重新開始鑄造貨幣，結果卻只是將國家資產轉移到資產階級和投機者手中。

　　這一時期生活艱難，農民拒絕徵召，糧食供應枯竭。據統計，塞納地區光是第四年就有萬餘人因飢餓而死，儘管實行了食品配給。在這樣的背景下，雅各賓派的批評聲浪日益尖銳，失去選舉資格的山嶽派尤其活躍，積極反對銀行家的方案。作為回應，督政府關閉了雅各賓俱樂部，並開始追查雅各賓出版品，清洗其黨員。雅各賓份子再度遭到迫害，不得不祕密策劃反抗活動。

　　法國革命後，政局動盪不安，貨幣危機、經濟困境和社會動盪交織而生，統治者與反對勢力之間的矛盾日趨激烈。督政府雖然暫時掌控了局

勢，但其內部矛盾和外部壓力卻令其搖搖欲墜。這一動盪局面為法國未來的發展埋下了隱患。

在法國共和國艱難誕生的過程中，政治角力從未停歇。督政府的成立代表著新一輪權力的重新分配。雅各賓派與進步派漸行漸遠，保守勢力則逐漸崛起。斯塔爾夫人的回歸推動了本雅明・貢斯當的政治生涯，他主張與君主立憲派聯合，以建立穩健的保守派集團。

督政府在清洗官員的同時，也引發了普羅旺斯地區的白色恐怖。議會中，保守派提出了一系列旨在改善神職人員處境的提案，並試圖廢除共和國第四年霧月的相關法律。儘管改善神職人員處境取得一定成果，但是否廢除整個霧月法律仍存在爭議。

隨著新一波的反動運動興起，王室派系重新崛起。路易十八在布蘭肯堡拒絕與憲政派妥協，並容忍其極端支持者採取暴力行為。為對抗此一趨勢，憲政派的王黨成員丹德萊與舒安黨派人士轉型組建「慈善組織」，在波爾多地區奠定基礎。

可以說，法國革命之後，法國政局的變幻莫測，各派系的角力一直持續。保守派、王室派和進步派的博弈，造就了這段動盪不安的歷史。這一切都見證了法國共和國的艱難誕生，以及革命背後複雜的動機與理想。

重塑法國的政治與信仰

法國進入了一個動盪不安的時期。保守派與進步派之間的矛盾逐漸激化，政治局勢變得難以捉摸。

一方面，大多數公民對過去的體制感到無感，他們只希望能減輕稅負，避免戰爭的影響。國內外的衝突已經逐漸平息，人們更關注的是如何恢復國內的秩序與經濟發展。不過，宗教問題引發了人們的普遍擔憂。

「遵命派」神職人員試圖將教會與世俗分開，在家庭和社會中以神之名宣揚道德和服從，但卻難以打動大眾，反而在家庭內部引發了紛爭。憲政派教會雖然影響力有所減弱，但仍在持續存在，並於1797年召開了全國性的主教會議。羅馬天主教徒對於教會內部的分裂感到憤怒，社會階層制度也開始動搖。

另一方面，保守派希望透過斷絕財政資源，迫使政府尋求和平解決方案，而進步派則不斷尋找政府的弱點，試圖削弱其威信。雙方都對選民保持警惕，但政府財政捉襟見肘，軍費開支更多依賴於國有資產的拍賣。

整個社會都陷入了一種微妙而脆弱的平衡之中。人們對和平、秩序和經濟復甦的需求日益強烈，但宗教爭議和政治對立卻一直困擾著這個國家。法國需要重新審視其政治與信仰的基礎，尋找一條可以重塑國家的道路。只有這樣，才能最終實現人民的夢想。

法國經歷了一段動盪不安的時期，保守派與進步派的激烈對抗，使得政治、經濟、宗教領域都出現嚴重分裂。然而，大多數普通公民並未參與這場爭鬥，他們只希望能夠過上和平安康的生活，繳納少量的稅款，避免戰爭的蹂躪。

隨著時間的推移，國內的紛爭逐漸平息，國際戰爭也取得了勝利。民眾將國家的內部和平、社會秩序的恢復，以及經濟的復甦視為最重要的目標。但宗教問題引發了廣泛的擔憂。大部分人已經不再相信革命與天主教不可相容的觀點，宗教與政治的分離成為主流。雖然一些上層階級試圖通

過定期的宗教活動來影響民眾，但並未獲得廣泛的支持，反而在家庭中引發了紛爭。

與此同時，政府的財政狀況也陷入了困境。通貨膨脹和貨幣短缺導致了信貸緊張，政府不得不停止實施糧食價格管制。兩院議員拒絕增加稅收，卻毫無顧忌地動用軍事經費，迫使政府尋求新的資金來源。進步派不斷挑剔政府的缺陷，試圖削弱其威信，而保守派則通過斷絕財政資源來迫使政府尋求和平解決方案。

在這種極端的政治對峙中，普通百姓成為了命運的主角。他們渴望和平，厭倦了戰爭，更願意把精力集中在經濟建設上，而非參與激烈的政治鬥爭。唯有民眾的選擇和參與，才能最終決定國家的前景。

財政困境下的社會混亂與腐敗

督政府的財政危機一直無法解決，其做法與過去國王無異，依賴發放徵用券來籌集物資。為了獲得資金，它與各金融家進行交易，並將一些國有資產轉讓給他們。然而，財政管理極為混亂，連督政府自身也不清楚現金的具體數額。督政府甚至允許金融家發行「應急票據」，並由國庫提供擔保，這進一步加深了國家財政的泥淖。

國有資產的預售證券被拋售市場，人們再次回到「預付制度」，將國有森林的伐木權和某些州的稅收權轉給債權人。供應商聲稱為應付貪婪公職人員的勒索，不得不向國家索取高價。人們普遍知道一些高官的貪腐行為，公司也與政府進行不正當交易，使督政府名聲掃地。

平民受到貨幣危機和流動性短缺的雙重打擊，再加上政府腐敗和賄賂的影響，損害更甚。債權人的處境也很艱難，許多票據幾乎無法兌現現金。為了獲得現金，食利者和農民不得不以低價將票據賣給炒賣者。

基礎設施也遭到嚴重損壞，缺乏資金的憲兵隊只得出售馬匹，道路因缺乏維護而荒廢，法院、學校和福利事業全部依賴同樣貧窮的地方政府。社會正處於一片動盪之中。

在共和五年的芽月選舉中，右翼保守派力量大幅勝出，導致督政府內部嚴重裂痕。督政府內部，勒貝爾主張採取獨裁手段對付反革命勢力，而卡諾則主張與新的多數派達成妥協。兩派展開了激烈的博弈。

在牧月一日，外交官巴特勒米取代了卡諾的盟友勒圖爾納，導致卡諾失去了重要支持。而身為君主立憲派的巴特勒米在處理事務上缺乏決斷力。作為督政府首腦的巴拉斯，似乎並不反對君主黨的勾結。在鄉間，保守派的影響力顯得格外強大，各地紛紛成立「慈善會」等組織，壓制共和派力量。

面對不利局勢，共和派在巴黎及法國南部設立了一些反抗組織，但很快遭到兩院的解散令。國庫中亦充斥著反革命份子，迫使吉貝爾－德斯莫裡埃不得不收回財政管理職權。然而，勒貝爾和拉雷韋裡埃已經準備展開最後的決戰。

在這關鍵時刻，巴拉斯與年輕上將波拿巴達成一致。波拿巴獲得了庇什格律叛亂的證據，這使得巴拉斯擔心自己會遭到王黨的邊緣化。面對民眾動員難以為繼的局面，他們唯一的出路便是動用軍隊。

督政府對莫羅不太信任，認為他任由王黨在部隊中進行宣傳活動。相比之下，波拿巴和奧什表現出更可靠的態度。奧什於穫月十三日帶領部隊

返回巴黎，準備參與最後的決戰。

對於卡諾而言，他仍堅持通過部長的更替來與右派達成和解。但在關鍵時刻，波拿巴和巴拉斯已經準備動用軍隊，遏制反動勢力的最後反撲。督政府即將迎來一場生死存亡的決戰。

法國革命時期督政府面臨的內外挑戰與拿破崙崛起

在法國大革命的動盪中，督政府面臨著嚴峻的內外挑戰。在這樣關鍵的時刻，拿破崙・波拿巴便逐漸崛起，成為法國歷史上舉足輕重的人物。

為了應對來自各方的威脅，督政府採取了一系列措施：在鞏固對軍隊的控制方面，他們設立了「駐軍代表」，派遣代表前往不同軍團監督和管理，並賦予他們簽署停戰協定、徵收軍費以及鎮壓掠奪行為的職權。然而，這些代表往往會與傲慢的將軍們發生衝突。

在外交政策上，督政府希望能夠通過尊重自然邊界，換取其他國家對這些邊界的認可。然而，當他們不得不跨越這些天然邊界，與奧地利開展軍事行動時，和平的可能性就被排除了，只能在長期戰事中尋求暫時性的停戰協定。

在這樣內憂外患的背景下，拿破崙憑藉其果斷的決策和出色的軍事才能，逐漸成為法國的中流砥柱。他的崛起，正是在這片風雨飄搖的時期，見證了法國歷史的重要轉折。

出生於 1769 年的拿破崙・波拿巴，見證了法國對科西嘉島的佔領。他出身科西嘉貴族世家，早年受父親的影響而效忠於法國。拿破崙從布里

埃納軍校畢業後，憑藉自己的出色表現，被授予砲兵少尉的軍銜。在大革命的推動下，原本一貧如洗的他得以崛起。

雖然拿破崙對法國人有所反感，但他最初的目標只是想借助革命之力，在帕奧里的帶領下，解放家鄉科西嘉。然而，帕奧里卻對波拿巴家族有所懷疑，更傾向與波佐·迪波爾哥家族合作。當帕奧里與國民公會決裂並尋求英國的援助時，波拿巴一家被迫離開家鄉。這一轉折促使拿破崙真正融入法國，並為山嶽派所用。

在土倫圍城戰中，拿破崙大放異彩，隨後又率領義大利軍團在薩奧吉烏和德戈取得連連勝利。儘管曾一度被認為是羅伯斯庇爾的追隨者而被逮捕與解職，但他在熱月七日的事變後重返戰場，並被提拔為軍團司令。在離開巴黎前，他還迎娶了約瑟芬·塔斯歇·德拉·帕熱里。

在革命法國實施的全民皆兵體制下，戰爭的傳統桎梏被徹底打破。拿破崙在指揮戰事上展現了無與倫比的才華，他先後平定了皮埃蒙特，征服了倫巴底，然後率軍直逼維也納。1796 年，當卡諾的兩支軍團遭到擊敗時，拿破崙以前所未有的自信和戰略才能，迅速取得一連串的勝利。這些成就不僅為他日後的帝國奠定了基礎，也為法國帶來了前所未有的軍事榮耀。

勝利的陰影：波拿巴政權的關鍵時刻

法國革命後，一名青年軍官的崛起，開啟了整個歐洲格局的重大變遷。拿破崙·波拿巴雖贏得勝利，但也面臨著日益複雜的政治局勢，陰影籠罩著他的野心。

1799 年夏季，形勢對法國軍隊頗為樂觀。當茹爾丹成功越過萊茵河，卡爾大公的部隊一度被迫撤退，但萊茵河左岸仍未完全控於法國手中。與此同時，義大利戰線的消息使形勢更加錯綜複雜。武爾姆澤爾臨時調兵支援義大利，使孤立的卡爾大公不得不放棄原先的防線。6 月 24 日，莫羅越過萊茵河，茹爾丹轉守為攻，前鋒部隊抵達納布河，並攻克了慕尼黑。在義大利，武爾姆澤爾部隊自蒂羅爾河出發，沿加爾達湖展開兩翼進攻，但遭到初戰失利，8 月 5 日在卡斯蒂利奧內再次受挫。波拿巴迅速追擊，迫使武爾姆澤爾退守特倫託要塞。

　　政治局勢亦日趨複雜。勝利者雖獲得雅各賓派系薩里賽蒂和加羅的支持，但政府的忽視也日益明顯。10 月 15 日，莫德納和教皇割讓的領土共同成立了西斯帕納共和國。雖然將軍們仍想擺脫特派員的控制，但義大利的財政資源日益枯竭，軍隊狀況亦日趨糟糕。薩里賽蒂被派往科西嘉，只留加羅一人處理眾多不滿。

　　與此同時，英國也面臨衰落。8 月 19 日，英國與西班牙締結同盟，放棄了科西嘉島，英國艦隊撤離地中海，法軍亦於 10 月重奪該島。波拿巴解除了後顧之憂，並開始籌備一場登陸行動，意圖支援沃爾夫‧湯恩在愛爾蘭的叛亂。

　　波拿巴雖然勝利在握，但仍面臨諸多棘手局面。政治、軍事乃至財政，都將考驗這位青年軍官能否穩固自己的地位，維護法國的利益。他的野心注定要在這些挑戰中經受重重磨難。

　　在動盪不安的 1795 年底與 1796 年初，經濟形勢以及外交局勢都陷入了危機。經濟方面，匯率出現下滑，銀行為了穩定匯率採取提高貼現率等措施，但卻影響了金融活動。更嚴重的是貨幣儲備快速消耗，1796 年 2 月

黃金儲量只剩 250 萬。

外交局勢也岌岌可危。俄羅斯女皇凱薩琳二世於 7 月駕崩，其子保羅一世即位後，只與普魯士保持良好關係，與其他反法同盟國的關係趨於冷淡。這嚴重打擊了反法同盟的團結。皮特決定啟動和談，攝政政府同意在利爾開啟會談，但進程艱難曲折。

軍事形勢也不容樂觀。茹爾丹和莫羅未能實現有效的兵力集結，使得奧地利軍隊得以分別擊潰他們。拿破崙的部隊在凱爾和胡寧格的戰役中雖有一定成績，但損失慘重。法國軍隊在奧什的帶領下發動愛爾蘭遠征，但遭遇海難折返；另一支由美國人指揮的黑人軍團也很快被擊敗。

面對一連串的軍事挫敗，原有的指揮官們紛紛顯示出不堪大任的態度，甚至膽敢向上級提出辭呈。在這種局勢下，督政府決定調整部署，任命卡諾接管指揮。他試圖與圖古特建立祕密聯繫，徵詢將軍們對和平條件的看法，試圖尋求突破。

法國正處於嚴峻的考驗之中，需要團結一致，迎接新時代的挑戰。在經濟動盪、外交孤立、軍事失利的困境中，法國必須想方設法尋求突破，才能重拾往日的輝煌。

拿破崙在義大利的戰爭勝利

　　1797年初，憑藉在里沃利高地的決定性勝利，波拿巴迫使奧軍投降，曼圖亞最終淪陷。這場勝利大大增強了波拿巴在督政府的地位和影響力。督政府隨即調整了戰略，命令波拿巴保衛西斯帕納共和國，並指示他瓦解教皇政權。

　　波拿巴迅速向羅馬出發，與庇護六世達成和平協定。他要求教廷割讓亞維農領土並支付賠償金。隨後，波拿巴開始進攻卡爾大公的奧軍，並在塔爾維河畔獲得優勢。4月7日，雙方在累歐本開始和談，波拿巴提出割讓部分威尼斯土地換取策略利益的建議。

　　這一系列勝利為波拿巴贏得了督政府的信任。對比其他頻頻失利的將領，波拿巴的卓越戰績使他脫穎而出。在茹爾丹和莫羅紛爭不斷的情況下，波拿巴的順從態度也加強了他在督政府中的地位。

　　當時法國情勢尚不太樂觀。1796年秋，卡爾大公能夠集中力量攻擊茹爾丹，使得茹爾丹難以與莫羅順利會合。奧軍還佔領了凱爾和胡寧格，戰事一直拖延到冬季。愛爾蘭遠征軍在風暴中失敗，另一支「黑人軍團」也在威爾斯被俘。

　　在此艱難時刻，督政府嘗試與英國談判，但要求法國撤出比利時並割讓殖民地，談判無果。但傑維斯在聖文森角擊敗西班牙艦隊，重新開啟了地中海大門。

　　在這種背景下，波拿巴的一連串戰績彰顯了他的出色軍事才能，使他在督政府中的地位日益重要。這也為他未來掌握政權奠定了基礎。

戰後的義大利局勢動盪不安。即使在阿爾卑斯山脈以外擴展了領土，但法國共和國並未獲得最渴望的萊茵地區。這一協定不僅再現了瓜分波蘭的恥辱，也犧牲了義大利部分領土，換取德意志帝國的妥協。波拿巴果斷的決策固然在策略上取得成功，但也引發了人們對法國共和國道德和政治立場的質疑。

這場戰役和和約徹底改變了義大利的地緣政治格局，為波拿巴的崛起鋪平了道路。未經督政府授權，波拿巴於4月18日率先簽署了停戰協定和預備和約。儘管受到輿論和將領的壓力，但督政府最終還是勉強批准了這份協定。現在，波拿巴宛如君王般自居，在蒙貝羅的克利威立宮安營紮寨。

在倫巴底宣佈憲法後，波拿巴迅速吞併了西斯帕納共和國、瓦爾特利納以及部分威尼斯領土，建立了西薩爾平共和國。他試圖說服瓦萊州允許新成立的國家通過辛普龍與法國聯繫，但未能成功。於是，他立刻計劃對瑞士發動軍事行動。然而，熱那亞的雅各賓派人士引爆了革命，成立了利古里亞共和國，為波拿巴開啟了通往海外的大門。

正式締結和約尚處於待定階段，但波拿巴已宣告了對佔領曼圖亞及獲取萊茵地區的野心。5月2日，他主動對威尼斯宣戰；12日，威尼斯共和主義者推翻了少數統治者，對法國軍隊的到來表示歡迎。就在16日，波拿巴與前政府代表進行了會談，這一行動使他得以不認可新政府的合法性。既然已經將威尼斯納入控制，波拿巴便著手實現其目標。和平談判於烏迪內開始展開。從擴張領土到建立衛星國，波拿巴的義大利冒險正在逐步推進。他的決斷和手腕令人矚目，但也引發了人們對法國共和國道德和政治立場的質疑。

以和平之名：波拿巴的外交策略

在這一系列錯綜複雜的政治與軍事博弈中，波拿巴展現了他卓越的外交手腕和策略眼光。他靈活運用各種手段，精準掌握時機，以個人魅力和影響力迅速推動局勢發展，不僅鞏固了自己的權力地位，也為法國在歐洲大陸上的影響力奠定了穩固基礎。

波拿巴的每一步棋都經過周密計算，無論是宣佈和平協定還是對威尼斯的軍事行動，都顯示出他對大局的高度掌控能力。他的決策不僅影響了當時的歐洲政治局勢，更在歷史長河中留下深遠影響。作為一位軍事天才和深謀遠慮的政治家，波拿巴的每一次行動都在為法國的未來鋪平道路，為自己贏得了「戰神」的美譽。

正當英國在與奧地利的衝突和水兵暴動中陷入艱難處境時，波拿巴再次展現了他的外交智慧。他靈活利用和平談判的機會，成功化解了英法對峙，同時也鞏固了法國在歐洲的地位。波拿巴的故事告訴我們，面對危機和挑戰，歷史偉人總能憑藉智慧和勇氣，找到屬於自己的道路，在歷史上留下濃墨重彩的一筆。他的每一次決策和每一場戰役，都成為後人學習和借鑒的寶貴財富。

當威猛的德塔列朗接掌法國外交部後，情勢立刻發生劇變。他與英國政府接觸，促使督政府向荷蘭和西班牙請求給予更多談判空間。隨着葡萄牙這位英國最後的盟友也與法國達成和議，和平似乎真的成了可能。

但烏迪內和利爾的協商卻接連失敗，原因在於圖古特和皮特了解波拿巴政權的政治走向。兩人企圖改變談判舞台，派遣一位祕使與卡諾及巴特勒米會面，反對波拿巴的和平方案，甚至提出以萊茵地區換取教宗領土及

德意志領地的交換條件。執政官坦言他們無能為力，除非兩議院能控制波拿巴。

而在利爾會談中，竟發生了令人不齒的勾結敵人行為：德塔列朗（可能還有巴拉斯）接受了賄賂，承諾會努力說服執政府放棄部分殖民地。在巴特勒米指示下，馬雷將協定內容洩露給葡萄牙，遭格倫維爾急忙澄清。與圖古特持相同態度的皮特，也密切關注著執政府的前景。

自大革命以來，法國外交向來與國內政局休戚相關，但如今這種關係變得尤為緊密。若執政府在英國及保王黨陰謀下倒台，外國為和平所需付出的代價勢必大幅降低。保守派也紛紛譴責高級將領的叛逆行徑。威尼斯的插曲，已成為了即將爆發的導火線。

在這場外交博弈中，不同政治勢力的角力愈演愈烈，誰能掌控局勢的命運，仍是一大未知數。

革命的迷途？拿破崙崛起的關鍵時刻

　　1797 年夏天，法國正處於動盪不安的時期。前不久，烏迪內和利爾的和平協商均告失敗，主要源於英國和奧地利的算計。他們深知除非能有效牽制住拿破崙，否則任何實質性的和平協議都是不可能的。於是，他們提出了以萊茵地區交換教宗領土和德意志領土的方案，企圖改變談判的格局。

　　然而，執政官卡諾和巴特勒米對此卻無可奈何。他們明白，如果不能牽制住拿破崙，法國就難以獲得應有的地位。利爾會談中，德塔列朗和巴拉斯被指控接受賄賂，試圖說服執政府放棄部分殖民地。這不僅引發了國際間的誤會和緊張，也加劇了法國內部的政治分裂。

　　保守派對高級將領不遵從指令不滿，威尼斯事件成為爆發的引線。迪莫拉爾在一場激烈演講中，列舉了拿破崙的諸多罪狀。拿破崙則作出強硬回應，巧妙地維持與卡諾的聯繫，同時派遣奧熱羅去會見督政府，試圖發動政變。根據副官拉瓦萊特的建議，他沒有交出先前承諾的三百萬裡弗，共和國的未來岌岌可危。

　　就在果月十八日政變後不久，奧什去世，這位軍人兼公民成為忠於共和理想的象徵。義大利軍團和桑布林－默茲軍團紛紛表態支持革命和共和，認為自己流血犧牲，有責任阻止復辟份子的崛起。這場動盪的背後，正是拿破崙崛起的關鍵時刻。他能否乘勝而上，成為未來掌權者，將成為至關重要的一戰。

　　軍隊內部的情勢並非一成不變。某些部隊的軍官立場影響了行動方

針，如莫羅指揮的萊茵－摩澤爾軍團未能與其他軍團保持一致。軍事領袖在共和國內部的政治勢力，主要來自於他們在部隊裡建立的聲望，而這種聲望又依賴於士兵情緒的急遽轉變。

果月十八日政變和隨後的霧月十八日政變，代表著法國共和國的重大轉折。共和五年果月十八日（1797 年 7 月 4 日），在軍隊的協助下，督政府成功鎮壓了議會中的異議份子，將革命的軌跡再次轉向專制統治。這場政變導致與英國的談判斷裂，但也為波拿巴創造了機會，促使奧地利接受和平談判，儘管這種和平僅是暫時的停火。

這一連串事件，展示了法國在革命後期的複雜局勢。軍隊和政治勢力的相互角力，最終導致了共和國的專制化。果月十八日政變成為法國歷史上的重要一刻，揭示了軍事和政治力量在國家命運中的決定性作用。

軍隊的身影常伴隨著共和國重大的政治轉折。部隊內部的矛盾與領袖的政治誘惑，相互交織，造就了波瀾壯闊的歷史進程。軍隊的威力既是共和國的支柱，也成為其陷阱。這一矛盾的歷史車輪，最終將推動共和國走向專制的命運。

法國流亡者的命運

　　隨著共和四年的來臨，流亡歸國的人們再次面臨嚴厲的法律威脅。政府頒佈了一道命令，要求他們在10日內離開法國境內，否則將面臨處決的命運。這項新法律不僅剝奪了流亡者家屬的選舉資格，也將那些被放逐的神父再次推入背井離鄉的險境。

　　雖然政府不再對抗拒法律的神父處以死刑，但他們仍被流放至遙遠的蓋亞那。更令人憂慮的是，督政府獲得了以命令形式隨意流放神職人員的絕對權力，神父們不僅要服從法律，還必須宣誓憎恨國王及1793年的憲法。這一連串的壓迫措施引發了激烈的反抗，政府的管控範圍也隨之擴大，甚至有權撤換行政與司法官員，並隨時實施戒嚴。

　　十八果月的事件徹底打破了熱月黨對自由主義的探索，透過軍力確立了獨裁統治。然而，這種統治並未能夠穩固其基礎。立法機構拒絕接受自身權力的削弱，與督政體制的合作也愈加困難，最終導致了督政政府的倒台。軍隊的介入預示著軍事獨裁的未來，而波拿巴的聲望也日益上升。

　　面對此般動盪局勢，法國的外交政策顯得尤為重要。新任外交大使勒貝爾展現了一種柔和而順從的姿態，與馬姆茲伯里展開談判。他明確表示，法國及其盟友的所有殖民地必須歸還，而共和國取得的戰利品則無需分享。這一堅定立場導致了談判的瓦解。在萊茵地帶，隨著奧什的逝世，建立法西斯萊茵共和國的方案也隨之化為泡影。

　　周遭環境的動盪影響著流亡者的命運，他們面臨著被剝奪權利、流放異鄉的威脅。政治格局的變遷，再次推動流亡者的命運走向艱難的未來。

在圖古特政府的領導下，法國革命進入了一個新的階段。雖然他們成功推翻暴君，但新政府也面臨著重重挑戰。

為了鞏固革命成果，圖古特不得不與拿破崙等將領進行艱難的談判。雖然他們最終達成了坎波福爾米奧協定，但這一協定的條款仍引發了法國外交上的一些爭議和後果。圖古特不得不依賴像巴達維亞共和國和西薩爾平共和國這樣的緩衝國，以維護法國的領土完整。

同時，督政府也不得不恢復一些緊急措施來維持其專制統治。雖然恐怖統治的水平沒有達到1793年的高峰，但軍事審判和對地方動亂的鎮壓仍然嚴重損害了革命的自由理想。

雅各賓派成員的熱情被喚醒，他們渴望進一步推進革命事業。但督政府卻試圖壓制這種革命熱情，生怕它會再次導致動亂和暴力。

法國革命的前景變得愈加暗淡。民眾的自由理想與新政權維護秩序的需求之間出現了裂痕。革命的理想在現實中遭到了嚴酷的挫折。

政治鎮壓下的個人自由

在共和國的動盪年代，人民的基本權利和自由都受到了嚴重侵犯。立法機關本應保護公民權利，卻沒有制定完善的法律程序，反而授權地方當局對於嫌疑人進行任意拘禁。通訊隱私和個人自由受到全面侵犯，政府大肆審查報刊和文化作品，剝奪了人民的知情權和言論自由。

主要受害群體包括盜賊、流浪者和神職人員。政府將盜賊以軍事法庭審理，即使只是兩人以上共同作案，也可判處死刑。流浪者的處置雖有明

文規定，但實際執行中卻層出困難，甚至有家屬財產遭到限制的情況發生。而對於神職人員的態度更是前後矛盾，一度主張驅逐全部貴族，後又給予一些折衷措施，但實際執行中依舊存在很多不確定性。

可以說，在這個動盪時期，公民權利無疑遭受了嚴重打擊。政府以名義為藉口，肆意侵犯人民的基本自由，把原本應該受到保護的對象視為威脅，背離了維護公民利益的初衷。這種政治鎮壓無疑加劇了社會矛盾，引發了廣泛的不滿情緒，最終也必將成為推動改革的重要動力。

在法國共和國六年的穢月期間，立法機關只批准了一次搜查授權，但這實際上是多餘的，因為地方當局仍可自行對嫌疑人採取長期拘禁。通訊隱私和個人自由都遭到嚴重侵犯，多家報紙遭到禁止出版，僅剩下幾家失去立場的出版物。書籍和戲劇也逃不過警察的檢查。

政府將盜賊、流浪者和神職人員列為三大目標。一項新法律規定，兩人以上共同犯案的盜賊將面臨死刑。對於流亡者，雖然處罰理論上很明確，但實施過程中卻層出不窮問題，主要原因是名單經常出錯。儘管如此，在六年內仍有許多流亡者被處決。流亡者家屬的財產也受到限制，未經遺產分配不得自由處理。

督政府內部更激進派別力主驅逐所有貴族出境，最終被否決，但貴族仍被剝奪居住權。由於名單問題，這項法律實際上失去效力。神職人員的處境更加模糊不清，是否仍被視為「被放逐者」始終缺乏明確裁決。

在這種法律陰影下，不少神職人員遭到殘酷迫害，據報有40餘人被殺害。儘管如此，也有部分神職人員獲得地方權力較為寬容的態度，警政首長甚至宣佈被告有權對自己的身份提出質疑。

這段歷史凸顯了法國革命時期司法體系的暴政和失序，個人權利和自由受到嚴重侵犯，體現了革命理想與現實之間的巨大落差。

政府對宗教信仰的打壓

　　監察政府在執政期間，展開了一系列打壓宗教信仰的措施。首先，他們對拒絕發誓憎恨君主制度的神職人員進行了大規模的流放。據統計，竟有多達 9,234 名比利時神職人員遭到流放，僅有寥寥數艘船隻將他們送往遙遠的蓋亞那。在其他地區，也有數百名神職人員遭到同樣的命運。其中，有兩艘船隻總共載運了 263 名流放者，另有超過 1,100 人被囚禁在雷島和奧列龍島。這些囚犯遭受了非人的對待，許多老弱病殘者在監禁中不幸離世。

　　對於信徒來說，監政政府的統治無疑是可怕的。他們禁止一切公開宗教活動，摧毀了宗教象徵，並將那些不再由神甫主持儀式的教堂出售。政府還堅持實行共和曆和十日禮拜制度，引發了信徒的強烈不滿。此外，政府還對私立學校實施了嚴格的限制，禁止公務員子女就讀這些大多由天主教界經營的學校。

　　儘管政府的這些政策並未完全達成預期目標，但卻給教會造成了沉重的打擊。這些措施被民間譽為「血腥未流之斷頭台」，留下了極為負面的觀感。然而，隨著時間的演進，公眾對於極刑的排斥愈發明顯。1798 年 8 月後，不再有人被流放至蓋亞那，到了 1799 年 3 月，只有一位流放者遭到處決。

　　在督政政府的恐怖統治下，法國社會飽受黑暗的陰影籠罩。這套以恐懼為手段的統治方式，並未單單針對特定階層，而是由政府全權主導，未設任何監視委員會。這種做法雖然在短期內有效地壓制了反革命勢力的行動，但卻引發了民眾的普遍不滿。

許多人將這種恐怖治國手段與督政府的宗教政策聯繫在一起，導致民心日益瀕於失衡。一些激進的共和派人士，如拉雷韋里埃，更是主張採取更為激烈的手段來對抗當權壓迫，甚至效仿「獨裁者羅伯斯庇爾」推廣至高無上的公民信仰，以此來抗衡天主教。然而，大多數共和派人士對此持保留態度。

不過，這個新興的「博愛教」在 1797 年 1 月還是悄悄出現了，但卻未能真正吸引到大眾的關注。與此同時，督政府也將注意力集中在提升小學教育質量上，然而，由於財政困難的制肘，這一努力並未取得多大的成效。

儘管在民意支持方面失色，但督政府仍然能夠透過施加恐懼的手段，成功在和平時期壓制了反革命勢力的抵抗。地方監視委員會雖然對當地情況熟悉，行事更為有效，但卻常常伴隨著私人恩怨和各種勒索行為。

隨著王黨與外國勢力的勾結引發更多公憤，恐怖政治似乎又有重新加劇的趨勢。政治動盪中，宗教與教育正成為關鍵的博弈場域，相互較量，互有勝負，難以平靜。

一個新時代的曙光

　　共和紀元六年的春天，是法國政治變革的關鍵時刻。這年的重要選舉即將於花月二十二日（1798年5月11日）舉行，最終將於果月十八日（6月6日）揭曉結果。這次選舉不同以往，涉及廣泛的範疇，需補充多達四百三十七個議席，其中包括「終身」議會成員的一半。為確保議會順從多數，督政府決定自行審核新議員資格，並在花月二十七日（5月16日）選出新的督政官，以鞏固其政治地位。

　　然而，王黨派系的成員大多被邊緣化或選擇棄權，對當權政府的不滿情緒依然高漲。這對雅各賓派極為有利，他們不僅領導著眾多憲政小團體，在行政官僚中擁有眾多盟友，而且善於利用宣傳活動，影響力甚至讓拉雷韋裡埃時常擔憂自己的安全。梅蘭亦警示資產階級，防範共和二年民主制度的再次出現，《政府通報》更向有產者發出警告，稱「無恥的無政府主義者正在推崇羅伯斯庇爾的共享和平等，向貧困者承諾將分配有產者的財產」。

　　雖然新雅各賓派與無套褲漢已經斷絕了聯繫，但「社會恐慌」這一策略依然為督政府所用。巴拉斯公開反對共和派內部的分裂，然而無濟於事，因為其他幾位督政者各懷鬼胎。督政府不僅要將雅各賓派排除在外，還要排除像拉馬克這樣的獨立派人士，以確保議會中的順從多數。

　　在此政治動盪之中，共和國的未來走向備受關注。但無論結果如何，一個新時代的曙光已然照耀在法國大地上。人民的意志必將最終得到彰顯，而共和國所追求的自由、平等和博愛的理想，也必將在歷史的潮流中

不斷前進。

在波拿巴日益增強的獨裁統治下，法國面臨重重財政和經濟挑戰。督政府雖在 1798 年後取得了一些成就，但其影響力正在逐步衰落。

首先，督政府的主要任務是促進經濟復甦。立法機關迅速採取行動，推行了一系列改革，如削減國債、實施所謂的「拉梅爾法」等。然而，這些措施效果並不理想，財政均衡難以實現。各州建立稅務機構，但改革效果有限。議會不得不新徵多種稅收，但短期內並未大幅增加財政收入。

此外，地方出現了一些銀行，但發行的紙幣未獲正式認可。1796 年和 1798 年的豐收造成糧食供應過剩，影響了農工業。政府在經濟領域的努力未能帶來顯著成就。內政部長納夫沙杜雖建立了教育委員會和濟貧辦公室，但整體經濟形勢仍然嚴峻。

由於經濟萎縮影響財政收入，加之巨大的軍事開支，國家財政陷入危機。政府不得不依賴外債和榨取「姐妹共和國」的財政資源。同時，金融大鱷的影響力不斷增強，政府官僚和政要的貪腐行為也猖獗不斷。

在這種背景下，督政府的影響力日漸衰落，法國的政治和經濟局勢面臨了嚴峻的挑戰。

共和國的財政挑戰

經濟動盪加劇了共和國的財政危機。在熱月期間，叛國者的陰謀導致國庫中的資金短缺，造成第二次對愛爾蘭的遠征行動失敗。信用崩潰和價格下滑更是雪上加霜，使得督政府陷入了嚴重的財政困境。

貨幣短缺和利率飆升令經營成本大增，加劇了工商業的困境。農業生產效率的下滑，也無法彌補工業的虧損。缺乏資金和通暢的國內交通，更是阻礙了貿易活動的恢復。整個經濟陷入了惡性循環，國庫收入遭受沉重打擊。

雖然政府曾努力採取各種措施，試圖拯救經濟，但效果十分有限。法國依然維持著農業國的本質，無法擺脫落後的困境。龐大的軍事開支，將政府的財政狀況推向了深淵。

在此艱難的處境下，督政府勉強維持著政權的延續。但戰事再起，軍費的龐大支出再次陷害了財政。共和國的前景顯得更加渺茫，內憂外患交織的困境令人嚴重擔憂。

英法戰爭中的英國反革命行動

　　英法戰爭的背景下，法蘭西共和國正在積極擴張勢力。它吞併了荷蘭，並與伊比利亞王國結盟，給英格蘭帶來了巨大的威脅。英國不得不正視這一局勢，尤其是當土倫艦隊與西班牙艦隊聯合支援布雷斯特艦隊時，形勢將更為嚴峻。法國的擴張不僅影響了英國的出口貿易，還侵蝕了英債的財務來源，迫使英格蘭必須重新振作反法同盟。

　　儘管奧地利國力衰退，普魯士專注於德意志領土，對英格蘭的提議漠不關心，但英國在 1798 年只能依靠自身力量來應對危機。在這一關鍵時刻，英國統治精英展現出前所未有的團結，政府內部的爭鬥也暫時告一段落。

　　為應對法國的擴張，英國首相皮特全力投入反革命行列。他籌備發行《反雅各賓》雜誌，報紙和漫畫家也致力於支持「正義事業」。法國對瑞士和日內瓦的侵略，加上加爾文主義在羅馬的復興，引發了知識份子的憤慨。著名詩人柯爾律治也創作詩歌抨擊法國的褻瀆行徑。

　　然而，國內輿論依然動盪不安，多數居民對戰事漠不關心。為此，皮特採取謹慎的撫慰策略，盡量避免國人承受過度壓力，期待他們能夠意識到危機迫在眉睫，自發地為國家獻出力量。隨著法國侵略威脅的加劇，和平主張者和與革命者共患難的民主派人士被視為國賊，連福克斯及其輝格黨盟友也無法逃避指責。

　　皮特利用公眾的政治覺醒提升稅務徵收，1798 年的財政預算中，他提高了附加稅，並呼籲富裕階層捐款。但收效並不理想。1799 年，皮特開始

徵收所得稅,對年收入超過二百英鎊者徵收百分之十稅率,低於此數額者享受較低稅率,收入六十英鎊以下者免稅。這一改革雖不能完全解決財政困境,卻為動員全國力量抗衡法國侵略提供了必要的財政支持。

戰爭期間的英國改革與殖民版圖擴張

戰爭期間,英國政府面臨重重困難,如何改革軍事徵召制度、鞏固海軍優勢並維護殖民版圖,一直是其首要任務。

雖然軍界不看好民兵,但政府仍竭力推動改革。1794年開始,不少志願兵自組部隊,並承諾隨時待命。此後,政府嘗試通過抽籤和自願入伍等措施擴充兵力,取得一定成效,但真正能參與遠征作戰的新兵只有約一萬人。1799年,英軍首次登陸荷蘭,在戰術上有所突破,但部隊指揮依然混亂。面對法國的登陸威脅和愛爾蘭起義,英國仍未能實施義務兵役,而是依靠海軍優勢。

與此同時,英國海軍在納爾遜的指揮下取得勝利,成功封鎖馬爾他島、守護西西里島並奪取梅諾卡島,使地中海淪為英國的「湖泊」。殖民版圖持續拓展,出口量也大幅增長。儘管未能單獨征服敵人,但英國在這場戰爭中仍展現出堅若磐石的實力,並逐步獲得了大陸國家的支持。

縱然面臨重重困難,英國政府仍與時俱進,在軍事、海洋和殖民領域均取得了長足進步。雖然戰事依舊膠著,但英國已顯示出有望最終獲勝的跡象。

法國的封鎖策略雖然對英國造成一定打擊,但卻未能完全切斷英國與

歐洲大陸的貿易往來。為了徹底擊潰英國，法國決定以更加激進的方式進行全面戰爭。1798年，拿破崙率領一支龐大的遠征軍從土倫出發，前往埃及。這支軍隊包括十三艘戰鬥艦、十七艘護衛艦、三十五艘其他戰艦和二百八十艘運輸船，總計有一萬六千名水手和三萬八千名陸戰隊員及軍官。除此之外，軍隊還有一百八十七位學者和藝術家隨行，這充分顯示了這次遠征的野心和目標。

雖然遠征軍的規模之大前所未有，但是行軍速度卻大不如前。直到6月6日，遠征軍才到達馬爾他，並在未經戰鬥的情況下說服馬爾他騎士團投降。之後，艦隊成功避開了英國海軍司令納爾遜的截擊，首先停靠在亞歷山大港，隨後轉向愛琴海。

在亞歷山大佔領了城市後，拿破崙率領軍隊從尼羅河出發，並在7月21日於金字塔附近大敗馬穆魯克，進駐開羅。但是接下來的行軍進程卻並不順利。在追擊易卜拉欣至地峽地帶時，拿破崙的軍隊遭遇了重重阻礙。戰鬥持續了數月，直到1799年2月，拿破崙才勉強取得了對地峽地帶的控制。與此同時，德賽也成功將穆拉德趕至阿斯旺對岸。

可以看出，拿破崙的這次遠征雖然取得了一些戰略性的成果，但整體上仍面臨重重困難。法軍與馬穆魯克軍之間的持續對抗，加上民眾的頑強抵抗，使得拿破崙的埃及計劃遲遲無法順利執行。儘管如此，法國仍然在這次遠征中取得了重要的教訓和經驗，為後來的成功奠定了基礎。

拿破崙的埃及征服與失敗

在西西里重整軍備後，納爾遜將軍於 7 月 31 日抵達阿布基爾灣外海，發現布律埃斯的法國艦隊停留於此。翌日，法國艦隊遭到全面擊潰，指揮官戰死，這場慘烈的失敗對波拿巴的遠征軍打擊巨大，失去了所有撤退和獲援的機會，也在整個歐洲引發了震驚。9 月，土耳其正式對法國宣戰。

波拿巴隨後在埃及建立了當地行政機構，並逐步顯現其政策：設立由貴族代表組成的議會，同時聲稱尊重伊斯蘭教，向宗教領袖提供便利。他致力於推動現代化改革，如控制鼠疫、修復水利、建郵政等，並計畫以灌溉系統取代淹水農田，還設立了「開羅學院」。然而，穆斯林對此保持懷疑，在土耳其的召喚下參與聖戰，攻擊零星士兵。10 月，開羅爆發大規模起義被殘酷鎮壓。

1799 年 2 月，波拿巴率軍一萬五千人進軍敘利亞，但最終未能攻克敵軍堅城，5 月不得不帶著損失慘重的軍隊撤回埃及。7 月，他在阿布基爾再次擊敗土耳其部隊，但形勢仍然危險。最終，波拿巴將指揮權交給克累貝，獨自返回法國，結束了這場激烈的埃及征途。

波拿巴的埃及遠征，不僅引發了第二次反法同盟的形成，也加劇了革命的蔓延。法國在面對英國強大壓力下，迫切需要穩定歐洲局勢。督政府隨後展開一系列領土擴張策略，遭到奧地利等國的強烈不滿。在這一背景下，波拿崙仍持續推進對義大利和瑞士的侵略，展現了其征服慾望。雖然這些行動對波拿崙的名聲有所增添，但與其在埃及的豪舉相比，影響顯然有限。督政府的侵略策略，既源於與英國的戰爭需要，也源於波拿崙的行為樹立的範例，並為軍需商和金融家帶來掠奪機會。

1797年冬季，法國革命浪潮持續席捲歐洲大陸。在督政府的擴張策略下，羅馬共和國的建立以及對撒丁王國和瑞士聯邦的干預，都引發了新一輪的政治風暴。

　　法國的干涉手段堪稱高壓，但最終效果卻是喧賓奪主。在羅馬，法軍的掠奪行為加劇了當地民眾的不滿；在皮埃蒙特，撒丁君主被迫屈服於法國軍事力量，但其與法國的盟約也因此陷入停滯。在瑞士，法國雖以武力摧毀了當地的寡頭政治，但民主派人士對此並未表現出熱情支持，反而希望法國能夠強制推動政治改革。波拿巴更是以極端專橫的姿態，無視瑞士民眾的訴求，強行將瓦爾特利納納入倫巴底版圖。

　　這種粗暴的擴張模式，固然在短期內幫助法國鞏固了在義大利和瑞士的勢力，但卻也隱含了未來可能爆發的政治紛爭。督政府的行徑引起了歐洲諸國的普遍不滿，並埋下了日後的軍事衝突。法國雖然在地理版圖上取得了擴張，但卻難以確保其長期統治，因為其對周邊國家的高壓政策已然觸發了各方的反彈。

　　面對瑞士民眾的抵抗，波拿巴的強制手段卻並未得到瑞士民主派人士的支持。奧克什和拉哈爾普等人，雖然試圖說服各州接受法國主導的新憲法，但卻始終無法贏得民心，反而在海爾維第共和國的督政府中毫無地位。這一過程也再次折射出，單純依靠武力並無法建立一個真正穩定的政權。

　　在革命理想與現實權力之間，督政府顯然更重視了後者。他們以粗暴的手段干涉他國內政，最終雖然在地理上擴大了法國的版圖，但卻面臨著持續的內外矛盾。這場持續的擴張之路，為法國日後的政治動盪埋下了伏筆。

法國革命時期的政局紛擾

　　戰火不斷的動盪年代，法國革命後的歐洲政局可謂風雲變幻。特使們努力廢除重稅和掠奪行為，但內戰隨之爆發，迫使以天主教為信仰的州份發動起義，瓦萊州更是宣告獨立。為了鎮壓這些反叛行動，督政府不得不採取強硬措施，導致與拉皮納警務部長的關係陷入僵局。同時，拉施塔特和會議開始就割讓萊茵河左岸的問題與德意志帝國展開對話。

　　法國對外擴張勢力，觸犯了坎波福爾米奧條約的規定，引發了奧地利的不滿。在這一緊張局勢下，法國駐維也納大使遭遇暴徒襲擊，危機似乎已經平息。但海爾維第共和國的穩定性一直岌岌可危，內部反對聲音此起彼伏。就在這樣動盪不安的環境中，督政府內部也發生了劇烈的衝突，與雅各賓派決裂，其對外政策隨之作出調整。

　　總而言之，在法國革命風暴的洗禮下，歐洲各國政局瀰漫著緊張和不確定性。新生的共和國政權難以維持穩定，面臨著內外交困的嚴峻挑戰。這段歷史譜寫了一段波瀾壯闊的政治變革史，見證了一個新時代的曙光與陣痛。

　　革命浪潮席捲全歐，各地的民主勢力與保守派正展開猶如生死搏鬥的角逐。雖然共和制政府一度坐穩了權力，但內部亦存在重重矛盾與分歧。在這動盪的時局下，無論是巴達維亞、瑞士、西薩爾平共和國，抑或是義大利各地，都不可能平靜。

　　在巴達維亞，雅各賓派與保守勢力的衝突愈演愈烈，直至政府下令肅清。然而，革命的火種仍在暗中燃燒，反動勢力並未完全退卻。瑞士的局勢亦岌岌可危，拉皮納的政變雖遭挫敗，但缺乏可靠的後繼者令其勢力仍

在。而在西薩爾平，督政府更是作出了急轉彎，先是否定波拿巴的舊憲法，再有意挺身而出，主導了新憲法的提出。

義大利各地亦是風起雲湧。督政府派往的財務代表普遍才華橫溢，但仍遭到將軍們的深深懷疑，被視為反革命份子。在富歇和阿邁羅的更替下，布律納終於得以主導新憲法的公投，令特魯維等人成為犧牲品。與此同時，讓格內和布律納的追隨者亦在都靈挑起了動亂，試圖奪取皮埃蒙特。

對於這些風雲變幻，督政府的反應可謂強硬到位。不過其中的效果卻良莠不齊。有些地區如熱那亞，政府的清算舉動頗有成效。但另一些地區如羅馬共和國，則遭到了來自那不勒斯的侵略。革命的馨香與狂風仍在歐洲大地肆虐，府臣們面臨的挑戰也並未結束。

共和國特派員的悲劇

在共和六年的霜月五日（1798 年 11 月 26 日），督政府重啟了駐軍特派員制度，派遣了拉皮納、阿邁羅和費布林特前往瑞士、米蘭和羅馬。特派員的職權並未增加，但後果卻更加悲慘。儒貝爾無法接受特派員的監管，於是辭職離開，由羅蒙取而代之。繼任的謝雷對特派員禮遇有加，引發了部下的不滿，最終導致了嚴重後果。同時，馬賽納抵達瑞士後擱置了拉皮納，迫使後者要求將馬賽納召回法國。最嚴重的事態發生在尚比奧內與特派員費布林特之間的衝突，引發了廣泛關注。

督政府設法限制了宣傳家的行動，阻止他們在皮埃蒙特地區煽動革命，

並截斷了他們進軍托斯卡納的企圖。但這並未能使奧地利轉變立場，拉攏其加入己方。在花月廿二日事件後，督政府與圖古特達成協定，派遣納夫沙杜和科本澤爾前往阿爾薩斯的賽爾茲進行談判。納夫沙杜獲得的指示是僅討論維也納所發生的事件，將賠償問題留給拉施塔特處理。奧地利在會議中只能提出在德意志領土範圍內的要求，而其真正關心的卻是義大利。對督政府而言，義大利已然成為其囊中之物。

督政府的外交政策並未真正轉變；對於戰爭提前爆發的擔憂曾讓它採取了一些節制，但這種拖延的態度並不代表悔改。反雅各賓運動並沒有推遲戰爭的爆發，反而加劇了混亂，削弱了共和國的聲望，並為督政府帶來了新的強大對手。督政府面臨著重重挑戰，前景堪憂。

共和六年的霜月，督政府試圖重啟駐軍特派員制度，派遣拉皮納、阿邁羅和費布林特分別前往瑞士、米蘭和羅馬。新特派員的權力並未增強，但所引發的後果卻更加嚴重。

首先是內部的矛盾。在瑞士，出身軍人的儒貝爾無法忍受特派員的監管，遞交了辭呈。他的繼任者謝雷卻對特派員極為禮遇，引起部下不滿。在米蘭，拉皮納遭到馬賽納的邊緣化，被迫要求召回馬賽納。最嚴重的衝突發生在尚比奧內與費布林特之間，引起了廣泛關注。

另一方面，督政府也試圖通過其他手段，限制宣傳家在皮埃蒙特和托斯卡納的活動，阻止革命浪潮的蔓延。但這並未能使奧地利轉變立場，仍堅持對義大利的要求。於是，督政府不得不派遣納夫沙杜和科本澤爾前往賽爾茲，與奧地利進行談判。談判的重點放在維也納事件上，賠償問題則交由拉施塔特處理。

可以說，這一時期的外交政策是充滿曲折和困境的。督政府既未能真

正轉變其立場,也無法阻止戰爭的爆發。反雅各賓運動不僅未能推遲戰爭,反而加劇了混亂,削弱了共和國的聲望。這無疑為督政府帶來了新的強大對手。

自由之路實在是曲折艱難。在內部的衝突和外部的對抗中,督政府不得不謹慎行事,在各方利益之間尋求平衡。但這並未能阻止戰雲再次聚集,共和國的前景仍然依然不明朗。

保羅一世的遠大抱負與宗教之爭

保羅一世的政策並非出於一時衝動,而是源自其母親凱薩琳大帝的深遠影響。自凱薩琳大帝將版圖擴展至黑海岸邊起,俄羅斯便將目光投向了地中海。保羅一世企圖在地中海地區建立俄羅斯的勢力範圍,將克里米亞打造為對外開放的商港,促進希臘商船在此港口進行貿易活動。這項經濟政策是自與鄂圖曼帝國簽訂的凱納吉條約後,逐漸對鄂圖曼帝國進行影響的自然結果,該條約賦予了沙皇以保護基督徒名義進行干涉的職權。

隨著坎波福爾米奧條約的簽訂,保羅一世不僅支持現代軍隊的維持,還允許路易十八在米塔瓦尋得避風港。他的密侍們,包括約瑟夫・德・梅斯特爾在內,不斷煽動他對法國的敵意。保羅一世與耶穌會士建立了友誼,他們試圖誘使他轉向天主教。1798 年 10 月,騎士團選舉他為其大首領,面對那不勒斯的危急局勢,他決定伸出援手支持該國國王。這些舉措顯示,保羅一世不僅關注政治和軍事層面的影響力,也試圖在宗教領域鞏固自己的地位。

鄂圖曼帝國的衰敗為沙皇帶來了進一步擴張的機會。保羅一世渴望打通海峽的航道，以期將俄羅斯的勢力進一步推進至地中海。這與當時塞利姆三世試圖打造現代化軍隊的舉措形成對比，塞利姆三世的權力在許多地方並不穩固，面臨阿里‧泰布蘭、帕斯萬‧奧格盧等地方勢力的挑戰。保羅一世的野心與軍事行動，勢必會引發這一地區的劇烈動盪。

在這一動盪的背景下，保羅一世看到了進一步擴張的機遇。1798年12月23日，他與鄂圖曼帝國簽訂了一項重要條約，使俄羅斯能夠自由通行兩個海峽及其所有港口，並允許俄軍進入地中海攻佔愛奧尼亞群島。這為俄羅斯在鄂圖曼帝國歐洲地區建立了堅實的立足點，並獲得了前所未有的戰略優勢。不久，科孚島終於被俄軍攻陷，這代表著俄羅斯在地中海地區的勢力進一步擴張。

隨後，保羅一世更是加快了在地中海的擴張步伐。1799年3月3日，科孚島的攻佔使俄國在地中海地區取得了前所未有的戰略優勢。馬爾他和那不勒斯似乎已經觸手可及，加上義大利其他一些公國，這將為保羅一世在地中海稱霸提供堅實的基礎。

在此期間，那不勒斯的瑪麗亞—卡羅莉娜女王被英國海軍指揮官納爾遜所說服，下令侵略羅馬共和國。這一行動大大激勵了保羅一世，他隨即於1798年12月29日與那不勒斯及英國締結聯盟，承諾派遣軍隊支援那不勒斯和倫巴底。

保羅一世在地中海的野心逐漸成為現實。他的政策和行動在俄國的地中海戰略中佔據了關鍵地位，為反法同盟的崛起奠定了堅實的基礎。保羅一世的地中海霸業正在一步步得以實現。

共和國面臨新挑戰

1798 年，法國正處於一個關鍵時期。鞏固革命成果、應對新興勢力並非易事。法國督政府意識到必須採取強硬外交政策，遏制反法同盟的復甦。

然而，事情並未如預期順利發展。這次反法同盟比之前更加脆弱，內部分歧嚴重。儘管法國外交努力，但關鍵角色普魯士選擇保持中立。這不僅導致德意志局勢加劇動盪，也令奧地利首相圖古特陷入困境。圖古特的猶豫態度，使得俄羅斯趁機介入，最終導致 1799 年 3 月 12 日法國對奧地利宣戰，第二次反法同盟應運而生。

短期內，法軍迅速攻佔托斯卡納，並逼迫教宗庇護六世遷徙。然而，4 月 28 日拉施塔特專使遭到奧地利騎兵伏擊身亡，更添了一份仇恨和復仇的情緒。反法同盟內部的分歧也逐漸浮現。符騰堡、巴伐利亞等小國紛爭不斷，瑞典則未明確承諾派遣軍隊。奧地利首相圖古特更是未加入任何具體協定，使整個聯盟更加脆弱。

看來，共和國仍面臨嚴峻的外交挑戰。得克服內部分裂，遏制反法勢力，才能確保革命成果。這需要法國領導層高瞻遠矚、魄力過人。督政府能否在這一關鍵時刻做出正確抉擇，共和國的命運將在此一役。

雖然英國在聯盟中扮演著核心角色，提供了大量軍事資金援助，但其自身卻面臨著經濟上的重重挑戰。1799 年，英國放棄了金本位制度，導致硬幣數量減少，小額銀行券的發行量反而增加，引發了輕微的通貨膨脹。此外，漢堡危機的波及也波及到了英國，導致倫敦出現多次破產。

面對如此嚴峻的經濟局勢，皮特政府不得不加強鎮壓措施，並從國外進口糧食以應對糧食短缺。但即便面臨重重困難，英國資本主義最終還是成功抵禦了這次經濟衝擊。皮特政府放棄了銀行券的兌現政策，以阻止通貨膨脹的持續蔓延。同時，國家的財政狀況依舊保持穩健，銀行也透過接受適量的財政證券來支持政府的預算需求。

然而，第二次反法同盟從一開始就存在著裂縫，這些裂縫在組成過程中進一步擴大，最終導致了聯盟的解體。這場戰爭的結局，為歐洲局勢的未來變化埋下了伏筆。

面對嚴峻的經濟環境，英國政府展現出了其靈活應變的能力。通過果斷的政策決策和有效的財政管控，英國資本主義最終得以抵禦住了這次危機的沖擊，展現出了其強大的生命力。但無可否認，聯盟解體也必將為未來的歐洲局勢帶來深遠的影響。英國在這個關鍵時刻所做出的選擇和應對，必將成為歷史車輪上不可或缺的重要注腳。

徵兵法與共和國的防衛準備

隨著秋季的到來，共和國全面啟動了防衛準備，但相比之下，執政府的作為顯得略遜一籌。這反映了執政府對於貿然參戰持謹慎態度：即便到了春季，他們也仍未做好充分準備。

最終，在於果月十九日（9月5日），議員茹爾丹提出了一項新的提案。經過幾番修改，這份名為「徵兵法」的法案於同月獲得通過。該法案規定，所有二十至二十五歲的未婚男性均需承擔兵役義務，只有在共和六年雪月二十三日（1798年1月12日）之前已婚的男性可以豁免。這為1793年8月23日製定的徵兵令賦予了永久性效力。

依據該法案，所有應徵的新兵將被登記在國防部的名單上，並按出生日期分為五個等級。一旦有兵力需求，立法機構將確定所需人數，由國防部長從最年輕的新兵開始依序召集。另外，法案還取消了各種免徵條款。

在共和七年的葡月三日（1798年9月24日），政府決定徵召二十萬名新兵。然而，這次徵兵行動面臨重重困難：部分戶籍檔案遺失或殘缺，體檢流程缺乏明確標準。國防部長只得在應徵青年之家長中遴選人員組建審查團，但這一做法也滋生了腐敗問題。最終，僅有十四萬三千名新兵通過審核，但實際報到的只有九萬七千人，其中又有約七萬四千人抵達部隊，僅佔總需求的百分之五十一。

這一徵兵過程可以說是一波三折，反映了共和國在建立一支強大軍隊方面的困難重重。儘管政府頒佈了新的徵兵法，但實際操作過程中仍存在諸多問題有待解決。這對於共和國的整體防衛實力無疑是一大挑戰。

在1799年的春季，第二次反法同盟的戰事正式拉開序幕。法軍雖然在義大利和德意志地區發動全面攻勢，但是卻未能充分利用瑞士的地理優勢，集結足夠的機動部隊推進，導致整體戰局陷入僵局。

在義大利戰場上，茹爾丹的多瑙河軍團雖然有四萬五千名士兵，但是進攻行動遭遇挫折，最終選擇撤退。同時，謝雷在帕斯特朗戈和里沃利的攻城行動也因協同作戰不力而受重挫。蘇沃洛夫率領俄軍成功渡過阿達河，擊敗了法軍。而莫羅則在亞歷山德裡亞重組部隊，最終與麥克唐納的部隊會合失敗，被蘇沃洛夫截斷退路。

在德意志戰場上，貝爾納多特的左翼部隊未能有效支援，而茹爾丹的進攻行動也以失敗告終。馬賽納雖然佔領了格裡松斯州，但是在福拉爾貝格遭受挫敗。這一系列戰局的失利，使得法國督政府在內外政策上也陷入了巨大壓力。主張義大利統一的雅各賓支持者，也逐漸轉向支持反法同盟。

在物資供應和新兵補充的問題上，法軍也面臨諸多困難。雖然立法機構採取了一些緊急措施，但最終無法解決部隊的裝備和補給問題，使得法軍的戰力大不如前。這一系列的挫折，使得法軍在1799年春季的軍事行動陷入了危機，未能充分發揮優勢力量，最終導致了一系列的失利。

在兵力吃緊的情況下，英法兩軍的緊張局勢

歷經德義戰線的挫敗，馬賽納被迫進行策略性撤退。當他退守至利馬特河以南時，面對卡爾大公已越過萊茵河的事實，他不得不再次撤退，在

6月4日於蘇黎世首戰取勝，但出於謹慎仍渡過利馬特河，放棄蘇黎世。

隨著夏日的到來，各方本預期將迎來激烈的戰事，然而事實卻相去甚遠。聯盟國家政府數週內未能就策略達成共識，各軍隊只能在原地小規模交戰。蘇沃洛夫所率部隊迅速佔領了包括曼圖亞在內的要塞，速度驚人，引發法國民眾對背叛的強烈抗議。

儒貝爾草率發動了對諾維的攻擊，卻在戰事剛起便不幸陣亡。莫羅一方雖暫時抵擋了敵軍，但損失慘重，被迫夜間撤退。蘇沃洛夫隨後佔領了皮埃蒙特，按沙皇指示恢復了查理－埃曼紐爾的官職，並準備進攻多菲內。

此刻，英國希望接納沙皇關於恢復義大利王室的提案，同時渴望反法同盟國能團結一致，收復瑞士和荷蘭。英國開始寄望於波旁王朝的復興，並支持各地反革命份子的叛變行動。同時英政府堅持要求驅逐法軍出瑞士，甚至計劃自勃艮第向法發起入侵。

為實現此目標，英國將義大利的控制權交予圖古特，以換取卡爾大公協助對抗馬賽納；而後又說服保羅一世派遣俄軍支援，建議蘇沃洛夫由義大利轉向瑞士出擊。在兵力吃緊的情況下，英法雙方陷入膠著，各方或許勢必在下一個戰場上激烈交鋒。

儘管英國和俄羅斯正在採取行動企圖重奪荷蘭和比利時等地，但法國內部的局勢卻岌岌可危。在新近結束的戰爭中屢遭失利，加上民眾對公民募兵法的強烈不滿和反革命力量的不斷滋擾，督政府所面臨的內憂外患可謂前所未有。

與此同時，議會內部對督政府的批評聲浪也此起彼伏。雅各賓派認為政府備戰不足，任由反革命勢力橫行；而多數議員則表達對督政府專製作

風的不滿。在民眾對戰爭不滿情緒高漲，經濟形勢日益惡化的大環境下，督政府陷入了前所未有的危機。

就在三月初，舒安黨在城中發動了突襲，反映了局勢的動盪不安。值得注意的是，在西部地區，由於擔心再次引發旺代起義，政府不得不暫停實施令人痛恨的公民募兵法。同時，在比利時地區，宗教矛盾引發的動亂持續兩個月，局勢極為混亂。

總而言之，在外部強敵環伺，內部卻處於動盪不安的狀態下，督政府所面臨的困境可謂前所未有。不僅遭到議會各派的指責，民眾對其的不滿情緒也空前高漲。前景黯淡，督政府迫切需要尋找新的出路，否則恐怕就難以渡過眼前的重重難關。

法國的內憂外患：走向專政的艱難道路

在英國和俄羅斯等聯盟國家的設障阻撓下，法國政府的戰略部署陷入了僵局。但就在這個關鍵時刻，法國政府又不得不面臨來自國內的重重挑戰。

內部的紛爭絲毫未減，巴黎政府面臨的危機四伏。新的徵兵法「茹爾丹法案」無疑引發了廣泛的民眾不滿，西部地區甚至出現了新一輪的農民起義，使政局陷入極度混亂。反對派更是抓住機會，不斷批評政府戰事準備不足，甚至助長了反革命勢力。兩院議員也對督政府的獨裁作風感到不滿，似乎隨時都可能翻臉。

法國內部的動盪局勢和持續的戰事挫敗，已然給督政府帶來了嚴重的

威脅。在外部勢力的圍剿之下，加上國內各方勢力的指責和抵抗，督政府的統治地位岌岌可危。面對連番的失利和日益嚴峻的內憂外患，法國極有可能再次陷入動盪之中，這無疑將為軍事專政的崛起鋪平道路。

在即將到來的新一屆兩院議會召開之際，法國政局已然呈現出有利局勢：勒貝爾退出了執政府，元老院選擇西哀士填補其空缺。西哀士與當前領導層存在激烈對立，雙方矛盾迅速浮現。人們注意到，西哀士試圖修訂憲法，而巴拉斯則為其當選提供了關鍵支持，猶如特洛伊木馬悄然進入城內。

6月9日，巴拉斯發動全面攻勢，不到十日便達成了目的。人們不禁猜疑，這位「革命中的潛行者」或許早已策劃了這場陰謀。6月28日，普蘭-格朗帕雷出人意料地提出，督政府至今未就牧月17日的情勢諮詢檔案作出回應，因此五百人院和元老院均拒絕休會。當晚，特雷拉遭到質疑其上任資格，最終被驅逐出局，由戈葉接替其位。

到了牧月30日，攻擊再次發生，目標轉向拉雷韋裡埃和梅蘭。在此之前一天，西哀士和巴拉斯已要求他們辭職，以避免遭受彈劾。元老院也派遣了代表團勸導他們讓步。梅蘭首先接受了勸告，拉雷韋裡埃隨後也就範。他們的繼任者分別是西哀士提名的羅熱-迪科和巴拉斯推薦的穆蘭，後者是一位鮮為人知的將軍兼雅各賓派成員。隨後，所有部長職位均告空缺，德塔列朗也未能倖免。

可以看出，在法國革命動盪時期，各派別之間的政治鬥爭十分激烈，宮廷政治陰謀不斷演繹，權力更迭不停。巴拉斯和西哀士等人物紛紛出手操縱，試圖在政局中謀取主導地位，最終導致了整個政府體系的危機。這場政治風雲激盪，折射出了法國大革命複雜的政治格局。

共和國的盛衰之路

在法國共和七年（1799 年），雅各賓派的勢力達到了頂峰，但這同時也是他們面臨最嚴峻挑戰的時刻。在這個關鍵的歷史時刻，一系列緊急措施被採取以應對日益壯大的反對勢力。其中，茹爾丹的徵兵倡議成為焦點之一。

6月28日，雅各賓派組織了一次大規模的徵兵行動，試圖以此鞏固自己的統治地位。雖然號召了22萬3千名新兵，但實際上只派遣了11萬6千人，僅達到預期數量的一半。這突出了雅各賓派在動員民眾支持方面的困難。

然而，面對重重挑戰，共和七年的雅各賓派並未坐以待斃。他們採取了一系列措施來應對危機。一方面，通過免職眾多官僚，以眾所皆知的雅各賓派人物取而代之，進一步鞏固了公眾的觀感；另一方面，報紙業和社團活動也紛紛復興，展現出一股新生力量。在元老院正式恢復出版自由之前，報紙業已率先恢復發行，表明雅各賓派有意重拾輿論陣地。

與此同時，共和七年的危機也帶來了一些有利時機。三月底的事件正合將領們的願望，貝爾納多特、儒貝爾等人都獲得了重要的職位，顯示出雅各賓派正試圖藉助軍力來鞏固自身的地位。

然而，即便在這種重重困難之中，雅各賓派的統治地位依然搖搖欲墜。在西哀士的策劃下，三月底的事變徹底顛覆了舊政權，這固然是雅各賓派的一次重大失利。此外，在花月二十二日的動盪中，三名新任統治者遭到懲處，也進一步動搖了雅各賓派的地位。

面對艱難局勢，雅各賓派毅然採取了一系列救亡圖存的措施。但隨著

外部壓力與內部動盪的不斷升級,他們最終難以為繼,走向了衰落。共和國的前景到底將如何發展,仍是一個懸而未決的問題。

面對日益嚴峻的內外局勢考驗,法蘭西共和國正處於關鍵轉折點。為鞏固政權,雅各賓派採取了一系列強硬措施,包括重組國民衛隊,推行實物徵用制度,以及發行大量強制性國債。這些舉措引發了廣泛的反對和抵制,尤其是在大資本階層中。

伴隨著穫月革命的結束,民眾情緒日趨激動,反雅各賓運動進入高潮。首席督政官西哀士主張採取嚴格監管措施,而雅各賓派則呼籲恢復革命委員會的職能,派遣專員至外省推進地方政府工作。在反對陣營中,拉馬克警示說,雖然有人希望動員民眾對抗外敵,但也有人害怕這股力量,甚至大於對北方野蠻族的恐懼。

徵兵行動和強制性國債政策引發全國性的恐懼和憤怒,許多富裕階層選擇離開巴黎。政府及其支持者最為擔憂的是,有人可能追究牧月政變的參與者,恢復斷頭台的風險加劇。這成為攻擊西哀士和巴拉斯的焦點。

反制措施並未奏效,俱樂部運動和左翼示威短暫發生,卻難以組織起大規模百姓運動。政府控制了行政部門,並在巴黎部署二萬名軍隊。在激烈的內部鬥爭中,西哀士最終排斥了雅各賓派,實現了統治的鞏固。但是,動盪並未平息,外部叛亂和內部分裂依然隱伏,法蘭西共和國面臨著更嚴峻的挑戰。

法國共和國的黑暗時刻

在革命的狂瀾中，法國共和國面臨著重重挑戰。隨著局勢日益嚴峻，各方勢力激烈角逐，陷入了危機四伏的狀態。

兩院果斷宣佈多個州區處於叛亂狀態，並啟動逐戶搜查行動，但人質法卻未能獲得落實。西哀士進一步鎮壓王黨報紙，更以陰謀罪名逮捕了多名報業從業員。然而，這些手段並未遏制局勢惡化的趨勢。

諾維戰役的失利，無疑給法國政局帶來了沉重打擊。而英軍隨後在荷蘭登陸，更構成了明確的侵略威脅。在此關鍵時刻，茹爾丹提議宣佈國家進入存亡之急，企圖以此換取全面權力。然而，此舉立即遭到波拿巴等人的強烈反對，陷入了激烈的議會衝突。

就在此時，法軍卻在其他戰場取得了耀眼的勝利，扭轉了局勢。雖然左翼力量聲勢一度看似強大，但隨著成敗的逆轉，其地位也開始搖搖欲墜。

此番危機，無疑是法國共和國迄今為止最為嚴峻的考驗。在各方力量的角力中，共和的前景正蒙上了重重陰影。究竟這個年輕的共和國能否渡過難關，重塑其在歐洲的地位，仍然是一個懸而未決的問題。

九月初，蘇沃洛夫終於自義大利開拔出發，企圖與遭受重創的勒克布部隊會合。然而，在兵分兩路的情況下，其撤退路徑已被法軍截斷。儘管馬賽納一度被擊退，但此刻卻趕至支援莫爾蒂埃，形勢對蘇沃洛夫而言可謂岌岌可危。

蘇沃洛夫安排羅森貝格去迎戰馬賽納，自己則率領主力直搗莫利托爾的陣地。在林特河畔，莫利托爾的部隊在內費爾斯的指揮下頑強抵抗。雖

然蘇沃洛夫最終成功擊退敵軍，但這支俄軍已達極度疲憊的境地。此時傳來霍茲戰敗的消息，蘇沃洛夫別無選擇，只能計劃透過阿爾卑斯山脈撤退。

幸得羅森貝格頑強抵擋，為蘇沃洛夫的撤退掩護。10月7日，這支已耗盡戰力的俄軍終於抵達了萊茵河畔的伊蘭茲，隨後駐紮於福拉爾貝格。

與此同時，英軍遠征部隊在荷蘭登陸取得了小勝，但很快即遭法軍擊敗。奧倫治黨派的叛亂計畫亦告失敗。困境重重的共和八年葡月戰役，就此收場。

法國革命期間的動盪與均衡

在俄羅斯軍隊撤出澤西島後，法國政局再次陷入動盪。保羅一世對蘇沃洛夫未能取勝深感遺憾，於10月23日下令俄軍撤回，並向奧地利斷絕了關係，這預示著反法聯盟的開始瓦解。與此同時，一則令人振奮的消息傳來，波拿巴於10月9日在弗雷瑞斯重返法國，正踏上返回巴黎的征程。這個消息引發了全國上下的狂歡，人們相信「常勝將軍」的歸來必將拯救共和國於危難。

戰爭的歷程可視為一個反覆循環的過程：在失利之後，極端政策往往被提出，而在勝利之時這些措施又顯得多餘；敵情嚴峻時，雅各賓派的影響力便會攀升，他們的勇毅和決心令人敬佩；反之，當威脅消除，溫和派便得以輕易掌權。此刻保守派再次抬頭，五百人院表決通過了修訂人質法和懲罰流亡者的法案，同時元老院也提出了透過增收直接稅取代強制公債的倡議。

保守派的勝利讓勒薩日－塞諾大呼「反革命已經大功告成」。為期兩日的激烈辯論即將於第三日繼續，但出乎意料地，這場原定的辯論竟演變成一場政變。這場突如其來的政變，無疑會再次掀起波瀾，究竟會如何影響法國的未來，令人拭目以待。

一直以來，法國革命的命運都孜孜不倦地在極端與穩健之間搖擺不定。每當危機一觸即發，激進派便趁機崛起，推行一系列強硬政策；可一旦威脅消解，溫和派又能迅速奪回主導地位。這種循環反覆的歷史模式，為法國帶來了連綿不絕的動盪，但也孕育了革命的動力。如今，隨著波拿巴的重歸，新的希望與未知在前方等待。革命的未來究竟將何去何從，仍然撲朔迷離。

拿破崙的奪權之路

　　1799 年霧月十八日政變是法國歷史上一個關鍵轉捩點。隨著共和七年的動盪逐漸平息，法國仍面臨重重內外挑戰。國內叛亂尚未完全平息，經濟更是陷入困境。在此背景下，拿破崙的處境倍受關注。

　　自 1798 年 10 月從埃及歸來後，拿破崙塑造了一個謹慎的共和主義者形象，與巴黎知識界建立了聯繫。然而，儘管他在近期的戰事中無半點貢獻，反而要為戰事的再起負責。此番局勢加劇了修憲的迫切性。督政府對共和三年憲法持懷疑態度，姊妹共和國的新憲法也明顯增加了行政權力。

　　面對這一困境，拿破崙唯有與陰謀者聯手。作為一名被停職的將領，若無法在督政府及兩院中尋得共識，他便無法就任巴黎守備司令。在此過程中，德塔列朗等人發揮了調解作用。在元老院和五百人院的支持下，拿破崙終於在 1799 年霧月十八日成功發動政變，擺脫了共和政體的束縛，成為法國最重要的政治人物之一。這一事件不僅改變了法國的命運，亦深刻影響了歐洲的歷史進程。

革命前夕：政治動盪中的巴黎

　　共和紀元第八年霧月十八日與十九日（1799年11月9日與10日）是一個劇烈動盪的時期，巴黎陷入了深重的政治危機。謠言四起，聲稱恐怖份子密謀行動，引發了社會的恐慌。斯塔爾夫人的話語反映了當時的氛圍：「在此種險境之下，隨時可能爆發殘酷迫害；我深信如此，因此將資金從經紀人那裡取回，交由至親好友和自己保管，隨時準備遠走他鄉。」

　　危機的根源在於一場政變的密謀。在這場政變的計劃中，巴黎之外的勢力似乎更有行動能力，他們以恐怖活動的藉口發動攻擊。元老院匆忙召開緊急會議，企圖查明真相。會議決議將會場轉移到聖克盧宮，這符合法律程序。但指派波拿巴為守衛軍隊指揮官則是違法的，因為此職責應由督政府執行。

　　危機的轉折點在於巴拉斯。這位關鍵人物選擇辭職離開，使得局勢陷入了僵局。戈葉和穆蘭在提交辭呈之前，一直遭到莫羅的監視。

　　到了十九日，巴黎已成了一座軍營。軍隊圍繞著聖克盧宮，那裡是雙院會議的所在地。反叛者見局勢急轉直下，卻缺乏足夠的準備，陷入了困境。缺席前一日會議的元老院成員提出了嚴正的質疑：本院無權發動任何動議。

　　在此危急關頭，波拿巴再次在演說中猛烈抨擊雅各賓黨人，但卻無法提出任何建設性的方案。當他試圖闖入五百人院會議廳時，遭到了眾議員的強烈反對和指責，被迫離開。這場政治風暴正在向何處急遽推進？巴黎的命運到底會如何？動盪的序幕即將揭開。

呂西安為其兄辯護，但最終徒勞無功。他在衛隊護送下被迫撤離現場。波拿巴隨後發表了一番鼓動性的演講，可惜收效甚微。然而，呂西安並未放棄，高聲斥責議員被英國收買、策動叛變，並試圖用匕首暗殺將軍。這一番激烈言論終於讓士兵們跟隨他。立法機關的衛隊隨後採取行動，吹響進攻號角，將正在橘廳召開會議的五百人院議員驅散。

　　在夜幕低垂時，僅得以艱難召集的元老院以及五百人院中的少數成員一致決定暫停兩院運作，並免去六十二位議員的職務。此外，他們還成立了兩個新委員會，負責批准三位執政官所提出的法案，並與之共同擬定新憲法。值得注意的是，儘管波拿巴、西哀士與羅熱－迪科三位執政在名義上地位等同，但實則無人真正相信這種說法。在這場權力的角逐中，波拿巴的影響力遠超過西哀士。

　　從陰謀到刺殺，一切都只不過是謊言的編織，政變成了謊言與受騙的狂歡節。波拿巴最終成為這場政變的最大受益者，掌握了實權，改變了法國的政治格局。他運用謊言和暴力，成功操縱了整個政局，邁向了權力的巔峰。這場政變不僅改變了法國的政治面貌，也揭示了波拿巴的野心與手段，預示著法國未來將迎來一段動盪不安的時期。

革命的遺產與拿破崙的崛起

　　看來法國大革命雖已經歷了十年之久的動盪，但仍未達成資產階級所規劃的最終目標。直到拿破崙的統治，新的秩序才真正成形。革命派與保守的歐洲體系之間的激烈衝突，不僅使貴族階級、教會及君主之間的敵意日益加劇，也導致了執政機關採取併吞外國領土及建立屬國的策略。除了革命理念的自然散播外，武力介入也摧毀了佔領地的舊有秩序，推動了法國政治體制的擴張。這場衝突的嚴重程度使雙方培養出深仇大恨，直到各國人民已疲憊不堪，不得不尋求妥協，才得以暫時停火。在此背景下，拿破崙的個人影響力發揮了決定性作用，使得執政府和帝國時代成為大革命的一個重要階段。

　　在革命的初期，1789年制憲議會制定了旨在鞏固資產階級統治秩序的基本準則。但在對這些準則的解釋和在調節政治架構與社會生活方面，卻遭遇了層層障礙。一方面，革命本質上是破壞遠大於建設的內戰；另一方面，第三等級內部的裂痕，尤其是山嶽派在共和二年實施的經濟管制與國有化法案，侵蝕了資產階級秩序的根基。霧月十八日政變的歷史影響亦不容忽視，我們需要記錄社會架構的顯著轉變和新政權的獨特之處，同時也不能忽視錯綜複雜的局勢、異質階級的利益衝突以及多元思想的碰撞，這些都在制度革新的過程中引發了無數波折，拖延了改革的進程。只有當制度趨於穩固時，資產階級的訴求才能得到充分滿足。

　　在拿破崙的英明領導下，法國終於走向了穩定與繁榮。作為這一時代的重要轉折點，拿破崙憑藉其非凡的個人魅力與卓越的軍事天賦，成功地

平息了內部的政治動盪，並以一種強而有力的手段推動了革命的深化與改革。

　　執政府時期和帝國時代代表了法國革命的又一個重要階段。在這一階段，法國的政治體製得到了進一步的鞏固，在國際事務上也展現出了舉足輕重的影響力。法國革命不僅成功地推翻了舊有的封建秩序，更建立起了一套全新的政治、經濟和社會體系。這一進程雖然艱辛險阻，卻最終交出了令人矚目的答卷。

　　然而，即使拿破崙的統治帶來了相對的穩定與繁榮，法國革命所積累的深層次矛盾依然未能得到徹底的化解。在拿破崙時代，許多問題依然悄然存在，伏筆未消，只等待著一個恰當的時機爆發。拿破崙的崛起無疑代表著法國大革命進入了一個全新的階段，他的統治為法國帶來了前所未有的成就，但同時也埋下了未來動盪的種子。

　　歷史告訴我們，任何一場偉大的革命都不可能一帆風順，它必將歷經多重的曲折與挫折。革命的成功與否，往往取決於能否在這種動盪中找到一個新的平衡點，以確保改革的順利推進。拿破崙時代正是法國革命這一動態過程中的一個重要縮影，其曲折曲折的歷程生動地展現了革命的真諦。

新時代的到來

　　法國大革命帶來了深遠的社會變革，特別是在打破根深蒂固的階級與行會體系方面。掌權的資產階級堅信，只有摧毀這些建立在血統與特權基礎之上的社會架構，個人才能真正享有自由。這種理念雖然被部分人視為過於抽象的個人主義，但實際上，資產階級並非完全反對各種群體的形成，只要這些群體有利於其統治的鞏固。

　　為了實現自身的統治地位，資產階級必須徹底拆除阻礙其前進道路的一切障礙。1789 年 11 月 7 日頒布的法令最終廢除了三等分制，象徵著舊有社會秩序的終結。在鞏固自身統治後，資產階級確實預計會重建眾多新的群體組織。然而，在與貴族階層的內戰過程中，他們不斷走向極端，甚至忽視了這可能對自身造成的損害。

　　首當其衝的莫過於宗教界。向來擁有自主審議機構和司法體系的僧侶階層，依靠教會的地產收益而成為了一個「國中之國」。隨著他們的沒落，「教會」也蛻變為僅僅的「信仰共同體」，失去了法律實體的地位。這種世俗化轉型無疑是大革命的一大特徵，但這也引發了民眾對教會日益增強的懷舊情緒。

　　貴族階層的命運也經歷了翻天覆地的變遷。制憲議會在 1790 年 6 月 19 日宣佈廢除他們的世襲頭銜和家族徽章，著手消除貴族與平民之間的一切分隔。最受普羅大眾歡迎的無疑是對封建制度的徹底掃蕩。1789 年 8 月 4 日夜晚的決議奠定了基礎，一系列法令終結了農奴制和農民對封建主的人身束縛，剝奪了後者的地方行政權力和榮譽特權。隨著封建體制的崩

解，貴族與神職人員的特殊地位不復存在，他們的土地財產也失去了往日的光彩。

這場席捲法國大地的狂風暴雨，將傳統社會的根基徹底震撼，社會各階層的命運因此天翻地覆。新時代的來臨，代表著政治、經濟、社會秩序的全面洗牌。

法國大革命徹底改變了舊日的等級制度，貴族階層的地位和財產都遭到了重大打擊。

起初，革命力量通過一系列立法來剝奪貴族的特權和財產。1793 年 7 月，國民公會廢除了剩餘的領主特權，貴族的土地與其他土地一樣需要納稅。1792 年，立法議會決定沒收流亡者的財產並拍賣。為了促進社會穩定，革命者還頒布法令，廢除了永久租約和租約自動續期的條款，並規定遺產必須平均分配，使得私生子與婚生子女擁有同等的繼承權。這些變革徹底重構了法國社會的階級和特權體系，取代以往的不平等，建立了更加平等的秩序。

在此過程中，貴族的收益大幅減少。國王無法再任意從國庫中賞賜貴族，而貴族也失去了許多特權性職位。軍隊、司法和財政部門的官員改由選舉產生，原有的購買官職做法被廢除。許多貴族作為包稅商的收入也因間接稅的取消而消失。在革命的不確定時期，許多貴族要麼流亡國外，要麼隱居國內，不再參與政治生活。只有那些明確效忠革命的貴族，偶爾才能擔任一些公職。

總之，法國大革命顛覆了原有的社會秩序，徹底改變了貴族的地位和財產狀況。這一重大變革代表著法國社會進入了一個新的時代。

革命歲月下的受害者們

在激盪人心的法國大革命中，各階層人士都飽受其害。不僅是貴族和僧侶，連資本家和普通百姓也難逃這場劇烈變革的浪潮。

據格里弗爾的調查顯示，遷離法國的流亡者約有十二萬九千人。其中位於較為穩定的二十四州，七成二的流亡者在1793年1月1日之前就逃離法國，絕大多數來自貴族和神職界。而遭受入侵或內戰衝擊的十二州，八成三的流亡者也在這一期限前遁走，主要是第三等級的農民。可見革命不僅摧毀了貴族地位，也對資產階級造成了重大打擊。

許多資本家曾在舊有體制下奮力爬升到貴族行列，卻在革命浪潮中失去了夢想。1793年7月，資本家的特權被剝奪，許多人因官職吏役的取消而陷入困境。專業人士如公證人、醫生、藝術家等也深受影響，紛紛失去了原有的職業地位。

國民公會在1793年八月進一步採取措施打壓資本主義，廢除了股份公司制，實行嚴格的經濟管制，使商業資產階級深感前景未卜。

甚至普通百姓，包括手工業工人、小商販以及低層官吏，也未能倖免於難。隨著各種間接稅收的取消，許多下層職員不得不另謀生路。1791年國民制憲會議的工會制度廢除，更是直接剝奪了工匠和小企業主的利益，傷及了他們的自尊。

可以說，法國大革命席捲而來，無一人能全身而退。貴族、神職、資產階級，乃至普通百姓，都承受著各種形式的損失和痛苦。這場社會劇變，留下了無數受害者的悲涼故事。

法國大革命的洪流不僅席捲了經濟結構，在家庭領域也掀起了巨大波

瀾。家庭制度的重大變革從遺產繼承法開始，不再區分貴族和平民，大大削弱了家長的權力。1790年4月16日的法律賦予了家庭會議與父權共同管理家務的權力，子女成年後不再受父親的控制，無父之子女也得到了財產管理權。妻子不再被禁錮在家中，婚姻事宜也需徵求母親意見，離婚權變成了雙方共享。這些革命性的變革，顛覆了傳統家庭結構，動搖了父權制的根基。

通貨膨脹的經濟危機也給家庭帶來了沉重打擊。政府發行大量紙鈔，導致金錢大量貶值，這對富人來說是毀滅性的打擊。到了共和三年，指票劇烈貶值，百姓紛紛以低價拋售，用以繳稅或購買國有資產。為了遏制這一局面，政府禁止提前償還1792年7月1日之前的借款。

土地租賃制度也遭受了劇變。大部分地區實行分成制，租戶必須在租約到期時全數返還地主提供的畜牧農具。從共和二年開始，租戶開始高價出售這些物品，以貶值的紙幣進行賠償。雖然救國委員會先後禁止此類行為，但效果有限。現金租戶則樂於以此損害地主的利益，因為他們完全以紙幣支付租金。

革命的洪流捲舉塵埃，席捲而過，無論是家庭結構，還是經濟秩序，都被大大顛覆和重塑。這場社會巨變帶來的動盪與影響，至今仍在歷史的長河中留下深深的烙印。

資產階級的困境與沉沒

戰爭前夕的巨變不僅動搖了社會基礎，也動搖了資產階級的根基。1795年6月的一項法律規定，房租需要用現金和憑票各半支付，進一步加

劇了巴黎地區的房屋嚴重短缺。房屋損壞的情況一直持續到督政府時期，對資產階級來說是始料未及的巨變。

連年戰爭和貨幣劇烈波動，孕育了一群新興富豪，他們打破了舊有資產階級的格局，將原本的富裕階層推向了貧困的邊緣。這股改變的幅度之廣泛與深遠，觸及了每個靈魂的深處，使貴族階層對於當代社會的不適感持續存在。

一部分傳統的資本階級轉而支持反革命的行列，期望透過保守主義的逆流來恢復社會的穩定性。而另一些資本家則期待著通過改革來維護自己的利益。對於資產階級來說，這是一個充滿不確定性的動盪時期。

過去他們作為社會的中堅力量，享有特權和地位，現在卻面臨著前所未有的挑戰。作為財富的擁有者，他們失去了部分經濟基礎，社會地位也受到了動搖。在這急劇變革的洪流中，資產階級的命運捉摸不定，他們必須適應新的現實，尋找新的定位。

前途的不確定性使得資產階級內部出現了分化，既有的團結和共識被打破。一些人選擇與時俱進，另一些人則試圖固守過去。這一分裂不僅反映在政治立場上，也體現在社會生活的各個層面。

資產階級所面臨的困境，標示著一個時代的終結與另一個時代的開始。這個轉折點既是一次嚴峻的考驗，也是全新機會的展現。他們必須以開放和創新的思維，審視自己的角色定位，尋找在新社會中謀求生存和發展的道路。

明智之選：面對危機的勇氣與擔當

　　資本家階層之所以能夠面對挑戰，並非因為他們無視困難，而是因為他們願意承擔風險。任何一個階級若想取得勝利，都不得不走上冒險之路。國家制度所遭受的十年波折，並非可以直接歸咎於制憲議會的無效率或過度冒進，其深層原因實際上源自第三等級與貴族之間的衝突，以及貴族與國王、外國勾連的複雜關係。

　　國民逐漸認識到，為了確保國境的平安和民意的統一，必須建立一個有效的政府。然而，貴族階層卻僅允許富裕人士從紳士團體中選出議會成員，從而排除了低收入群體的選舉參與權。這個階級不僅掌握了國家政權，還堅信能夠持續保持該政權；他們希望新成立的國家能夠維護貴族在經濟和社會上的統治地位，因此不願意看到行政機關功能受阻。

　　制憲議會雖然本應有助於優化分權制度和限制權力下放，但卻未能朝著這兩個目標努力。由於既不能信任路易十六，也不願意更換君主或建立共和國，他們無法組建一個有效的政府。這種局面讓大部分法國人得以隨意批評不喜歡的議會法案，但當內戰加劇且面臨外來侵犯時，他們才陷入兩難：要麼妥協投降，要麼恢復國家權威。

　　危機時刻考驗著一個國家的領導力和人民的勇氣。要在波濤洶湧的歷史洪流中掌舵，需要明智的選擇和堅定的擔當。只有通過直視問題的本質，坦然承擔風險，才能找到通向光明的道路。這個歷史時刻無疑將是法國人民的一次重大考驗，不過只要他們能夠團結一致，定能最終迎來勝利的曙光。

拿破崙掌權後的法國困境

隨著王政的崩塌和國王的倒台，共和政體終於建立起來。然而，這一過程中卻出現了嚴重的內部分裂。一方面是支持王政的和緩派，他們與政治強硬派決裂；另一方面，強硬派試圖以削弱國家基礎來重塑國家權威。為了獲得民眾支持，強硬派不得不推動政治平等，這也導致了貴族階層與他們的對抗。

在此背景下，國家陷入了行政和立法機構之間的對抗以及政治僵局。雖然督政府試圖利用各種手段擴張其影響力，但依然無法根本解決國內反革命力量的問題，以及實現和平的目標。政府的社會基礎過於狹隘，既與大多數資產者對立，又未能獲得平民階級的援助。

最終，一系列的軍事挫敗和雅各賓派的臨時復興，促使有選舉權的資產階級與拿破崙結盟，試圖在不危害資產階級優勢的前提下，為行政權注入新動力。這場衝突揭示了專政統治對於革命的必要性，資產階級階層在共和國二年遭遇的震驚後，更願意擁抱軍事獨裁。

拿破崙掌權後，雖然暫時穩定了局勢，但法國革命仍深陷重重矛盾和困境。如何在維護資產階級利益與實現民主理想之間尋求平衡，是拿破崙面臨的巨大挑戰。

法國大革命帶來了政治、社會、文化的深刻變革，其中宗教問題更是一道極具挑戰的難題。革命者在追求自由、平等、理性的理想中，對於教會的影響力和宗教在社會中的地位往往持有矛盾和猶豫的態度。

在制定1789年人權宣言時，信仰自由、研究自由與批評自由被列為首要價值。理論上，建立一個非宗教的世俗國家應該是革命的核心目標。

然而，現實中革命者們在這一問題上顯得謹慎，對宗教自由的討論並未作出明確的制度安排。直至 1789 年末至 1790 年初，才勉強賦予新教徒及猶太人公民身份，但並未建立徹底的世俗化民事登記制度，人們依舊被要求信奉某種宗教。

雖然立法機構聲稱未來法規不會受到宗教勢力左右，但它們並未完全割捨天主教，仍保留其在公共宗教儀式上的獨佔地位。直至 1792 年，教會的慈善事業和教育事業依舊維持，堂區牧師的民事登記職責也未被剝奪。革命者對此保持謹慎，一方面是因為教士在民間擁有極高聲望，另一方面也顯示了他們對宗教的依賴和認同。他們認為宗教對普通民眾而言是必不可少的。

這種矛盾徘徊的態度，最終導致了革命的分裂。激進的革命派將傳統神職人員視為敵人，而溫和的憲政派則試圖在不違背宗教教義的前提下，對教會進行適度管控。這種分裂最終導致了教會內部的分裂，革命派甚至脫離了基督教信仰。

直到 1792 年 9 月，世俗的民事登記制度和離婚制度的建立，才代表著法國革命在世俗化道路上取得了一個重要的里程碑。然而，革命中宗教問題一直是一道棘手的難題，充分反映了法國社會在自由、理性、保守等價值取向之間的矛盾和掙扎。

世俗化與宗教革命的雙向拉力

自 1789 年的人權宣言以來，法國革命開始了一個世俗化的進程。宗教自由、研究自由與批評自由成為新秩序的核心價值。然而在實際立法過

程中，革命領袖卻表現出了謹慎和矛盾。

儘管宣佈天主教不再是國家宗教，但教會在公共場合的特殊地位仍得到保留。堂區牧師依舊負責民事登記，教會的學校和慈善事業也得以延續。這顯示革命領導層對教會仍抱有一定程度的保留和妥協。他們意識到教士在民間的影響力，害怕激進的世俗化舉措可能引發民眾反對。

但革命的世俗化動力並未就此熄滅。隨著時間推移，一系列帶有強烈世俗色彩的改革措施陸續出台。1792年建立了世俗民事登記制度，1794年更是剝奪了教士的薪酬待遇。教育和扶貧事業也逐步脫離了教會控制，而被納入世俗的公共領域。

可以說，法國革命在世俗化和宗教自由兩個目標之間，一直處於一種微妙的張力之中。革命派既要廢除教會的特權地位，又要避免引起過大的社會動盪。這需要依靠智慧和政治技巧去平衡。

最終，世俗化的進程還是取得了勝利。但在這一歷程中，保守力量不斷重整，並一度捲土重來，足見宗教在法國社會中的根深蒂固。世俗化從來就不是一蹴而就的，而是一場持久的博弈。

國家的世俗化看似已經達成，但實際上仍有許多未圓滿之處。共和派人士力圖為這一公眾倫理體系，奠定堅實的精神基礎。他們幻想著自然宗教，能為信徒提供精神慰藉，並相信每週一次的集會和革命紀念日，可以取代天主教的諸多儀式。因此在革命初期，他們便積極推動建立這種國家宗教，以抵抗傳統的宗教信仰。

但內戰的壓力下，世俗化運動未能維持最初的強勢。事實證明，世俗化的進程與信仰自由乃至忽視精神層面的經驗主義或理性主義並不相容，顯示十八世紀的思潮尚未普及。革命之風雖未徹底摧毀基督教根基，卻使

部分法國人背離了傳統信仰。

隨著政府不再強迫民眾參加彌撒或領聖餐，信仰在許多地區迅速衰落，尤其在巴黎及中部地區更為明顯。在霧月十八日到來之前，僧侶已經失去了扭轉頹勢的能力：他們失去了財富，有的流亡他鄉，新進成員寥寥無幾；神職人員短缺，許多老年神父無人接替；教士分裂，階級體系動搖。信徒參與聖事的次數減少，兒童宗教教育中斷，宗教習俗漸漸冷淡，到十九世紀初期才勉強復興。

革命前，不信宗教僅限於貴族和資產階級，而現在已廣泛存在於平民階級。這一劃時代的新現象，加之革命與教會的決裂，其後果難以估量。革命使資產階級意識到 1789 年原則與天主教不相容；教會亦得出相同結論，庇護六世譴責了人權宣言。大多數僧侶最初雖未反對人權宣言，但隨著教會分裂與鎮壓加劇，世俗化程度提高，他們漸漸採取了與革命對立的態度，只有少數憲政派神父例外。

革命後的法國宗教世俗化之路

在表面上看起來，法國已經徹底走向世俗化。然而，這個轉變過程其實並未完全圓滿實現。不少共和派人士認為，我們需要為一個建立在效率主義公共道德基礎之上的體系，奠定堅實的精神基礎。他們憧憬著自然宗教能為信眾提供精神慰藉，並相信每週一次的集會以及革命紀念日能取代天主教的諸多典禮。因此，革命初期他們便積極推動建立這種國家宗教，以對抗傳統的宗教信仰模式。

但是，在內戰的重重壓力下，這場世俗化運動逐步推進卻未能保持先前的強勢。這也證實了，世俗化進程與信仰自由，或者忽略精神層面的經驗主義和理性主義並不相容。這實際上說明了，十八世紀的思潮在當時尚未真正普及。

儘管革命的狂風未能徹底摧毀基督教的根基，但確實讓部分法國人民與其傳統背道而馳。當政府不再強制民眾參加週末彌撒或復活節領受聖餐時，信仰在許多地方迅速衰落，尤其是在巴黎及法國中部地區更為明顯。在霧月十八日到來之前，僧侶已經失去了扭轉頹勢的能力──他們失去了財富，有的流向地下，有的離鄉背井；新進成員寥寥無幾，年邁的神父也無人接班；教士階級體系動搖，分裂不斷，有些頑固者甚至自行其是，不聽憲政派主教和本堂神父的指揮。信眾參與宗教儀式的次數也逐漸減少，兒童宗教教育難以進行，習俗漸趨冷淡。因此，到了十九世紀初期，需要付出巨大努力才能復興宗教。

無疑，革命時期教會與政府的決裂，使資產階級開始意識到 1789 年的原則與天主教義不相容。教會也做出了同樣的判斷：教宗庇護六世在 1790 年譴責了人權宣言。至於法國的僧侶，雖然最初或許有人表示接受人權宣言，或至少多數人沒有反對，但隨著教會分裂加深、鎮壓加劇、世俗化程度日益提高，他們漸漸採取了與革命對立的態度，僅有少數憲政派神父例外。

革命浪潮席捲而來，掀起了整個社會的深刻蛻變。在這股劇烈的轉型中，資產階級不斷嵌入政權，逐步提升自身的技能與能力，最終被拿破崙納入麾下。然而，對於民眾日常生活的影響，行政部門的運作效率和人員的工作認真程度顯得更為關鍵。

下層官僚與平民的直接交互，深深影響著政府的聲譽。早期議會成員多出身上層社會，但隨著革命的推進，資產階級工匠、零售商和自由職業者開始進入市政，引發了舊貴族的不滿。市鎮官員往往素質良莠不齊，有的甚至是文盲出身的農民。為了彌補這一缺陷，學者們早在 1789 年就提出了建立「大市鎮」的構想，希望透過行政架構的重塑，提升整體效率。

　　儘管這一提案直到共和國第三年才開始實施，但卻遭到了地方自治精神的強烈反對，最終擱置。然而，革命的餘波依舊蕩漾著，州、縣和市鎮三級行政架構逐漸成為不可或缺的組成部分，負責日常業務和司法事務的處置。在風雲變幻的革命浪潮中，行政人員表現出了令人敬佩的工作態度和責任心。

　　雖然選舉資格仍受財產限制，但資產階級堅決反對只讓富裕者擔任公職。公職行政人員領有固定薪酬，與議員地位相當，但許多人為保護個人職業生涯，寧願選擇辭職。此外，部分新晉官員由於能力和決斷力不足，需要一段時間適應和掌握工作要求。

　　為體現民主理念，選舉頻率異常之高，各級官僚每隔一兩年便要進行部分輪替。雖然這為更多公民提供了參與公共事務的機會，但也使新當選官員無法累積足夠經驗，導致棄權人數節節攀升。

　　在此種動盪的環境中，行政管理的持續與精進，部分仰賴於次級文職人員，即所謂的「公務員」。雖然低階文職人員得以保留職位，但隨著政黨輪替，大量忠實擁護者被聘用。革命政府職能的增強，導致文職人員數量激增，這已經成為革命政府的一大特徵。不過，許多文職人員由於缺乏能力和責任感，表現令人失望。

　　為了改善這一局面，共和國第三年後，督政府派出特使負責指導下層

行政人員。然而，金融混亂和財政窘境，使私下交易和欺詐行為卻越加猖獗。霧月政變的目的之一，就是廢除選舉，增強行政機構的權威，恢復國家聲望並確保各級機構的效能。

雖然選舉準則最終得以保留，但治安法官已不再視為真正的司法人員，他們的任期僅限兩年。

重塑稅務：
大革命後的法國財政改革之路

　　大革命期間，憲法制定者試圖在不倚賴法官與法律專家的情況下，讓當事人自行解決糾紛，以降低訴訟成本。然而這一嘗試並未成功，因為被邀請參與調解的人往往缺乏法律知識，無法贏得雙方的信任，或被法律專家牽制而淪為傀儡。儘管理論上可以不必依賴檢察官、訴訟代理人等，人們仍渴求他們的協助，導致法律服務費用居高不下。為此，共和國第三年的憲法將民事和刑事案件集中到州一級處理，以取代縣級法院。這一變革雖減輕了地方機構的負擔，但也延長了案件的處理時間，增加了民眾的旅行開支。

　　在稅收領域，制憲議會的改革措施層出不窮。土地稅、動產稅和營業稅的實施因地區差異而魚龍混雜，充斥著漏洞。內戰期間，政府不得不通過強制公債、革命捐獻等措施籌措資金。直至共和三年政府才恢復動產稅和營業稅。此後，政府不斷調整這三種稅收的徵收方式，直至共和七年才確立了一個相對穩定的稅收體系。

　　然而，即使在這一改革成果穩定下來後，納稅人的不滿情緒仍未完全平息。土地稅的公平分配一直困擾著政府，需要耗費大量人力物力進行土地冊的編製，直至拿破崙時期這個浩大的工程才真正開始推進。

　　可以說，在大革命的動盪中，重塑公平合理的稅收秩序一直是法國政府面臨的重大挑戰。如何建立一套高效透明的稅務體系，既能有效籌集國家財政收入，又能獲得百姓的支持和信任，這一課題一直是歷代統治者必須解決的關鍵所在。

面對國家財政的持續惡化，山嶽派對金融家的貪腐、濫權及與官員私通的行為表達了合理的憤怒，更禁止國庫向他們尋求援助。無奈之下，國庫被迫依靠發行債券和出售國有資產維持日常和軍事開支。這種權宜之計雖能暫時渡過難關，卻引發了種種問題。

熱月黨人在恢復商業自由後，大量依賴軍需供應商，這些金融投機者屢次呼籲成立一家發行紙幣的中央銀行，但遭到國會的拒絕。因此，國庫只能倚靠臨時措施，導致國有資產賤賣一空，市場上充斥無法兌現的票據。在貨幣膨脹與國庫枯竭的雙重打擊下，社會動盪四起，不少人對大革命的理想失去信心。

振興財政無疑是當權者當務之急。儘管波拿巴憑藉自身的軍事實力和政治手腕贏得了人民的支持，但由於資源缺乏，大革命的一些理想目標仍難以實現。譬如，雖然1791年憲法在教育和社會救濟等領域做出了重大承諾，但實際施行情況卻僅達到一半，社會救濟更是完全告吹。

百科全書派門徒認為，國民教育是大革命的神聖職責，可開拓知識持續發展、消除社會弊端、促進共同富裕的無限可能，為人類的全面進步貢獻力量。然而，這一遠大願景與戰火連天、財政困境的現實仍存在一定差距，革命過程中理想與現實的博弈正成為一項巨大挑戰。

教育與公民權利：孔多塞的理想與抱負

孔多塞所倡導的民主理念，體現出深厚的人文關懷，與金錢至上的自私主義形成鮮明對比。他不僅繼承了笛卡爾的理念，更提出了賦予教育更

深遠的意義:「確保每個人都能充分利用自己的才能,從而在公民之間實現真正的平等,進一步使得法律所認可的政治平等得以實踐。」換言之,教育的宗旨在於為所有人提供在資本主義社會中行使人權的途徑。

對於教育體系的性質,孔多塞提出了許多富有爭議的見解。他認為,教育不應該被中央政府壟斷,也不應該完全交由地方政府和家庭管控,而應保持一定的獨立性。同時,他主張教育應該是免費的,每個人都應該有機會接受教育,實現真正的平等。但這筆開銷究竟由誰來承擔,一直是一個難題。

針對國民教育,孔多塞提出了一個三級制的方案:首先是基礎教育,惠及所有男女童;其次是中等教育,由「專門學校」負責;最後是高等教育,建立九所「公立學校」。他希望建立一個獨立於政治動盪、家庭干涉和教會審查之外的專業教育機構——全國教育協會,來統籌全國的教育和科學研究事務。

然而,孔多塞的這些理念也遭到了一些質疑和批評。有人擔心,教育若脫離政治和宗教的掌控,會淪為國家專制的工具。同時,無償教育的政策也引發了對財政能力的質疑。這些爭議一直未能得到明確的解決。

儘管孔多塞的主張引發了眾多爭議,但其賦予教育更高遠意義的努力,體現了他對人權和民主的深切追求。他希望通過教育,實現每個公民真正的平等和自由,這無疑是一個崇高而遙遠的理想。

孔多塞所提倡的民主理念,深深植根於人文關懷之中,與資本主義社會盛行的自私主義形成強烈對照。他建基於笛卡爾的理念,進而提出賦予教育更深遠意義的構想:「確保每個人都能充分發揮自己的才能,實現公民之間真正的平等,進而使得法律所認可的政治平等得以實踐」。換言

之，教育的宗旨在於為所有人提供在資本主義社會中行使人權的途徑。

教育究竟應由誰來掌控？中央政府、地方政府還是家庭？教育是否應該強制入學且免費？這筆開銷又應由誰承擔？教育應保持獨立性，還是應屬於非宗教性質？這些議題一直存在分歧。

在 1791 年 9 月 10 日，制憲議會聆聽了德塔列朗所提出的報告；1792 年 4 月 20 日及 21 日，立法議會則給予孔多塞機會闡述其聲名昭著的方案。而在吉倫特派治下的國民公會時期，公共教育委員會的報告屢次被聆聽，卻遲遲未能作出決斷。

儘管孔多塞並未直接提出義務教育概念，但似乎對此持認同態度。但他反對國家壟斷教育，主張任何公民均有創辦學校的自由。他提出的國民教育方案，包括從男女童均受益的基礎與普通中學教育開始，再由「專門學校」負責中等教育，最後建立九所「公立學校」提供高等教育。部分傑出青年將作為「祖國之子女」獲國家資助，其他青年則透過講座和國家典禮，完善其已開始的國民教育。

孔多塞期望創設一個獨立於政治動盪、家庭干涉和教會審查之外的專業機構「全國教育協會」來主導全國教育和科學研究事務。這也正是人們對他的非議所在。

一個理想的公民教育藍圖

在 1793 年的夏天，山嶽派展現了對科學研究和教育的無比熱忱。他們決心將「王家花園」改建為一座引人入勝的自然歷史博物館，以饗廣大

民眾。然而，山嶽派深知當下最迫切的任務是建立一個基礎教育系統，因為他們堅信，透過基礎教育對未來公民進行公民教育是必要的。

山嶽派認為，教育應該是實用性和目的性的，旨在讓青少年儘快掌握專業技能，為國家發展貢獻自己的力量。為此，他們內部的極端平等主義者提倡設立統一的學校體系，務求實現教育資源的公平分配。1793 年 7 月 13 日，羅伯斯庇爾將勒佩蒂埃・德・聖法戈撰寫的教育方案提交國民公會審議，並於 7 月 29 日以公共教育委員會的身份正式提出。

這一法案倡議國家對教育系統擁有專有權，並規定共和國將承擔所有兒童的教育責任，不分性別，從五歲到十一歲（女孩）或十二歲（男孩）。學校將作為一種合作組織，由家長會議領導，學生將出賣部分勞動成果，力求學校自給自足。學校的主要目的不是死板的知識灌輸，而是培養學生的良好品德和實用技能。

1793 年 12 月 19 日，共和二年的霜月二十九，國民公會頒布了一部教育法令。雖然未完全採納勒佩蒂埃的全面教育方案，但仍著眼於基礎教育，確保教育的自由性。該法令規定，家長需保證孩子至少接受三年學校教育，至於具體選擇哪所學校，則由家長自行決定。共和國會根據學生數量向教師提供津貼，並責成地方政府在缺乏教育工作者的情況下聘請小學教師，其薪酬由國家支付。這些學校由市鎮、區域以及家長共同監督，使用國家救國委員會認可的教科書，包括《人權宣言》等重要內容。

這樣一個面向全體公民的基礎教育體系，必將培養出一代又一代熱愛國家、擁護共和制度的合格公民，為這個年輕的共和國注入持久的活力。這不正是我們引領時代前進的理想藍圖嗎？

在法國大革命期間，教育和慈善事業都經歷了劇烈的變革。儘管艱難

的戰爭局勢和資金短缺對改革的步伐施加了重大限制，但革命仍在一定程度上推動了教育的普及和發展，並為公共教育鋪平了道路。同時，慈善事業也經歷了由教會主導轉向世俗化的重大轉變。

在教育領域，戰爭壓力下山嶽派仍強調教育的務實性，推動科學研究與教育進步。他們設立了「馬爾斯學校」等培養準軍官的專門機構，並培養了一批化學、天文等專業人才。熱月政權也為教育改革做出了貢獻，頒布法案建立師範學院，並確立了公共教育制度，在全國各地設立學校。在高等教育領域，熱月黨還成立了工藝博物館、醫科學院等多所專業院校。中等教育方面，每州都設立了「中心學校」，雖然仍收取學費，但無疑反映了教育民主化的進程。總而言之，革命期間教育體制經歷了深刻變革，從基礎教育到高等教育均有所發展，為後來的現代教育奠定了基礎。

在慈善事業方面，革命導致了教會失去募款能力和慈善資產的減少，使得慈善事業陷入困境。地方政府做出一些補救措施，山嶽派亦曾提出社會保障構想，但最終都無法長久。直到督政府設立了濟貧辦公室，允許市政府徵收慈善捐款，慈善事業才逐漸恢復。同時，人權宣言確立了窮人尋求救助的權利，資產階級也轉向更多提供緊急救助性質的慈善。

總之，法國大革命期間，教育和慈善事業在困難中都經歷了深刻的變革，反映了革命時期社會轉型的特徵。這些變革雖然並非完美，但無疑為後世奠定了基礎。

法國革命下的軍事變革

　　法國革命期間，軍事體制經歷了重大變革。1799年建立的國民軍成為一大突破。然而1789年時，法國人民並未預見到這一結果。他們當初對民兵徵召制度感到不安，對平等熱愛的嚮往並不意味著渴望全民皆兵。畢竟戰爭向來是貴族的專屬，新政府的目標不是尋求全球和平嗎？

　　制憲議會最終廢除了民兵制度，但拒絕了杜布瓦·克朗賽的提議，堅持採用志願兵募集制度。1790年2月，制憲議會終結了買賣官職的惡習，宣佈所有人皆有晉升為軍官的機會；從9月起，每四名少尉中就有一個位置留給從士官晉升上來的人，並更加注重資歷。除了這些讓下級官兵和資產階級滿意的改革外，軍隊中的傳統秩序幾乎未被觸及。路易十六仍然是軍隊的最高指揮，只要貴族官員不逃亡，他們的職位依舊保留。第三等級與貴族之間的衝突逐步蔓延至軍隊，制憲議會始終未能決定進行徹底清洗。

　　與此同時，隨著作戰部隊的不斷瓦解，兵力持續減少。革命之民眾組建了國民衛隊，這支非全職的地方武裝，開放給一切可持械的公民，著藍色制服，其軍官由士兵選出，認為自己與常規軍隊迥異。國王的逃亡預兆了外來入侵，制憲議會遂從國民衛隊中抽選十萬名義勇軍，按州分編制營隊。戰事爆發後，立法議會又增兵義勇軍；基於此，制憲議會於1793年2月23日再調動三十萬人。儘管在1792年至1793年間只是地方性動員，國民衛隊後期亦為督政府提供巡邏隊，但仍然保留了其獨特性。故此，革命之法國擁有兩支不同性質但共同守衛國土的戰鬥力量。

　　革命浪潮席捲法國，帶來了軍事體制的重大變革。1799年建立的國民

軍堪稱一大成功。但這一切在 1789 年時還難以想像：法國人對民兵徵召制度感到反感，他們熱愛平等，卻並不渴望全民皆兵。戰事向來是貴族的遊戲，新政府難道不是要追求全球和平嗎？

制憲議會雖然廢除了民兵制度，但仍堅持採用志願兵募集制度，拒絕了杜布瓦・克朗賽的提議。1790 年 2 月，議會終結了買賣官職的惡習，宣佈所有人皆有機會晉升為軍官；從 9 月起，每缺少四名少尉就有一個位置留給從士官升上來的人，並更加注重資歷。除了這些讓下級官兵和資產階級滿意的改革，軍隊中的傳統秩序幾乎未被觸及。路易十六仍是軍隊最高指揮，只要貴族官員不逃亡，他們的職位依舊保留。第三等級與貴族之間的衝突逐步蔓延至軍隊，但制憲議會始終未能決定進行徹底清洗。作戰部隊的瓦解使兵力持續減少。

這期間，革命之民眾組建了國民衛隊，一支非全職的地方武裝，著藍色制服，其軍官由士兵選出，與常規軍隊迥異。國王的逃亡預兆了外來入侵，制憲議會遂從國民衛隊中抽選十萬名義勇軍，按州分編制營隊。戰事爆發後，立法議會進一步增兵義勇軍，至 1793 年 2 月 23 日再調動三十萬人。國民衛隊雖然在 1792 至 1793 年間主要為地方性動員，但後期亦為督政府提供巡邏隊，保留了其獨特性。

由此可見，革命之法國擁有兩支守衛國土的戰鬥力量：一支是國民軍，另一支則是革命之民眾組建的國民衛隊。這些變革體現了法國軍事體制的徹底轉型，為革命的勝利奠定了基礎。

革命軍隊的變革與力量

　　法國大革命爆發後，軍隊經歷了翻天覆地的變革。山嶽派抱持著透過部隊的混合編制來擴散義勇軍的民間特質，期望將這種特質滲透到整支軍隊。然而，事實證明，這種混合編制在某些層面上削弱了民間特質，但革命對軍隊的影響依然深遠。即便軍隊後來成為拿破崙的私有物，它依然保持著對貴族和神職人員的對立，忠於革命的理想。

　　民主精神在軍隊中未曾消逝，智慧與勇氣成為軍人晉升的關鍵，學識則相對次要。混合編製成為軍隊的一項顯著特徵，新兵一旦入伍，便迅速奔赴前線參與戰鬥。革命武裝力量的獨特性質促使作戰方式發生轉變。

　　在戰術層面，義勇力量的積極主動性始終是推動其前進的關鍵。雖然法國的騎兵在督政府時期有所提升，但直至帝國時代前，依然不及奧地利軍隊。在策略上，則顯現出更多創新的需求。卡諾的策略構想尚屬初級階段，波拿巴於意大利戰役的驚豔表現僅是開端；自此之後，策略方面的發展一度陷入停滯，1799 年的戰事差點讓之前的努力付諸東流。所有的轉機都等待著拿破崙的天賦，只有在他的策略指揮下，這支經過革命洗禮的軍隊才展現出所向無敵的力量。

　　帝國時代的數場戰役充分展示了這支軍隊攻城掠地的強大能力。拿破崙的出現為軍隊注入了新的活力，使其在戰場上成為無堅不摧的力量。法國革命無論是摧毀還是建立，都從多個層面加強了國家的團結。國內地區間的隔閡被消除，所有居民在法律面前均等無異，需遵從國家及其統一的行政架構。國內的諸多關卡不復存在，在交通許可下，國家市場得以形成。與外國的邊界得到明確確立，周邊國家的貴族和主教喪失了他們在法

國的封建權利和司法權力。法國革命在摧毀與建立中，塑造了一支傳奇般的軍隊，開啟了國家團結的新紀元。

法國革命期間，各派革命份子普遍對理性主義抱有不同程度的堅定信仰。在革命的推進過程中，理性主義在各個領域都得到了充分的體現和發展。

首先，在政治和社會制度建設方面，法國革命試圖以理性主義為指導，建立起新的政治體系和社會秩序。國民公會賦予笛卡爾進入先賢祠的至高榮耀，體現了對理性思維的崇尚。孔多塞的《論人類精神的進步》更是展現了對人類未來充滿信心的理性主義思維。自然神論的形而上學也以務實主義的方式出現，努力以道德為基礎，融合情感和希望。

其次，在科學領域，理性主義也得到了長足發展。觀念學派致力於透過經驗科學的研究手段，將知識的獲得推向實證的極限。心理學、精神病學等新興學科也在此期間萌芽。數學、物理、化學等領域，也湧現出一批傑出的科學家，對學科的發展做出了重要貢獻。

然而，即便理性主義在革命時期得到如此顯著的發展，其終究無法徹底解決法國社會矛盾的根源。內戰的爆發，使一小撮法國人不得不背井離鄉，他們對新政府充其量只是表面迎合，內心卻暗藏復興舊勢的野心。長遠來看，各種矛盾和衝突將逐步激化，最終走向不可調和的對立。理性主義雖然在革命中佔有重要地位，但其侷限性也日益凸顯。

「經典語言的反擊」

在歷史的巨濤中，思想家們紛紛背棄了啟蒙時代的理性主義，轉而投奔傳統與宗教的庇護。拉哈爾普拋棄了理性的懷疑，投身於信仰主義的懷抱，而豐塔納則專注於社會功利的論述。在流亡的學者群中，也出現了同樣的趨勢。博納德和梅斯特爾在1796年於異國他鄉發表了早期作品，他們追隨伯克的腳步，扭曲了經驗理性主義，為傳統進行辯護，並在十九世紀成為反革命的聖人。巴呂埃爾神父在1797年撰寫的《雅各賓主義的歷史回顧》更是迅速獲得認可，試圖將大革命描繪為共濟會的陰謀。

這一時期，語言本身也在經歷著翻天覆地的變遷。隨著革命之風的興起，某些詞彙的含義得到了擴展，充斥著濃烈的情感色彩。「貴族」、「獨裁者」、「暴君」、「封建制度」、「舊體系」、「革命」等詞彙，都帶著那個時代特有的情感色彩，能夠引發人們強烈的情緒共鳴。而「法律」、「憲法」、「公民」等詞彙，則能夠激起人們的敬畏之情，儘管這種感覺後來逐漸消散。有些詞彙如「民族」、「祖國」等，則始終保留著崇高的意義。

這種情感的波動，也使人們不加節制地使用誇大、狂熱和激進的語言。有些語句至今令人難忘，如那位革命者的怪誕論述：「你們與勝利締結盟約了嗎？」──「不，我們是與死亡訂下了盟約。」

這樣的語言演變，正是那個動盪時代的縮影。隨著理性主義的式微，傳統與宗教開始重獲地位；而語言本身也經歷了一次天翻地覆的變革，情感取代了理性成為主導，這對整個時代的思想文化都產生了深遠的影響。在這股逆流中，古典語言倒是捍衛了自身的生命力，並開始反擊那些新興詞彙的侵略。這場語言之戰，反映了時代思想的角力，彰顯了人類文明的曲折發展。

法國革命與新興文藝潮流

　　法國大革命不僅改變了政治版圖，也孕育了新的文學形式和藝術潮流。革命時期，政論文和政治新聞成為文人創作的主要題材，為他們提供了豐富的素材。安德烈・謝尼埃詳細描繪了網球場，他的兄弟則選擇了描寫查理九世；法布林・代格朗丁創作了《菲蘭特》。戲劇也成為了宣傳工具，劇作如《自由祭》在當時大受歡迎。

　　到了督政府時期，許多偉大的演說家相繼離世，留下的時評作家無人能與德穆蘭相提並論。傳統的文藝形式和老生常談的主題依然佔據主導地位。一些才華橫溢但缺乏天賦的作家，如杜西、阿爾諾等，持續保持著古典文學的傳統。然而，古典主義逐漸走向衰亡，新興富裕階層和小資產階級難以理解其魅力。他們更偏愛畢克塞雷古和杜克萊－杜米尼的傳奇戲劇——最早的浪漫主義作品。特雷桑伯爵的仿古抒情詩因配上小調和木刻而大受歡迎，預示著浪漫主義對中世紀的懷舊之情。

　　在藝術領域，復興的風潮同樣根深蒂固。制憲議會成立了「文物委員會」，國民公會於1793年設立了「臨時藝術委員會」。大衛及其追隨者在1789年之前對復古及淡雅色調之偏好依舊不減。錢拉、吉羅代及格羅尚尚待崛起，普呂東亦未成名。音樂領域也受到革命激情的影響，戈賽克、梅烏爾和格雷特裡為革命慶典創作了頌歌。但在室內樂及歌劇方面，傳統勢力依然根深蒂固。

　　革命為法國文學與藝術注入了新的活力，孕育了浪漫主義等新興流派，但古典主義的影響依然存在。政治風雲的變遷推動了藝術創作的方向，同時也促進了文化遺產的保護。這些曲折變遷呈現出法國文藝發展的獨特軌跡。

法國革命後的階層重塑

　　法國大革命後，社會整體發生了重大變革。教會勢力逐漸凋敝，貴族階層面臨地位下降，但仍保有一定影響力。與此同時，資產階級在革命中受益，成為社會新秩序的主導力量。

　　在新的社會結構中，部分資產階級遭受經濟動盪帶來的損失，但更多人把握時機大幅增加財富。原有的資本家階層在新富者的加入下得到充實，更加穩固了自身地位。這些新興資產階級多為手工業者和商販，他們急於致富，不擇手段，給資本家階層注入了新的活力。

　　與此同時，知識份子階層也在革命中提升了地位，成為新統治者的重要支持力量。這些文人學者願意為新的統治者效力，助力資產階級在社會中的地位鞏固。

　　革命後的法國，資本家階層在新富者的加入下得到了壯大，成為社會發展的關鍵力量。一些新興資產階級缺乏文化涵養，但他們的冒險精神和不擇手段的追求財富方式，為資本主義提供了重要推動力。法國大革命僅是這一發展過程中的一個重要歷史階段。

革命變革下的法國農村轉型

　　法國大革命期間，農村社會經歷了劇烈變遷。平民農民崛起，對舊秩序造成了致命衝擊。稅收平等化、廢除什一稅及領主特權，徹底改變了農村的社會結構。

　　這場變革的影響層面極其廣泛。農村中產階級逐漸放棄革命理念，與貧困農民的分歧日益加深。對於貧農來說，唯一的訴求就是終結農奴制和人身束縛。這引發了農民社群的崩解。有些村落進行了公地分割，讓農民獲得小塊土地。但大部分村落拒絕分割，因地太小或更想保留公共草場。

　　國家產業的出售大大增加了自耕農的土地所有權。到了督政府時代，這些產業的主要買家變成了資本家，他們手中集中了大量土地、房產和林地。即使在對農民有利的時期，國家產業拍賣也總是偏向富裕自耕農和大農場主。這不斷提升和鞏固了農民資本階級的地位。

　　商業自由也給富裕農民帶來好處。根據租約法規定，土地出售後租約即告終止，唯獨教會產業除外。當農場主得知制憲議會要求維持原有租約時，感到非常滿意。但山嶽派則更嚴格，允許買家取消原租約。

　　經濟管制對農業生產者造成沉重壓力，令他們更加意識到，自身與整個資產階級的保守利益是緊密相連的。法國大革命，不僅衝擊了舊有秩序，也推動了農村社會的深刻嬗變。

新局中的民生困境

然而，上述情況並未真正反映法國人民的生活處境。雖然個別地區出現了一些緩解，但大部分法國民眾的生活品質仍然未見明顯提升。手工業者和小商人人數不減反增，他們依舊維持著傳統的生活方式。令人更加擔憂的是農村地區，土地問題根治無期，眾多農民面臨土地短缺或無法承租的困境。

對於無產階級而言，雖然因稅收改革而獲得一定好處，但生活壓力並未真正得到緩解。城市中情況略有好轉，但農村的無產階級卻未能從中受益，他們脫離了對地主的人身束縛，但工資並未隨物價下降而減少。雖然暫時受到時序豐收的緩解，但失業風險依然存在，尤其是臨時工，他們的生計更加岌岌可危。

此外，工人階級的處境也並未得到明顯改善。雖然工會和互助會開始復蘇，但禁止工人組織和罷工的法律依然存在。工人階級的權益依然未能得到真正保護。

在這場社會重組的過渡期中，貴族階層正渴望重新奪回主導地位，他們清楚地認識到，維持民生穩定和保留傳統習俗對他們而言至關重要。畢竟，國民曾為推翻舊秩序而接受了一些被輕視者的崛起，這對他們來說都是不得已的選擇。

這一切都凸顯了法國正處於一個關鍵的轉折點，前路未明，民生福祉依然是個亟待解決的痛點。

法國革命與資本主義興起

　　法國大革命並非單純的政治事件，其深層影響遠超乎人們的想象。這場革命開啟了一個新時代，代表著資本主義及其核心特質——經濟自由——的崛起。

　　革命賦予了平民普通百姓以前所未有的自由，他們得以憑藉自身的創業夢想一試身手。技術革新也從束縛中掙脫，但卻引發了手工業者的擔憂。他們害怕技術會導致資本集中，自己淪為工人階層。農民也擔心土地權利的流失。資產階級期望改革，但又害怕資本主義巨頭會偏離傳統價值，甚至壟斷政治。

　　顯然，法國的確積極引進英國的技術進步，但阻礙重重。人們普遍對英國的經濟模式持有偏見，認為其過度依賴信貸，容易導致產能過剩。即使擁有豐富的煤炭資源，法國仍鮮有人願意大規模引進機器設備。戰爭的打斷更使這一進程遭到嚴重阻礙，只有棉紡織業取得相對進步。

　　最終，資本主義的興起給法國社會帶來了深遠影響。它挖斷了封建制度的根基，解放了個人，但同時也帶來了新的矛盾與挑戰。它既促進了經濟繁榮，也造就了新的貧困階層。這一過程無疑是曲折的，反映了法國革命留下的豐富遺產。

資本主義與民主的矛盾
—— 法國大革命時期的社會變遷

　　法國大革命期間，雖然傳統的商業資本主義模式依舊存在，但也出現了一些資本主義發展的端倪。大型工廠開始出現，但仍未完全採取專業化生產，規模較小且分散。手工業依然主導，農業仍是經濟支柱，技術停滯顯示資本主義發展緩慢。

　　雖然革命期間出現了一些改變，但整體並未顯著加速資本主義進程。制憲議會允許圈地，國民公會允許瓜分公地，增加了小規模經營，但變革並未打破傳統束縛，未能真正孕育現代農業。大型企業也未對小型手工業者和農民造成更大衝擊，勞動力集中未實現，真正的無產階級尚未出現。

　　更重要的是，革命期間出現了財富自由與平等權利的矛盾。資本階級堅信法律之下人人平等，但現實中，經濟不均成為主要問題。制憲者將財富定為選舉資格，選舉保證金制度將國家掌舵權賦予資本階層，權利平等首次遭到質疑。

　　在此背景下，政治民主被視為解決這一矛盾的方案之一。早期民主倡導者批判資本家對勞工的壓迫，為未來社會主義理論奠定基礎。他們指出，無法享受平等權利的群體，平等和自由不過是空談。

　　可以看出，法國大革命時期，資本主義與民主之間出現了深刻的矛盾。一方面，資本主義開始萌芽，但發展緩慢；另一方面，平等權利成為理想，但現實中財富不平等加劇。這一矛盾最終成為革命的重要推動力，也為未來社會主義理論的發展奠定了基礎。革命時期的社會變遷折射出資本主義與民主之間複雜的關係。

重塑共產主義理想
——巴貝夫與邦納羅蒂的嶄新嘗試

在政治與社會民主均告失效的絕境中，巴貝夫與邦納羅蒂試圖重塑共產主義理想，為實踐平等提供新的方向。雖然他們的見解難免受到時代侷限，但卻為未來開闢了新的可能性。

首先，他們主張實施「土地法」，將土地平等分配給耕耘者，這已超越了單純的產品社會化。他們提出的共產主義，不再侷限於簡單的經濟控制措施，而是企圖從根本上改變生產關係。即便受到當時革命浪潮逐漸消退的影響，他們仍堅持以共產主義作為實現平等的必由之路。

然而，革命初期的博愛理想已不再為廣大財產階層所認同。熱月九日政變揭開了一段長期的政治和社會反動時期。共和三年憲法重啟選舉保證金制度，明確定義了平等與所有權，滿足了資產階級的利益訴求。在督政府的統治下，大部分國有資產轉移至資產階級手中。甚至共和國本可收回因含有封建術語而作廢的土地租約，卻長期擱置未決，並堅決不允許布列塔尼農民以合理價格贖回租約。

儘管如此，巴貝夫和邦納羅蒂仍然堅持共產主義的理想，並以之作為實現平等的必要條件。他們的主張雖不免帶有時代侷限，但卻為共產主義思想注入了新的活力，為未來的發展開闢了新的可能性。他們的努力雖未能在當時實現，但卻為社會變革留下了寶貴遺產。

戰後法國：一個動盪時期的回憶

經歷了革命和戰爭的洗禮，法國進入了一個動盪不安的時期。儘管革命推翻了舊制度，帶來了新的變革，但也導致了種種社會問題。

家庭問題引發了公眾的關注。有人反對離婚，使得1793年通過的便利離婚法被廢除。同時，一些保守派提出了恢復父權和夫權的法案，限制了私生子的權利。這些措施引發了人們的不滿，使得社會再次陷入了紛爭。貴族階層內部也是矛盾重重，各派之間的怨恨和不滿交織在一起，使得局勢更加複雜。

這一時期，革命者之間也出現了分裂，對立不斷升級。一些保守派仍然懷念著君主制，而革命派和雅各賓黨卻步步緊逼。同時，許多人對宗教抱有強烈的反感情緒，這加劇了社會矛盾。

對於普通百姓來說，這個時期飽受戰火洗禮，生活陷入了困境。基礎設施的衰敗、死亡率的上升、殖民地的喪失以及持續的對外戰爭，都嚴重影響了民眾的生活。雖然共和國擴張到「天然邊疆」，但付出了巨大的代價。

年輕一代與1789年的革命前輩大不相同，他們對於動盪的年代感到無助和不滿。同時，他們渴望安定的生活，希望能夠在餘生中享受到和平與繁榮。

在這樣一個時期，各方面的矛盾交織在一起，使得法國社會再次陷入了動盪。人們期望能夠盡快平息海外戰事，結束內部的紛爭，重拾安寧和繁榮。只有這樣，法國才能走出動盪的陰霾，開啟新的篇章。

經歷了波瀾壯闊的革命洗禮，法國社會正經歷著一連串的變革與衝突。一方面，有人呼籲恢復傳統家庭秩序，反對便利化的離婚法；另一方

面，革命派試圖推動平等理念，限制父權和夫權，保障私生子的權利。但是，這場革命並未完全滲入至社會的最深層，貴族階層內部仍糾葛不斷，懷舊派與共和派互相仇恨，各派閥之間也互相猜忌。

更深層的矛盾在於，即使革命已經取得勝利，許多年輕人仍憎恨著父輩經歷的苦難，試圖尋求全然新的生活方式。相比之下，已步入成年的百姓卻渴望平靜安康，厭倦了持續不斷的動盪。革命的烽火不僅導致了軍中 60 萬人陣亡，也造成了法國的經濟衰敗——基建破敗、人口死亡率上升、殖民地流失、持續的戰爭侵蝕著國力。只有少數人，如武器商和製造商，對此局勢表示滿意。

對於多數普通民眾而言，唯一的渴望就是先讓海外戰事平息，隨後再來終結內戰紛爭。他們期待著一個能夠平靜安康度日的未來，但目前仍處於動盪不安的時代，面臨著諸多巨大挑戰。法國革命的勝利帶來了深刻的社會分裂和人民的普遍困境，重建一個和平繁榮的國家依舊任重道遠。

波拿巴的崛起：法國革命後的復興與秩序

法國革命雖然帶來了無數的軍事成就，但在建立持久的新秩序方面仍有諸多未竟之事。七月政變未能在憲法改革上達成資產階級的期望，第三共和年度憲法的自由主義改革也未取得成功。面對體制的缺陷，督政府只能依靠臨時措施來修補，而年度選舉制度使得官員們時常面臨被保守派或民主派排擠的威脅。在此危難之際，一股新的力量正悄然崛起——波拿巴。

波拿巴深諳當時的社會狀況，他洞悉到無論保守派或民主派的勝出，都將對整個中產階級造成損害。因此，他精心策劃了那場席捲法蘭西的霧月十九日政變。波拿巴憑藉其高超的軍事才能和智謀，成功在波詭雲譎的政局中奪得最高權力。雖然他曾依靠霧月黨的支持建立起統治，但為了鞏固自己的皇權，他最終還是擺脫了對霧月黨的依賴。

　　波拿巴的崛起，代表著法國邁入一個新時代。他先是與教會修復了關係，寬恕了流亡者，並開放任用所有願意歸附於他的人士，無論他們屬於貴族或資本家，王黨或共和派別。這不僅促成了當時統治階層內部不同派系的臨時團結，同時也使得經濟得到了快速的復甦，鞏固了階層統治。最終，波拿巴完成了1789年資產階級確立的終極目標，實現了大革命的使命。

　　內亂終獲平息，歐洲久違的和諧也隨之降臨。法國的領土與海外殖民地依然毫髮無損，這與波拿巴深受民眾愛戴息息相關。在波拿巴的英明領導下，法國不僅擺脫了革命的動盪，還重新崛起為一個強大的帝國。這位非凡的政治家和軍事家，無疑為法國開啟了一個嶄新的時代。

　　法國革命是一場震撼世界的歷史巨變，它掀起了波瀾壯闊的社會變革，但最終的結局卻是複雜而不容簡單概括。正如書中所述，霧月政變與波拿巴的專制崛起，都只是這場革命演變的一部分縮影。

　　革命的初衷或許是為了實現理想的自由平等，但實現的過程中，各方利益的糾葛與權力的掌控卻成為了阻礙。霧月黨人本以為能與波拿巴共同掌舵國家大事，卻最終發現對方毫不把他們放在眼中，反而剝奪了資產階級的基本自由。更令人沮喪的是，波拿巴為了滿足他的個人野心，不顧一切地重新點燃戰火，將國家拖入深淵。

這樣的歷史教訓告訴我們，革命的理想固然高尚，但要把它實現並讓它持續下去，需要付出艱辛的努力和不斷的妥協。光有理想是遠遠不夠的，還需要現實的智慧和政治手腕。當理想與現實發生衝突時，如何在二者之間尋求平衡，成為了革命最大的挑戰。

　　法國革命的這一段歷史，深刻地展現了權力、利益和理想之間錯綜複雜的關係。它警示我們，革命並不是一蹴而就的，而是需要一步一步來實現。我們必須明白，理想固然重要，但現實的限制也不容忽視。只有在理想與現實之間找到適當的平衡點，革命的目標才能真正得到實現。這段歷史給我們留下了深刻的啟示，值得我們反復思考和汲取。

革命之浪潮：法國大革命的擴散與阻滯

　　隨著法國大革命的囂張風潮席捲而來，比利時和列日地區的舊有秩序已然被徹底摧毀，正式成為法國的省份，並全面實施共和國的法律。然而，萊茵地區的情況卻有些許不同。雖然行政重組已經展開，當地的貴族階級亦已被廢除，但是萊茵河左岸的割讓問題仍待解決。與此同時，在法軍的支持下，巴達維亞共和國和海爾維第共和國的改革正穩步推進。然而，西薩爾平地區的改革卻因奧地利和俄羅斯軍隊的入侵而遭遇重挫，利古里亞、羅馬和那不勒斯的改革程序也因此受阻。

　　革命的擴散並非一蹴而就，它經歷了激烈的武裝鬥爭和巨大的犧牲。在法軍佔領的地區，戰爭的破壞和佔領的重擔，加上軍政官員的不法行為，削弱了當地對革命的支持。對其他國家的普通民眾來說，局勢的發展讓他們感到恐懼，對於那些支持新秩序的人來說，這是一個令人痛心和失望的時期。

　　並非所有人都反對革命的理念，像德國的康德和費希特依然堅定其立場；在英國，福克斯周圍的輝格黨依然為革命理念辯護。然而，越來越多的人選擇保持沉默或轉而支持敵對陣營。當時，幾乎沒有人認為完全不需要國王，共和國被視為一時的異常現象。革命的平民本質和對平等權利的詮釋引起了普遍的憤怒；在法國以外的其他國家，民主一詞對資產階級來說更是一種驚恐。特別是在英國和美國，由於那裡的立憲改革早已根據資產階級的需求和平進行，革命更成為了寡頭統治用以恐嚇的稻草人。

　　法國革命成功推翻君主制，建立了共和政體，這無疑成為歐洲各國人

民注目的焦點。創造性地將啟蒙思想付諸實踐，為民主自由樹立了燦爛的榜樣。但同時，革命所引發的連鎖反應，也在各國間造成了前所未有的複雜局勢。

其一，革命政府的軍事進攻與外交手段，一定程度上贏得了各國進步元素的支持。這不僅鞏固了共和政體在國內的地位，也幫助法國在國際上擴大自身影響力。尤其是在德意志地區，一些資產階級和改革貴族主動與法國聯手，意圖建立自己的政治秩序。甚至連一些附庸國的進步份子，也紛紛效仿法國的做法，建立了類似的政體。這無疑擴大了革命的輻射範圍。

其二，然而革命紊亂的局面，同時也遭到了保守勢力的頑強抵抗。英國的影響力依舊穩固，許多堅守 1789 年原則的人士依然友好於英國，認為其民主溫和的形式更為可取。而連一直對革命持敵對態度的貴族與官僚，也紛紛看重英國的模式，意圖借鑑其治國經驗。同時美國的經驗，也給拉丁美洲的歐洲後裔留下了深刻影響。可見，革命的理念雖然開始在各地傳播，但要深刻改變現狀，仍需要大量時間與艱辛努力。

再者，革命的戰爭擴散，正是促進觀點轉變的關鍵所在。革命思想的傳播在一定程度上發揮了作用，但不能被視為主導因素。無論是在普魯士內部，還是南德意志地區，戰爭帶來的動盪與變化，才是真正動搖既有秩序的根源所在。因此，在革命的衝擊下，各國的保守勢力仍然牢牢控制著鎮壓的權力，並不會輕易放手。

總之，法國革命雖然擺脫了君主制，建立了共和政體，但在推動歐洲各國民主進程中，仍面臨著重重阻力和限制。將革命思想全面推進，依舊任重道遠。

革命浪潮席捲歐洲

　　基於相同的原因，在英國，呼籲和平的活動亦愈加激進：1797年1月，厄斯金發表的《關於目前對法國戰爭的起因及後果的初探》獲得巨大迴響。稅收加劇、經濟困頓，尤其是飢荒，導致社會動盪。書中曾提及1794年西利西亞織工的暴動和1795年秋季倫敦的嚴重騷動，這些事件無疑會成為反對寡頭統治言論的助力。1797年5月18日，在倫敦舉行的一場聚會中，有參與者提出為選舉改革、愛爾蘭的自由以及與法國的同盟舉杯慶祝。多個團體無論是祕密地或是合法地運作，其中一篇宣稱代表八百名堅定雅各賓派成員的政治宣言發表了。

　　然而，政府卻處於極度警惕之中，故意營造出緊張氛圍，以此為鎮壓行動找尋藉口。無人可再質疑，資本家階級的興起無疑是歐洲文化程式中一項關鍵特質。法國大革命意圖徹底剷除貴族階層，未來必將引發廣泛深遠的回聲。儘管吉倫特派的期望落空，但各國的舊有秩序維護者並未輕易釋放鎮壓的工具。

　　革命的浪潮早已席捲歐洲，英國同樣受到衝擊。巨大的社會矛盾與動盪不安的局勢，使得政府不得不採取強硬措施，試圖遏制民眾的訴求和抗議。與此同時，資產階級的力量日益壯大，正在對傳統的社會秩序產生衝擊。不論是祕密組織還是公開行動，民眾要求改革的呼聲此起彼伏。政府的緊張態勢顯示，他們並不願意放棄手中的鎮壓手段，將與民眾展開一場激烈的較量。這場革命浪潮必將在歐洲各國持續激盪，影響深遠。

　　當革命政府為保護國家利益而暫時擱置個人權利時，引發了國際間的強烈迴響。英國這個被視為重視人權的國家，也不得不承認其曾在維護國

家利益時，不惜侵犯公民的自由。

　　歷史經驗告訴我們，當民族存亡或國家安全受到威脅時，政府往往不得不採取一些限制個人權利的措施。在革命時期或戰時，人身保護令的暫停，使警察力量得以無所顧忌地肆意橫行，而那些忠於政府的公民及其組織，也紛紛自發地擔起監視和告發的責任，彷彿他們都是某種俱樂部或革命委員會的一員。

　　這種做法無疑引起了國際社會的強烈不滿。但是，我們必須審慎地看待這個問題。個人權利固然是寶貴的，但在危難時刻，國家的利益和安全往往優先於個人權利。正如當年英國所做出的那樣，為了保衛國家，他們也不得不犯下一些侵犯公民自由的行為。

　　這並不意味著我們應該完全否定個人權利。恰恰相反，我們應該在確保國家安全的前提下，儘量維護公民的基本權利。只有在極其特殊的情況下，才能暫時限制個人自由。同時，我們也要確保這些限制措施能夠得到合法的授權，並接受公眾的監督。

　　只有這樣，我們才能在維護國家利益和保護個人權利之間找到恰當的平衡。否則，如果我們完全以個人權利為重，那很可能最終會危及整個國家的安全。而如果我們完全以國家利益為重，那也必定會破壞公民的基本自由。

　　因此，在革命或戰時，如何處理好個人權利與國家利益的關係，是一個值得深思的重要問題。我們需要在兩者之間找到一個恰當的平衡點，以確保國家的安全和公民的自由。

新貴族的抵抗

在這動盪的時代，特權階級對於政治改革的抗拒如同瘟疫般蔓延。他們對於雅各賓主義的興起深感恐懼，擔心這樣會引發一連串的災難。1795年，英格蘭主教霍斯雷公開宣稱，庶民應該服從法律，而非對其進行質疑批評。政府的立場也與此相符。首相皮特深信，任何改革舉措都會激起平民百姓的動亂，即使他個人其實有不同的看法，但也難逃喬治三世大君的約束。

在此背景下，行政體系的改革幾乎毫無進展，官僚體系內部的相互勾結祕密地阻礙了任何改善措施的推行。在奧地利，弗朗斯瓦大公則採取了截然不同的作風。他主動與大臣們直接互動，不是以書信往來，就是透過科洛雷多公爵轉達，巧妙地確保貴族群體能夠進入高級官僚之列。1798年，他在土地改革問題上制定了新規，要求任何減輕農民負擔的舉措，都必須經過地主和農民的共同協商並獲得官方批准。然而，這些政策在實際執行中卻幾乎被普遍忽視。

同樣令人失望的還有俄羅斯沙皇保羅一世的改革。他似乎傾向於改善農奴的處境，禁止將農奴與土地分開出售，並限定他們每週的勞役時間為三天。但這些政策最終也在實際應用中被忽視。儘管保羅一世對里沃尼亞省議會稍微減輕農奴壓迫的舉措感到滿意，但派遣的特命大臣吉謝廖夫在多瑙河公國卻未能取得更進一步的成就。相反的，保羅一世反而將皇家農奴分配給臣屬，使這些農奴的困境雪上加霜。他的行政改革計劃也未能實現，對臣屬的情緒變化反覆無常，連親信也可能遭到突然的冷落。這種頻

繁的人事更替最終引發了一場以沙皇遇刺而告終的宮廷革命。

可以看出，不論是英國、奧地利還是俄羅斯，保守派貴族階級都以各種方式抵制改革，無論是公開否認，還是祕密阻撓，甚至利用皇權實施新的壓迫，都使得改革的步伐大大放緩。自上而下的政治意志無法順利轉化為實際行動，這凸顯了特權階級的力量與影響力。要實現真正的社會變革，恐怕還需要更深層次的動盪與革命。

在普魯士的高層官僚中，改革的理念仍舊熊熊燃燒。受康德和克勞斯思想的薰陶，來自西德意志的流亡政治家如舍恩、施勒特爾、施泰因和哈登伯格等人，都熱切地倡導經濟自由主義。起初，腓特烈—威廉三世似乎願意推行稅收平等的政策，但最終還是收回了這一承諾。施泰因對財政管理進行了些許技術性調整，但貴族階層仍然牢牢把握住高級職位。各地湧來的請願書顯示，儘管王室領地正在進行土地改革，但容克階級的財產卻未受影響。普魯士的行政體系也未見明顯進步，新近從波蘭割讓的土地更是因歸化問題複雜而設立了總督，不受政府其他部門約束。

與此同時，在巴伐利亞和丹麥卻出現了一些例外。巴伐利亞的蒙特熱拉自1799年起掌權，他的行政重組為新選侯及後來的國王馬克西米利安的統治奠定了基礎；而在丹麥，尤其是荷爾斯泰因與石勒蘇益格地區，土地改革深入進行，確定了勞動贖買的價格，土地合併的速度也大大加快，使得農民逐步轉變為貴族地主的農業勞工。

無論是改革家還是革命的支持者，都顯得力不從心。實際上，改變世界面貌的最終力量，恐怕還是法國革命軍隊。然而，法國人對和平的渴望又將引領何種結局？當霧月黨決定支持波拿巴上台，革命軍隊便在每一處到達的地方掀起顛覆舊有秩序的洪流。

在這紛亂的時局中，人們不禁追問：普魯士的改革何時才能真正落地？貴族階層的阻力能否被破除？未來的道路究竟通向何處？普魯士最終能否成為推動歐洲變革的先鋒？這些問題正等待著歷史的答卷。

對抗大革命的流亡者們

在法國大革命的回響中，一股涉及國際陰謀的論調逐漸興起。來自各處的流亡者們紛紛加入了對抗革命的宣傳戰中，企圖透過各種方式來推翻這場動盪的政治變革。

維也納的霍夫曼、瑞士的吉爾塔內以及漢諾威的齊默爾曼等人宣稱，大革命實際上是光明會和共濟會的陰謀所致，這一主張迅速在德意志邦國間廣為流傳。而名為羅賓遜的軍人也於1797年在愛丁堡再度提出了類似的論調。這些流亡者們認為，革命的根源並非位於法國本土，而是源自於神祕的祕密組織。

皮特對最知名的漫畫家吉爾萊提供了補助，日內瓦的流亡者約瑟夫‧台薩爾、伊佛諾瓦與馬萊‧杜潘則在這場宣傳戰中扮演了關鍵角色。他們企圖通過各種文字作品來抨擊大革命的本質，力圖動搖革命的基礎。

不過，流亡者們的立場並非一致。舉例來說，穆尼耶後期轉而為共濟會辯解，而主張君主立憲的人士與主張君主專制的人士也處於對立的狀態。

布瓦日蘭在倫敦擬定了一項宣傳策略，其中可能包括夏多布里昂於1796年發表的《論古今革命》，以及他於1799年開始撰寫的《基督教的真諦》。另一方面，維里埃對康德主義懷有深厚的信仰，或許也參與了反革

命的輿論建構。

雖然流亡者們的立場不盡相同，但絕大多數人對大革命持有一致的強烈負面評價。巴呂埃爾於 1797 年及 1799 年出版的作品贏得了持久的成功，或許代表了這些流亡者的共同聲音。無論如何，他們都期望能夠推翻這場動盪的政治變革，以重建他們所向往的秩序。

自由思想的代價
——德意志哲學家的艱難抉擇

在 18 世紀末至 19 世紀初的動盪歲月，德意志大地上盛行著一股革命的熱潮，但對於支持這一思潮的哲學家和學者來說，公開表達自己的觀點卻是高風險的舉動。面對符騰堡大公的暴政，黑格爾不得不謹慎地隱藏批評的聲音，僅能在哲學論壇上進行有限的討論。在這樣的環境下，哲學成為了德意志知識份子表達訴求的唯一出口。

在這片被革命思想籠罩的土地上，赫爾德、康德和費希特等人保持了自己的理性與忠誠。1793 年，受到盧梭思想影響的費希特，在《確立爭取思想自由的原則》和《對法國革命公眾評價辨謬》中，提倡以契約作為國家基礎，反對特權，只承認勞動所得的正當性。他的觀點帶有濃厚的個人主義色彩，強烈反對國家機制。然而在 1796 年，費希特的立場轉向先驗論唯心主義，提出人們在社會中的相互交往產生權利，國家則是通過強制手段來保障這些權利。直到 1800 年，他進一步主張由一個封閉的商業國家主導經濟方向。

與費希特不同，赫爾德的《論人類進展的通訊》更貼近啟蒙運動的精神。而康德在 1795 年的《論永久和平》、1797 年的《道德的形而上學》和 1798 年的《學院之爭》中，則提出了「法權國家」的概念以及國家之間法律關係的準則，這些都與 1789 年法國大革命所期盼的理想相符。

即使在這樣一個動亂時期，德國哲學家們依然在思想自由的領域內頑強地抗爭，努力維護自己的立場。但他們也不得不承擔巨大的風險，生命

安全和學術自由都飽受威脅。在這個充滿陰霾的年代，他們的掙扎與抉擇成為了德國知識界的縮影。

德國理智與感性的平衡

在此動盪時期，德國思想家們正努力尋求個體解放與社會秩序之間的平衡。雖然他們深知法國大革命掀起的暴力和動亂，但仍堅信通過精神與道德的進步，個人能夠獲得真正的自由。

康德認為，即使面對暴政，人們仍應依循道德準則行事，而不是採取武力反抗。費希特則擔心，人民一旦獲得自我管理的權力，勢必會侵犯他人權利，因此需要有強權來行使制衡。許多思想家選擇與保守派結盟，是出於對法國事件的厭惡。

然而，威瑪的文學家歌德和席勒卻從不同角度尋找答案。他們領悟到，藝術能調和人性的多樣性與統一性，將生命的動力與激情與理智達成和諧。這種新興的人文精神主張人應自我全面地修養，展現出泛神論的特色。他們的作品，如歌德的《威廉‧邁斯特》和席勒的《華倫斯坦》三部曲與《鐘之歌》，都廣受關注和討論。

德國思想家們期望同胞在精神與道德上奮發，但並不願意將他們從農奴制中解放。這種矛盾的態度令人不解。畢竟，人的行為同時受到情感、感知與肉身的影響，這是古人早已明瞭的事實。在無法推翻暴政的情況下，他們選擇將內在自由和精神解放視為首要，拒絕禁慾主義和愚民政策，但同時也實踐著斯多葛學派和基督教義中的捨棄人間希望的理念。

博納特和梅斯特爾則從不同角度提出了保守主義和實證主義的觀點。博納特主張「順應自然」，認為個體應當臣服於社會總體，而家庭和君主權力是不可動搖的。這種觀點雖然被稱為「社會主義」，但實際上更傾向於創造論而非自然發生論。

　　總而言之，德國思想家們在追求個人解放與社會秩序之間，努力尋求理性與感性的平衡。他們深刻地了解到，真正的自由需要建立在精神和道德進步的基礎之上，而不能僅依靠武力和暴力。這種思想的複雜性和矛盾性，反映了當時德國社會的內在張力和矛盾。

　　約瑟夫・德・梅斯特爾是一位虔誠的教會權威主義者，他認為上帝通過無法捉摸的方式維持著社會秩序，因此人類應當服從現實。而在全球，一股反對將知識視為至上的運動正在展開，與理性主義和實證科學展開激烈對抗。這股思潮早在 1789 年法國大革命之前就曾經推動了盧梭和激進份子的浪潮。如今，它通過推崇冒險投機和負面影響而得到增強，安娜・拉德克李維的暢銷小說便是一個明證。許多令人不安的事件再次喚起了人們對悲劇的憂慮，引發人們思考人類與自然命運抗爭的深層意義。然而，只有深入了解追隨這一趨勢之人的精神狀態和社會處境，我們才能真正評估其影響力。

　　在德國，這一思維模式尤為顯著，掩蓋了啟蒙時代的遺緒和短暫的歌德式人文主義。這並非偶然，因為相較其他國家，神祕主義在德國擁有更深遠的根源。它可以追溯到 17 世紀自稱神附體的鞋匠雅各布・伯梅，乃是路德宗信仰的核心，並通過虔誠的教派和摩拉維亞兄弟會而影響了浪漫主義。德國學者對神祕現象的理解也提出了非凡的解釋。共濟會和光明會等組織也遊走於科學理論和非理性的邊緣，借用醫學的生命論和物理學的磁學，將之視為超理性的力量。催眠術更是將精神引入心神恍惚的無意識

狀態，觸及超自然界。

在哲學領域，康德解構形而上學後，宣稱道德意識其實是神的直覺，為新的形而上學奠定了基礎。費希特在《知識學基礎》中，通過精神錯覺將「自我」視為唯一存在，而謝林則賦予「非我」純粹觀念性的存在。浪漫主義者對於正義的「俠義英雄」抱有好感，但隨著資本主義階級的崛起和原有社會結構的解體，更多年輕人陷入了憤世嫉俗或心灰意冷的幻想之中。

宗教情懷的復甦：十八世紀末期的歐洲

　　在十八世紀末期的動盪時代，歐洲正經歷著巨大的變革。法國大革命的漣漪不僅波及本國，也影響了整個歐洲大陸。然而，大多數人對這場革命的反感，並非來自哲學理由，而是源於宗教和保守的本能反應。

　　在這個時期，宗教復興的浪潮在保守的務實主義和直觀主義的推動下開始興起，在法國之外的其他國家表現更為明顯。在法國，教會成為革命的犧牲品，天主教急切希望重新振興。德國則面臨世俗化的潮流，新教徒渴望將天主教勢力趕出萊茵地區。同時，啟蒙的專制統治者也將教會納入自己的控制之中，如巴伐利亞的徵稅和西班牙的意圖掠奪教會財產。

　　然而，教會的不幸反而引發了人們的同情心。英國熱情接納被流放的法國神職人員，為天主教復興播下了復甦的種子。愛爾蘭的伯克和皮特提倡宗教自由，德國的「神聖家族」和俄羅斯沙皇保羅一世的支持也為天主教復興提供了助力。新教也在這段時間內受益於宗教情懷的復甦。施萊爾馬歇的著作《論宗教》點燃了人們對神祕主義的熱情，瓦肯羅德和浪漫主義追隨者則透過審美的直觀重新引導大眾歸於宗教的懷抱。在英國，衛斯理創立的衛理公會更是在庶民中激發了神祕主義的熱情。

　　與此同時，革命者所宣揚的民族主義理念也引發了保守派的敵意。貴族和神職人員寧願回歸奧地利的統治，也不願意放棄他們的特權。波蘭的民族反抗運動和匈牙利領主效忠哈布斯堡王朝的行為，都反映了保守派對民族主義的抗拒。

　　在這個動盪的時代，宗教情懷的復甦成為歐洲社會中一股強大的潮

流。無論是天主教的振興還是新教的興起，都展現了人們對宗教力量的渴望和追求，成為這個時期重要的歷史特徵之一。

戰事的壓力最終促使民族主義逐漸取代了世界主義。各國的政治和文化動盪，都成為民族主義興起的養分。

英國在與革命軍的衝突中，始終被民族主義激情所染。法國的入侵更是使義大利人意識到獨立的巨大代價，義大利人視奧軍和俄軍為解放者而歡迎之。德意志的文學和藝術繁榮，以及浪漫主義所推崇的「復古」風潮，也激發了文學家們的民族情感。十八世紀末期的歐洲，宗教復興與民族主義興起成為了兩大社會潮流。這些潮流不僅影響了當時的政治和宗教格局，也為後世的歷史發展奠定了基礎。

對保守派來說，革命者所鼓吹的民族主義理念是極大的威脅。他們深知這意味著人民擁有主權，這對他們的統治構成極大危險。有些保守派則認為，民族主義與平等概念並不相悖，因為「民族一詞，聽之令人想到雅各賓派」。荷蘭的貴族和神職人員寧願回到奧地利統治之下，也不願放棄特權；匈牙利的領主們依然效忠於哈布斯堡王朝，只要能繼續奴役農民。匈牙利甚至請求維也納做出妥協，以求保住一些特權。在愛爾蘭起義之後，英國更是決定廢除都柏林的政府和議會，終結愛爾蘭的自治權。

然而，革命份子卻在這些衝擊中展現了先驅之姿。英國在與革命軍的衝突中，終被民族主義激情所染。輝格黨雖長期與平民齊聲，視戰爭為皮特及托利黨之所為，但在外交危機迫近之際，也逐漸被民族主義情緒所影響。戰爭逐漸帶上了民族主義的色彩，革命家的先驅地位更加凸顯。

歐洲民族主義的崛起與挑戰

　　民族主義的浪潮在歐洲大陸席捲而來，為整個時代留下深刻的印記。法國的入侵為原本分裂的義大利帶來了新的機遇，激發了統一的呼聲。受到戰爭壓力的影響，義大利人開始意識到爭取獨立所需付出的代價。1799年，當奧軍和俄軍進入義大利時，他們被視為解放者而受到熱烈歡迎。這無疑是義大利民族意識覺醒的一個重要開端。

　　與此同時，德意志雖也受到民族主義思潮的影響，但其表現卻與義大利有所不同。文學和藝術的繁榮，以及對於歷史的眷戀，激發了德意志人的民族情感。然而，這些情感尚未凝聚為明確的政治形式。相反，德意志人更多地將自身的脆弱視為優勢，並以此作為自己承擔神聖使命的證明。這種驕傲自大和自我落後的狂妄情緒，在德意志遭受入侵後便不再可持續。

　　在民族主義的沖擊下，歐洲大陸掀起了一場巨大的風暴。革命與保守勢力的激烈角逐成為時代的主旋律。這股風暴不僅改變了國家的命運，也深刻影響了每個個體的生活和思想。民族主義的崛起為世界帶來了新的面貌，但也帶來了種種挑戰。這股力量究竟將如何塑造歐洲的未來，值得我們密切關注。

戰局紛亂，財政危機難解

　　戰爭的陰影揮之不去，大戰餘波未平。從1792年至1799年，歐洲大陸經歷了長達七年的激烈衝突，法國革命軍與反法同盟間交鋒不斷。據統計，這段期間共有14萬士兵陣亡，20萬人受傷，另有15萬人淪為俘虜。儘管人員損耗慘重，兵源並未徹底枯竭，但資金短缺卻成為最大難題。

　　奧地利政府雖然加重稅賦，試圖彌補財政赤字，但仍不可能完全滿足戰時開支。為維持軍備，奧國不得不大量發行國債，甚至動用強制徵收手段。英國提供軍費資助，並允許奧地利在倫敦市場發行債券，甚至加以擔保，但依舊無法完全撐起戰局。最終，奧地利不得不依賴大量印製紙幣來維持軍事開支，導致奧盾大幅貶值。

　　與此同時，俄羅斯沙皇保羅一世也面臨同樣的困境。他主要依靠從荷蘭的大量借款，但債務激增，每年不得不額外增發大量紙幣。瑞典亦有類似情況，其貨幣於1798年貶值超過四分之一。如果無英國首相皮特的援助，這些反法同盟國恐難以持續作戰。

　　關鍵時刻，保羅一世召回了俄羅斯名將蘇沃洛夫，企圖再次投入戰局。但此舉似乎不太現實可行，因為俄奧兩國外交關係急劇惡化，甚至可能導致英俄之間的緊張對峙。與此同時，隨著土耳其和地中海地區的形勢變化，沙皇的勢力也日益擴張，參與了對那不勒斯王國的佔領，並覬覦科西嘉，甚至計劃進軍馬爾他島。

　　種種跡象表明，這場歐洲大戰已然陷入複雜的僵局。財政窘境、外交

紛爭、領土擴張，種種因素交織，令戰局難以收場。前路茫茫，誰能化解這場危機，仍是未知數。

波拿巴的抉擇

　　1799 年的年末，歐洲大陸正處於巨大的變革之中。英國在佔領科孚島後宣佈不會長期駐留，這讓俄羅斯皇帝保羅一世的立場更加模糊不定。如果他最終選擇恢復中立國同盟並封鎖波羅的海，無疑會對英國的出口和供應造成嚴重打擊。同時，一向被認為是帝國堡壘的奧地利也陷入孤立，雖然表面上得到了帝國議會的支持，但德意志帝國已經名存實亡。相反，普魯士則成功地確保了北德意志地區的中立地位，利用其特殊的地理位置獲得了巨大的商業利益，甚至普魯士國王腓特烈—威廉正逐漸成為「北方的極星」，與帝國的光輝展開競爭，企圖成為北德意志邦聯的領袖，並有擴張領土的抱負。而奧地利不僅被排斥在北德意志之外，還因失去萊茵河左岸而在南德意志聲名掃地。

　　在此一片動盪之中，波拿巴所面臨的關鍵抉擇便是，是否放棄將萊茵河作為自然界限的主張，與其他大國達成大陸和平。如果這樣做，英國也必將因戰爭疲憊而尋求和解，法國得以保留領土和殖民地，容忍對手主導海洋及完全佔領印度。但另一條道路是跨越自然界限，主宰歐洲大陸，透過「大陸封鎖」策略強迫英國屈服。

　　雖然法國民意更傾向於前者這條和平道路，但大多數共和主義者仍然不願放棄自然界限的概念。最終，一切將取決於波拿巴的決策。這位年輕

的軍事天才是否會放下理想，為了國家利益做出艱難的妥協，抑或是選擇戰爭來擴張領土，成為歐洲大陸的主宰，這都將成為決定歐洲未來走向的關鍵。

1799年，歐洲形勢嚴峻，各國之間的利益角力持續升級。格倫維爾宣佈英國將退出佔領的島嶼，但俄羅斯的立場卻仍然飄忽不定。如果俄國再次與法國為敵，封鎖波羅的海，那將嚴重衝擊英國的出口與供應。奧地利表面上得到議會支持，但實際上已經勢孤力弱。普魯士則巧妙利用自身地理優勢，確保北德地區中立，並逐漸崛起為「北方極星」，企圖成為北德邦聯的領袖，並擴張版圖。

這種情況下，南德地區諸侯卻陷入兩難。他們一方面害怕奧地利，另一方面又尋求與法國和解的機會。德意志各邦難以團結一致對抗共和國，帝國的命運岌岌可危。奧地利首相圖古特對此視若無睹，反而企圖在波蘭及威尼西亞諸邦獲得補償。

共和國不得不再次與奧地利交戰，這將迫使拿破崙做出關鍵抉擇。他可以放棄將萊茵河視為自然界限，以換取大陸和平；或是堅持跨越自然界限，主宰歐洲大陸，對英國實施「大陸封鎖」。法國民意似乎傾向於前者，雖然共和主義者不願放棄自然界限，但國家利益將迫使他們妥協。最終，一切都取決於拿破崙的決策。

在戰火連天的時局中，德意志各邦的命運正受到外部力量的角力所左右。普魯士的崛起、奧地利的式微，以及法國的策略抉擇，都將深刻影響這片土地的未來走向。這場權力角力的結果，將決定德意志的未來命運。

英國的全球貿易帝國崛起

隨著英國在失去對法國市場的控制後，反而得以擺脫與法國的直接競爭，並透過犧牲盟友和中立國的利益來補償自身的損失。利用漢薩聯盟的各大港口，英國積極爭奪德國市場的份額，到 1800 年，開往漢堡的英國船隻數量已達五百艘，而 1789 年僅為四十九艘。英國商人亦開始在法蘭克福和萊比錫的展覽會上與瑞士、奧地利、波蘭和俄羅斯的商人進行貿易談判。英國的棉製品逐漸取代了當地同類產品，英德之間的貿易量從 1789 年的兩百萬英鎊飆升至 1801 年的一千三百五十萬英鎊。隨著阿姆斯特丹落入共和國之手，金融中心逐步轉移至倫敦，黑森選侯將其資產轉存至倫敦銀行，而羅斯柴爾德家族亦在法蘭克福擴展業務，並派遣子嗣內森遷居英國，不久便累積了豐厚財富。

在英國的貿易版圖中，波羅的海地區的重要性日益增強，十九世紀初，英國的進口商品中有七成二來自普魯士和俄羅斯，而四分之三的糧食則透過但澤一個港口進口。即使在督政府與中立國關係惡化的情況下，漢薩同盟和斯堪地納維亞國家的船隻依然能在法國港口停留。而荷蘭的經濟情況則逐漸下滑，阿姆斯特丹銀行的現金儲備大幅減少。在中立國的支持下，英國成功控制了歐洲、非洲與南美洲間的三角貿易路線，新崛起的美國雖然在某種程度上能夠與英國對抗，但傑伊條約簽署後，英國亦積極迎合美國的立場。

總而言之，英國利用自身的海洋霸權和金融優勢，成功擴張其全球貿易帝國，並透過犧牲盟友和中立國的利益來獲取自身利益。這一過程見證了英國在此時期如何成為全球性的貿易大國。

戰局紛亂，財政危機難解

隨著法國在地中海和北大西洋地區的戰略潰敗，跨大陸貿易通道的格局也隨之發生重大變化。大西洋航道的封鎖令西班牙與其殖民地的連繫岌岌可危，而法國和荷蘭的印度公司也相繼宣告倒閉。不過，法國在地中海地區的地位得益於熱那亞和裡窩那的支持以及柏柏爾人和希臘人的援助而得以改善。雖然法國的義大利軍事行動曾令敵軍陷入苦戰，但最終未能徹底擊敗對手，最終在1799年失去對義大利的控制。

這一時期，海上衝突顯著增強了地中海與北方海域間陸路連線的戰略地位。過往橫跨法國、義大利、瑞士與荷蘭的陸路通道，隨著萊茵路徑的封鎖而受到嚴重影響。自1790年起，法國在萊茵河左岸設置稽查站，限制貨物流通，隨後的軍事佔領和對荷蘭的控制進一步加劇了這一路線的阻礙。1798年，督政府開始對萊茵河徵收通行稅，科隆的航運業務也因此銳減至三分之一。

在此期間，僅有從埃姆登至法蘭克福的貿易仍勉強維持，或以走私形式，或轉往瑞士。同時，瑞士通往熱那亞的路線也遭到截斷。跨大陸貿易通道正在向東轉移，通過漢堡和萊比錫前往威尼斯，或進一步延伸至的裡雅斯特。可以說，隨著法國在地中海和北大西洋地區的戰略失利，整個歐洲貿易格局都面臨著劇烈的重塑。

英國戰後經濟的飛躍

　　戰後的英國，無疑是資本主義發展的典範。根據當時的官方數據，英國在 1800 年的貿易狀況十分可觀。進口金額高達 6,650 萬英鎊，而出口金額則為 5,230 萬英鎊，順差達 1,420 萬英鎊。這表明英國在國際貿易中佔據了舉足輕重的地位，即便在法國及其控制國家面臨困難時，英國的出口也未受到嚴重影響。

　　英國經濟的高速增長得益於多方面的因素。首先是運費、保險、回扣以及從殖民地剝削而來的收益。英國龐大的船隊總重量接近 200 萬噸，倫敦的碼頭和倉儲設施也得到了顯著擴建。此外，藉助中立國家和走私活動的幫助，英國的市場拓展進一步推動了貿易的增長。

　　在金融領域，英國的貨幣狀況和銀行業的發展為企業的興起創造了有利條件。1794 年，倫敦銀行收購了價值 375 萬英鎊的貴金屬，成為了資本最為安全的避風港。1797 年暫停兌換銀行券並未引起恐慌，這得益於通貨膨脹率保持在較低水平，使貨幣得以穩定。英鎊的貶值反而有利於出口業務，因為企業主以硬幣收款，而工人則支付以紙幣。物價上漲也促進了農業和工業的發展，小麥價格從 1780 年代的 45 先令上升到 1790 年代的 55 先令，推動了農業技術的不斷革新。

　　圈地運動的擴張和耕種技術的改進，使得英國的農業也得到了長足進步。總而言之，戰後英國經濟的飛躍源於多方面因素的推動，展現了資本主義發展的強大勢頭。

　　戰後的英國，資本主義體系正逐步煥發生機。工業方面，冶金業和紡

織業均呈現蓬勃發展，棉紡出口額從 150 萬英鎊躍升至 600 萬英鎊，棉花進口也相應攀升。工業革命雖然進程緩慢，但毫無疑問仍在持續推進。值得注意的是，這一現代化進程並非一帆風順。棉紡業領先，但織造仍以手工為主，直到 1801 年卡特賴特織布機在格拉斯哥首次應用。煤礦開採引入鐵軌和蒸汽，但整體落後，蒸汽動力僅在少數紡廠使用，大多依賴水力。

然而，英國並未走向自由貿易的理想局面。工業和農業領袖仍堅持重商主義，不僅未提議取消《穀物法》，反而欲加強其力度。工業領袖更主張禁止機械出口，在國內則設法規避限制學徒和工資標準的法規。而工人則透過罷工和抵制捍衛自身權利，儘管在法律上被視為非法。1799 年，《結社條例》更明確禁止工人罷工組織，並廢除部分有利於工人的法律。

由於越來越多貧困百姓進入勞動市場，工資增長遠落後物價上漲，結合以物質形式支付、苛刻的罰款等，工人薪資遭到嚴重剝削。不過，自 1795 年起，政府運用濟貧稅補貼工人工資，使其相對能接受現狀。可以看出，英國資本主義的興起，雖然取得了一定進展，但仍存在諸多矛盾和障礙。這一過程既充滿曲折，也充滿了複雜的社會政治因素。

英國經濟險境中的轉機

英國在 19 世紀初期的經濟景況可謂風雨飄搖。一方面，英國工業化程度日益提升，在世界舞台上居於主導地位；另一方面，卻也面臨重重挑戰。

歐洲其他國家雖然在工業化進程中遇到不少困難，但瑞士與薩克森仍取得了一些創新突破，如 1797 年和 1798 年分別推出的針織機和水力機，使當地的棉織業趨向集中化。然而，整體而言，傳統商業模式在資本主義的衝擊下仍未完全被顛覆，對傳統製造業造成不小壓力。

　　在農業領域，唯有丹麥真切地以英國為標竿，這給英國帶來一些滿足感，畢竟英國主要的糧食進口來自丹麥。另一方面，英國對於美國的發展也頗為讚賞，尤其是美國棉花出口額的快速上升，從 1793 年的 800 萬英鎊躍升至 1800 年的 2,000 萬英鎊，這對美國是一大成就。

　　然而，隨著波拿巴掌權，英國卻面臨了嚴峻的考驗。大陸戰火頻仍，英國不得不大量進口食糧，耗資高達 350 萬英鎊。銀行現金儲備持續減少，匯率急速下跌，內部經濟也是亂象叢生：銀行券普及、硬幣稀缺、非法雙價制常態化，皮特不得不增稅以應對。

　　最終，危機蔓延至整個歐洲，英國無疑受創最重。棉紡產業陷入裁員和降薪，麵包價格更是暴漲。此次危機不僅侵蝕了英軍的戰鬥意志，也加深了法國對英國經濟困境的認知。

　　危難之際，英國能否化危為機，在衝擊中尋得轉機？這就是下一個值得探討的問題。

　　在 18 世紀末期，英國的地位在世界舞台上愈加牢固。相較於法國，其他歐洲國家在工業化的進程中遭遇了更多的困難。然而，資本主義的浪潮並未完全取代傳統的商業模式，對於傳統產品製造的挑戰依然存在。

　　在農業方面，丹麥成為少數以英國為標杆的國家之一。英國對此感到十分滿意，因為丹麥是其主要的糧食進口來源。對於美國的發展，英國亦抱持著讚賞的態度。1786 年從巴哈馬引入的「海島棉」在 1792 年首次運

抵格拉斯哥，迅速贏得了棉紡業主的高度評價。自惠特尼於 1793 年解決了機械脫棉問題以來，美國的棉花出口額從 800 萬英鎊躍升至 1800 年的 2,000 萬英鎊，這對美國來說是一個重大的成就。從此，奴隸制度成為了美國的基本制度，種植園主開始覬覦佛羅里達和路易斯安那。

然而，隨著波拿巴掌權，英國面臨了嚴峻的考驗。歐洲大陸戰火紛飛，英國不得不進口大量食糧，耗資高達 350 萬英鎊。英國銀行的現金儲備持續減少，匯率急速下跌。國內方面，小面額的銀行券普及，硬幣日益稀缺。危機波及整個歐洲，倫敦遭受的打擊尤為嚴重。棉紡產業不是裁員就是降薪，而麵包價格卻驚人上漲。這場危機迅速侵蝕了英軍的戰鬥意志，也加深了法國對英國經濟處境岌岌可危的信念。英國在工業革命的過程中雖獲得了巨大成就，但也面臨著重重挑戰，其前景仍不確定。

英國的全球擴張與資本主義興起

毋庸置疑，英國在 18 世紀末至 19 世紀初的全球擴張，代表了資本主義的興起和帝國主義的擴展。作為當時海洋霸主，英國成為了唯一能將白人統治延伸至各地的國家。然而，英國的擴張並非出於過度熱忱。商業至上的輿論反對邊沁對殖民地的反對立場，加之美國獨立後，英國對於擴張殖民地的態度變得更加謹慎。

1791 年，英國在加拿大設立了法語省和英語省，並未設立政府，只設議會。這一舉措使國內局勢顯得穩定，天主教會對法國革命也未表示同情。英國商人對加拿大缺乏興趣，他們的目光僅停留在生產糖的島嶼上，

專注於追求利益和拓展商業版圖。英國的帝國主義色彩更偏向商業性，其疆界隨著征服而拓展，包括法屬加勒比海地區、古拉索島和千里達島。1796 年至 1800 年間，英國對荷屬蓋亞那的巨額投資將當地產量提升了十倍。對於海軍而言，好望角成為不可或缺的補給站，1795 年英國取得了好望角的控制。

多數殖民地官僚出身於貴族，他們主動推進殖民擴張，以期達成個人成就。1792 年，獅子山殖民地在非洲誕生，而探險家芒戈・帕克對尼日河的遠征觸及廷巴克圖。1788 年，菲利普將首批囚犯運至雪梨，代表著英國在澳洲的首次登岸。英國的殖民野心主要集中於印度。雖然康沃利斯未全力推進，但他於 1789 年底支援尼扎姆抵禦鐵普的侵略，並於 1791 年親領兵馬，翌年成功迫使對方割讓領土三分之一併支付三百萬英鎊的罰金。歐洲的戰火亦助他佔領法國領土。由於歐洲戰事，東印度公司負債累累，1797 年收入達八百萬英鎊，但仍需負債續命，至 1805 年債務更加倍。

英國在 18 世紀末至 19 世紀初的全球擴張，反映了資本主義興起和帝國主義擴展的歷史進程。商業利益驅使英國逐步擴張其殖民版圖，並深度介入歐洲和亞洲的政治格局。這一時期，英國成為世界霸主的過程正式拉開帷幕。

在拿破崙的革命洪流席捲歐洲的同時，南美殖民地也逐漸燃起了獨立的火焰。1793 年，康沃利斯在孟加拉的「永久解決方案」在殖民掠奪的道路上邁出了另一步，而殖民者與當地統治階層的聯手也進一步壓榨了原住民。雖然康沃利斯於 1793 年離開印度，但局勢並未真正趨於平靜。鐵普與巴黎建立聯繫，波拿巴在埃及的出現引起了英國人的擔憂；馬拉塔地區和印度的動盪不安，尼扎姆的情況也令人不安。1798 年，莫寧頓伯爵迫使尼扎姆簽署同盟條約，佔領海得拉巴，次年更攻克了邁索爾的首都塞林加

帕坦,鐵普蘇丹陣亡。

在美洲,隨著 1791 年肯塔基州和 1796 年田納西州的相繼加入,北美殖民地的人口也在不斷擴張。然而更令人關注的,是西班牙美洲殖民地潛藏的獨立動向。法國大革命的思潮、啟蒙時代的思想以及美國獨立戰爭的啟示,共同點燃了白人種植園主的獨立熱情,他們開始反抗宗主國的壓制,以維護貿易自由。1789 年,受新思維洗禮的貝爾格拉諾在布宜諾斯艾利斯倡議貿易自由,並於 1794 年擔任當地商會祕書。這一舉動引起了公眾的不滿,並成為獨立運動的關鍵因素之一。

自 1794 年至 1799 年,委內瑞拉、墨西哥等地接連爆發了多次密謀活動。一些勇敢的白人試圖利用英國對西班牙美洲殖民地的貪婪、美國的商業利益及歐洲國家間的紛爭來達成其獨立的目標。隨著 1795 年巴塞爾條約的簽署,尤其是西班牙轉向支持共和派後,委內瑞拉人米蘭達開始明顯偏向英國,與奧拉維特在馬德裡成立了南美軍政府,並在卡迪斯組建了一個祕密小團體,智利的奧希金斯也於 1799 年加入其中。

隨著歐洲局勢的不斷變化,南美殖民地人民的獨立意識也正在悄然醞釀。在這片土地上,革命的火光正在悄然點亮,等待著這片曙光綻放。

殖民地的覺醒 —— 自主與解放的曙光

殖民地的解放之路從未一帆風順。在米蘭達向英國皮特首相求援的同時,英國趁機佔領了庫拉索和千里達島,將它們變成派遣叛亂者的理想基地。倫敦成為了白人殖民者尋求庇護的主要據點,納里尼奧也最終抵達此

地，與其他人一同創立了「勞達羅分會」互濟會，以解放殖民地為目標。

在阿布基爾戰役之後，皮特建議米蘭達尋求美國的幫助，但美國卻一直推諉不願介入。在革命的早期階段，宗主國和殖民地白人都未料到土著居民會提出獨立的要求。只有少數拉丁美洲人接受了這些新觀念，勇敢地為印第安人的權益發聲。這在法國也得到了首次的辯護。

1791 年，聖多明各的黑人起義雖未能引發對奴隸制問題的深入討論，但最終還是在 1794 年促使法國制憲議會宣佈廢除奴隸制。他們希望藉此將黑人拉攏為共和國的助力，並激勵英國殖民地的其他奴隸起義。這場法國革命最終將平等權利的理念擴展至有色人種和黑人，為脫離歐洲人控制的獨立國家的誕生鋪平了道路。

這場殖民地解放的運動儘管崎嶇不平，但始終充滿了勇氣和決心。在白人統治者的反對聲中，殖民地人民日益增強的自主意識正在悄然發酵，終將釋放出令世界震撼的力量。這場持久的追求自由的戰鬥，必將為人類歷史再添輝煌的一頁。

革命的終章與新曙光

　　拿破崙的崛起代表著革命的轉折點。他即將宣告革命的終結，意味著革命造成的破壞階段已經過去。然而，資產階級於1789年所夢想的新世界秩序仍顯得粗糙不足；此外，共和國二年所進行的民主實踐也迫切需要進行深刻的修改。拿破崙時代被視為十年革命的延續，這其中的一個原因正是如此。

　　在波拿巴的統領之下，貴族們將重構行政架構，並依據他們的願望恢復階級制度。然而，政府的運作並未完全受制於他們。直至1814年的憲章發表，人們才開始相信貴族在政府中佔有一席之地，儘管貴族對此依然心有不甘。從這個角度看，復闢時期被視為革命亂局的終章：始於1789年的革命直至1830年才真正畫上句點。當貴族最終將一位接受了革命理念的親王推上王座，他們終於成為了法蘭西的領袖。

　　在此之前，拿破崙領導其軍隊征服了歐洲廣闊土地。雖然他夢寐以求的帝國最終崩潰，但在有限的時間裡，他確實廢除了過時的制度；從某種程度上而言，拿破崙的統治可視為大革命的延續。即使拿破崙的征途告終，1789年的原則仍未完全失去其光輝。不僅社會的進步、民族意識的覺醒以及意識形態的魅力維持了1789年原則的聲望；在法國境內外，每當人民回想起平民的起義與自由之戰，都會心潮澎湃，充滿浪漫情懷，而拿破崙的傳說更給這段歷史增添了一抹傳奇色彩。

　　然而，資本主義秩序的全球擴散，並非僅可以歸因於法國大革命。盎格魯－撒克遜的革命雖然發生在法國大革命之前，它們的保守本質和妥協

態度雖然讓資產階級安心，但這些革命的深遠影響絕不能被忽視。法國大革命雖然劇烈震撼了整個歐洲，但與此同時，一股更加溫和、漸進的革命力量也在悄然滲透，最終推動了資本主義的全球化。革命的終章也代表著新曙光的來臨。

平等的追求永不止息

隨著資本主義的逐步擴張，它所推行的制度被認為最有利於促進生產力的發展。在資本主義不斷更新的歷史階段中，法國大革命無疑是最引人注目的一個關鍵時刻。其原因不僅在於其波瀾壯闊的歷程，更在於它所預示的未來衝突的種子。

在這場由資產階級以平等權利為旗幟所發起的反抗中，他們利用經濟自由作為手段，為資本主義的發展鋪平了道路。這不僅奠定了未來思想潮流和社會變革的基礎，而且這場觀念上的衝突最終將在歷史的辯證過程中浮現為新時代的象徵。

除了資產階級對於平等權利的詮釋之外，法國大革命期間還出現了兩種其他的解釋——社會民主主義和共產主義。正當人們認為這兩種詮釋將會徹底消亡時，它們卻又在19世紀重新興起，作為反對平等和擁護平等的論點。無論持有何種立場，追求平等的道路都被視為實現平等的關鍵。

因此，儘管歷史上曾經出現過追求平等的革命，但對平等的追求卻永遠不會消失。在歷史的長河中，每一個人物、每一個地點，都成為我們了

解那段已逝歲月的「燈塔」。無論是位於瑞士的小城阿勞，還是見證了無數靈魂命運的阿培監獄，亦或是17世紀風雲變幻中的阿卜杜勒・瓦哈卜，都是歷史的重要見證者。

通過追溯這些名字和地點的獨特故事，我們得以更深刻地理解那段已然逝去的歷史，並體會到平等的追求永不止息，始終是推動歷史前進的重要動力。

歷史就像一幅龐大的拼圖，由無數的事件、人物和地點組成。我們常常對這些零碎的片段感到好奇，試圖去理解它們背後的故事和意義。在這本書中，我們將一起探索一些看似平凡，但卻蘊含著無限可能的歷史碎片。

從埃及的阿布基爾（Aboukir）開始，這個地方曾見證了無數次戰爭和衝突。而法國的阿布扎克（Abzac），雖然只是歷史的一個小小片段，但背後卻可能藏有許多個人命運的交織。法國學院（Académie française）和法蘭西科學院（Académie des sciences）則代表了這個國家在科學和文化上的卓越成就。

在經濟領域，我們也發現了一些充滿爭議的現象，如囤積壟斷和囤貨炒作。這些行為不僅反映了歷史上的經濟困境，也凸顯了人性中一些不可磨滅的貪婪。

而在政治方面，美國的政治領袖亞當斯（John Adams）與國家的獨立和建國歷程密不可分。另一位法籍植物學家亞當森（Adanson），則可能改變了我們對自然界的認知。亞達河（Adda）這條河流，更是見證了無數歷史事件的發生。

政府管理部門的記錄也讓我們深入理解了決策的力量，它們影響著

國家的命運。而亞德米拉（Admiral）這個神祕的名字，又可能隱含著驚心動魄的故事。最後，我們還遇見了荷蘭間諜界的貴族巴羅訥‧德‧埃爾德斯，他的故事透露著陰謀與權力爭奪的歷史。

　　這些看似平凡的歷史碎片，其實都蘊含著無窮的可能性和無盡的故事。透過認識它們，我們得以一窺歷史的眾多面向，並領悟到每個人和事物都在這幅宏大的歷史拼圖中扮演著重要的角色。

喬治・勒費弗爾的法國革命史（筆記版）：
撼動歐洲的革命理想！啟蒙思想與新興國家秩序的碰撞

作　　　者：	喬治・勒費弗爾（Georges Lefebvre）
編　　　譯：	伊莉莎
發　行　人：	黃振庭
出　版　者：	複刻文化事業有限公司
發　行　者：	複刻文化事業有限公司
E - m a i l：	sonbookservice@gmail.com
粉　絲　頁：	https://www.facebook.com/sonbookss
網　　　址：	https://sonbook.net/
地　　　址：	台北市中正區重慶南路一段 61 號 8 樓

8F., No.61, Sec. 1, Chongqing S. Rd., Zhongzheng Dist., Taipei City 100, Taiwan

電　　　話：	(02)2370-3310
傳　　　真：	(02)2388-1990
印　　　刷：	京峯數位服務有限公司
律師顧問：	廣華律師事務所 張珮琦律師
定　　　價：	420 元
發行日期：	2024 年 11 月第一版

◎本書以 POD 印製

國家圖書館出版品預行編目資料

喬治・勒費弗爾的法國革命史 (筆記版)：撼動歐洲的革命理想！啟蒙思想與新興國家秩序的碰撞 / 喬治・勒費弗爾（Georges Lefebvre）著，伊莉莎 編譯. -- 第一版. -- 臺北市：複刻文化事業有限公司, 2024.11
面；　公分
POD 版
ISBN 978-626-7595-65-7(平裝)
1.CST: 法國大革命
742.251　　　　　113016261

電子書購買

爽讀 APP　　　臉書